中等职业教育国家规划教材
全国中等职业教育教材审定委员会审定

U0832997

商品知识

（第5版）

主 编 曹汝英

中国财经出版传媒集团
中国财政经济出版社

图书在版编目（CIP）数据

商品知识／曹汝英主编．—5版．—北京：中国财政经济出版社，2019.9（2022.9重印）
中等职业教育国家规划教材
ISBN 978－7－5095－9166－6

Ⅰ．①商…　Ⅱ．①曹…　Ⅲ．①商品－中等专业学校－教材　Ⅳ．①F76

中国版本图书馆CIP数据核字（2019）第178812号

责任编辑：康　苗　　　　责任校对：张　凡
封面设计：华乐功　　　　版式设计：齐　杰

中国财政经济出版社出版
URL：http：//www.cfeph.cn
E－mail：cfeph@cfeph.cn

社址：北京市海淀区阜成路甲28号　邮政编码：100142
营销中心电话：010－88191537　编辑部门电话：010－88190639
北京富生印刷厂印刷　各地新华书店经销
787×1092毫米　16开　15.5印张　370 000字
2019年9月第5版　2022年9月北京第4次印刷
定价：35.00元
ISBN 978－7－5095－9166－6
（图书出现印装问题，本社负责调换）
本社质量投诉电话：010－88190744

第5版前言

“商品知识”是中等职业学校商品经营专业学生必修的专业课程。本书是在《商品知识》（2015 年版）的基础上，结合课程发展、变化的特点和教学需要而修订完成的。教材在编写中充分体现了“教育部关于深化职业教育教学改革，全面提高人才培养质量的若干意见”的精神，注重培养学生必需的专业知识和比较熟练的职业技能，培养学生具有继续学习的能力和适应职业变化的能力以及培养学生的创新精神和实践能力、立业创业能力，使之成为流通领域一线工作的高素质的劳动者和初中级专门人才。

本次修订保留了原书的体例和主要内容，保留了原书的“模块”“单元”“任务”及“商品知识基础”和“商品知识案例”两大模块，更新或替换了教材所涉及的各级各类标准、相关质量认证资料和标识等其他陈旧过时的教学内容，同时对章后的习题与训练作了相应的修改。

本书第 1 版由曹汝英主编，参加编写的人员有曹汝英、肖涧松、刘敏、冀恒美、周纪平、李霞。本书第 2 版、第 3 版由曹汝英修订。本书第 4 版由曹汝英、李珊、梁筱、朱新枝修订。本次修订工作由山东商业职业技术学院曹汝英教授和济南大学讲师孙晓君完成。由于修订时间仓促，书中难免有不足之处，敬请读者批评指正。

编者

2019 年 6 月

目 录

模块一 商品知识基础

模块二　商品知识案例

模块一

商品知识基础

单元一

商品与商品分类

一种产品生产出来，其基本理由就是有需求。人们购物是因为这些物品对他们有用。像保温杯、保温瓶这样的生活用品被不断生产出来，是因为人们不断地需要它们。只要保温杯、保温瓶具有保温的效果，使用者便会感到满意，并在众多可选择的物品中选择适合其具体需要的那种。

任务一　商品认知

案例导入

面包能填饱肚子，衣服能保暖。如果生产出的面包，用于自己填饱肚子；而生产出的衣服，不是用来自己穿着保暖，而是卖给别人，就能获得一定的报酬。

问题：

1. 什么是商品？案例导入中的面包和衣服同样都是商品吗？
2. 什么是商品的价值和使用价值？

学习目标

理解商品的概念；理解商品的价值和使用价值的概念；明确商品的价值和使用价值的关系。

基础知识与技术

一、商品的概念

商品是人类社会生产力发展到一定历史阶段的产物，是用于交换的劳动产品。商品具有使用价值和价值两个因素。

商品价值是指凝结在商品中的一般的人类劳动（包括体力劳动和脑力劳动）。一切商品都是劳动产品，都包含一定的人类劳动。如果把劳动的具体形态撇开，一切商品都包含一般的无差别的人类劳动即抽象劳动。价值是商品的内在因素，是交换价值的基础，交换价值是价值的表现形式。人们之间互相交换商品体现着互相交换劳动的经济关系。价值体现着商品生产者之间相互交换劳动的关系，因此价值是商品社会属性的体现。

商品的使用价值是指它能满足人们某种需要的属性。商品的使用价值主要是由它的自然属性即物理、化学、生物等性质决定的。不同的商品因为具有不同的自然属性，所以具有不同的使用价值。有的商品可以满足人们物质生活的需要，有的商品可以满足人们文化生活的需要。有的商品可以作为生产资料满足生产的需要。同一种商品往往有多方面的使用价值，满足人们的多种需要。

商品使用价值的大小，是随科学技术的发展，不断被认识发现的。商品的使用价值和一般物的使用价值一样，都是构成社会物质财富的物质内容。两者的不同点在于：商品的使用价值是通过交换满足他人的需要，是商品交换价值的物质承担者。商品的使用价值是商品的自然属性，反映人和自然的关系，是个历史范畴；一般物品的使用价值则是个永恒范畴。

可见，商品的使用价值和价值具有不同的性质。同时，商品的使用价值和价值具有不同的表现形式：商品的使用价值是通过它本身的自然形态来表现的，而价值则是借助商品的社会形式即交换价值来表现的。价值和使用价值不能同时占有。对于买家来说是通过买的过程占有了使用价值，而卖家则是占有了价值。

商品的交换价值表现为一种使用价值同另一种使用价值相交换的数量上的关系或比例。由于商品的效用不同，所以交换价值各不相同。决定商品交换价值的必须是商品内在的固有的共同的东西，即商品的价值。

二、商品是使用价值和价值的关系

商品是使用价值和价值的对立统一体，两者既统一，又矛盾，这是商品的内在关系。

首先，使用价值和价值是互为条件的，两者之间具有一致性，两者缺一不可。一方面，使用价值是价值存在的条件，使用价值是价值的物质承担者，没有使用价值的物，尽管人们为它付出了劳动，这种劳动也不会形成价值。这种物既没有使用价值，又没有价值，自然也就不会成为商品。这是从使用价值作为价值的条件方面说的。另一方面，从价值作为使用价值的条件来说，价值是商品最本质的一个因素，有些物品确有使用价值，但是它并不含有一般人类劳动的结晶，这些物品就不能成为商品。如空气、阳光等就是属于这类物品。有些物品既有使用价值，又是劳动产品，但是由于它供生产者自己使用，不是通过交换去供给别人使用，因此这类物品就没有形成价值，也就不能成为商品。

其次，商品的使用价值和价值之间又存在着矛盾，具有对立性，其表现是：从生产者方面说，他生产的目的是取得和占有价值。但是要取得价值就必须让渡使用价值，使用价值是取得价值的一种手段，所以对生产者来说，使用价值和价值之间存在着互相排斥的关系；从购买者方面来说，他的目的是取得商品的使用价值，因此他就必须付给生产者这个商品的价值。总之，使用价值和价值之间存在着互为条件、互相矛盾的关系，这是任何商品共有的。

任务二　商品分类

案例导入

超市在实际商品管理中，为了采购、销售、理货的方便，将其所经营的商品划分成大类、中类、小类、单品共四个分类层次。

如某超市将大类划分为畜产、水产、果菜、日配、加工食品、一般食品、日用杂货、日用百货、家用电器等。

在日配品这个大类下，划分为牛奶、豆制品、冰品、冷冻食品等中分类；在畜产品这个大类下，细分出熟肉制品的中类，包括咸肉、熏肉、火腿、香肠等；在水果蔬菜这个大类下，又细分出国产水果与进口水果的中类。

“畜产”大类中、“猪肉”中类下，进一步细分出“排骨”“里脊肉”等小类；“一般食品”大类中、“饮料”中类下，进一步细分出“听装饮料”“瓶装饮料”“盒装饮料”等小类；“日用百货”大类中、“鞋”中类下，进一步细分出“皮鞋”“人造革鞋”“布鞋”“塑料鞋”等小类；“糖果饼干”大类中、“饼干”中类下，进一步细分出“甜味饼干”“咸味饼干”“奶油饼干”“果味饼干”等小类。

单品没有进一步细分，是完整独立的商品品项。如在“听装饮料”小类下，进一步细分为“355毫升听装×××”等；“瓶装饮料”小类下，进一步细分为“×××升瓶装×××”、“2升瓶装×××”“2升瓶装雪碧”，就属于不同的单品。

在上述某超市的商品分类体系中，将商品划分为畜产、水产、果菜、日配、加工食品、一般食品、日用杂货、日用百货、家用电器等大类；在“一般食品”这个大类下，进一步细分为“饮料”……等中类；在“饮料”这个中类下，进一步细分出“听装饮料”“瓶装饮料”“盒装饮料”等小类；在“瓶装饮料”小类下，进一步细分为“×××升瓶装×××”“2升瓶装×××”“2升瓶装雪碧”等单品。在这个体系内，各层类目上下之间存在从属关系，同一层次类目之间存在并列关系。

问题：

1. 什么是商品分类？商品分类有什么作用？
2. 商品分类有哪几种方法？案例导入中超市用的是什么分类方法？

学习目标

明确商品分类的概念及作用；掌握商品分类的方法。

基础知识与技术

一、分类与商品分类概述

商品、材料、物质、现象乃至抽象概念等都是概括一定范围的集合总体。任何集合总体都可以根据一定的标志或特征逐次归纳成若干范围较小的单元（局部集合体），直至划分为最小的单元。这种将集合总体科学地、系统地逐次划分的过程称为分类。

根据一定的目的，选择恰当的标志，将任何一个商品集合总体逐级进行划分的过程，称为商品分类。商品分类一般是将商品逐级划分为不同的大类、中类、小类或品目、品种乃至规格、品级、花色等细目。

由于国情、经济和技术发展水平不同，各国商品分类的层次并不统一。同时，由于各部门、各系统对商品进行分类的目的不同，商品类目的划分也是多种多样的。商品的大类一般根据商品生产和流通领域的行业来划分，既要同生产行业对口，又要与流通组织相适应。

二、商品分类的作用

商品分类是商品经济管理和商品经营管理的一种手段。随着科学技术的进步和商品经济的不断发展，商品种类日趋增多，商品分类的作用也越来越大。

（一）商品的科学分类为国民经济各部门和各企业实施各项管理活动以及实现经济管理现代化奠定了科学基础

商品的种类繁多、特征多样、价值不等、用途各异，只有将商品进行科学的分类，从生产到流通领域的计划、统计、核算、税收、物价、采购、运输、养护、销售等各项管理工作才能顺利进行，统计数据才具有实用价值。国民经济各部门和各企业必须在商品科学分类的基础上编制各自的商品目录，以保证商品目录的科学性，为开展各项经济管理活动创造先决条件。在商品经营活动中，商品科学分类有利于流通领域购、销、运、存等业务活动的开展。

电子计算机在商品经营管理中的广泛应用，为商品的科学分类、编码及快速处理和存储商品信息创造了条件，同时对商品分类和编码提出了更高的要求。在超级市场，对商品进行自动计价结算和盘结，这些都是依靠科学的商品分类、编码来实现的。

（二）商品的科学分类有利于开展商品研究工作

由于商品品种繁多，特征及性能各异，它们对包装、运输、储存的要求也各不相同。只有通过对商品的科学分类，将研究对象从个别商品特征归结综合为某类商品的类别特征，才能深入分析和了解商品的性质和使用性能，全面分析和评价商品质量以及研究商品质量变化规律，从而有助于商品质量的改进和提高，有利于商品检验、包装、运输、保管和科学养护以及加强流通领域的商品质量保证和防止商品损失损耗。通过商品的科学分类，还有利于对商品品种和品种结构进行研究，从而为商品品种发展和商品新品种开发提供科学的依据。

（三）商品的科学分类有利于标准化实施，也是制定商品标准的依据

科学的商品分类，可使商品的名称、类别统一化、标准化，从而可避免同一商品在生产和流通领域的不同部门由于商品名称不统一而造成的分类困难，便于安排生产和流通，

并可促进国内产、供、销平衡，有利于发展国际贸易以及提高经济管理水平和经济效益。制定各种商品标准时，必须明确商品的分类方法、商品的质量指标和对各类商品的具体要求等。所有这些都应建立在商品科学分类的基础上。

（四）商品的科学分类便于消费者和用户选购商品

在销售环节中，通过科学的商品分类和编制商品目录，能有秩序地安排好市场供应，从而便于消费者和用户选购。

三、商品分类的基本方法

商品分类的基本方法有线分类法和面分类法。两种方法通常结合使用。

（一）线分类法

线分类法也称为层级分类法，是将拟分类的商品集合总体按选定的属性或特征层层依次划分，并编制成一个大类、中类、小类、细类等不同层次构成的分类体系。在这个体系内，各个类目彼此之间构成并列的或隶属的关系。由一个类目直接划分出的各类目，彼此称为同位类。同位类的类目之间为并列关系，既不重复，又不交叉。一个类目相对于由它直接划分出来的下一层级的类目而言，称为上位类，其类目也叫母项；由上位类划分出来的下一层级的类目，相对于上位类而言，称为下位类，也叫子项。上位类与下位类之间存在从属关系，即下位类从属于上位类。线分类体系中各种类目之间的并列和从属关系如图 1－1 所示。

分类层级	类目名称	关系
大类	家具制造业产品	——上位类(上一层级类目)
中类	木制家具制造业产品 金属家具制造业产品 塑料家具制造业产品 竹藤家具制造业产品	——下位类(下一层级类目) 同位类(同一层级类目) ——上位类
小类	床 椅 凳 桌 箱 架 橱柜 笼 其他	——下位类 同位类

图 1－1　线分类体系中各种类目之间的关系

线分类法的主要优点是信息容量大，层次清楚，逻辑性强，符合传统应用的习惯，既适用于手工操作，又便于计算机处理；主要缺点是弹性差，分类体系一旦建立，其分类体系结构便不能改动。所以，采用线分类法编制商品分类体系时，必须预先留有足够的后备容量。

（二）面分类法

面分类法也称平行分类法，它是把拟分类的商品集合总体，根据其本身固有的属性或特征，分成相互之间没有隶属关系的面。每个面中都包含一组类目，将某个面中的一个类目与另一个面中的一个类目合在一起，即组成一个复合类目。面分类法结构如图1-2所示。

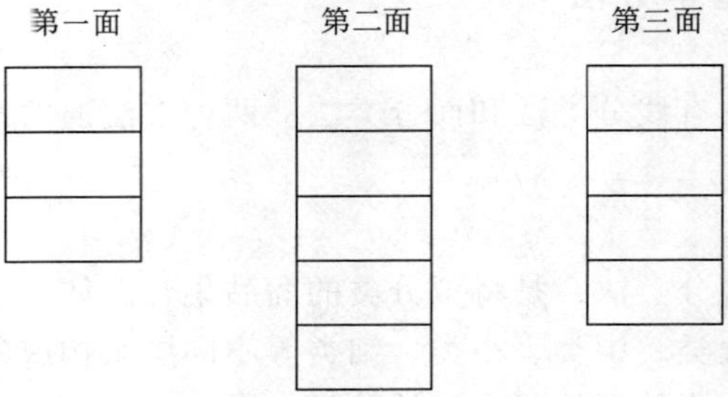

图1-2　面分类法结构图

服装分类就是按照面分类法组配的。把服装用的面料、式样和款式分为三个相互之间没有隶属关系的面，每个面又分成若干个类目（见表1-1），标出了不同范畴的独立类目。使用时，将有关类目组配起来，便成为一个复合类目，如纯毛男式中山装、中长纤维女式西服等。

面分类法具有类目可以较大量地扩充，结构弹性好，不必预先确定好最后的分组，适用于计算机管理等优点，然而也存在不能充分利用其容量，组配结构太复杂，不便于手工处理等不足之处。

表1-1　服装的面分类法

面料	式样	款式
纯棉	男式	中山装
纯毛	女式	西装
涤棉		猎装
毛涤		茄克
中长纤维		连衣裙

任务三　选择商品分类标志

案例导入

在任务二的案例导入中，某超市的商品分类体系，在日配品这个大类下，划分为牛奶、豆制品、冰品、冷冻食品等中分类；在畜产品这个大类下，细分出熟肉制品的中类，包括咸肉、熏肉、火腿、香肠等；在水果蔬菜这个大类下，又细分出国产水果与进口水果的中类。

如"畜产"大类中、"猪肉"中类下，进一步细分出"排骨""里脊肉"等小类；"一般食品"大类中、"饮料"中类下，进一步细分出"听装饮料""瓶装饮料""盒装饮料"等小类；"日用百货"大类中、"鞋"中类下，进一步细分出"皮鞋""人造革鞋""布鞋""塑料鞋"等小类；"糖果饼干"大类中、"饼干"中类下，进一步细分出"甜味饼干""咸味饼干""奶油饼干""果味饼干"等小类。

问题：

1. 商品分类的原则有哪些？案例导入中超市的商品分类是否遵循了该原则？
2. 分类的依据是什么？案例导入中超市的商品分类用到了哪些分类标志？

学习目标

明确商品的分类原则；掌握商品的分类标志。

基础知识与技术

一、商品分类的基本原则

商品分类的原则是建立商品分类科学体系的基本要求。商品分类要能满足特定的目的和需要，必须遵循以下基本原则。

（一）科学性原则

商品分类的科学性，是指在建立分类体系前，必须明确拟分类的目的及分类范围，选择分类对象最稳定的本质属性或特征作为分类的依据，统一分类对象的名称，能真正反映该对象有别于其他分类对象的本质特征，防止概念不清或一词多义现象，保证商品分类体系的稳定性和唯一性。

（二）系统性原则

系统性是指在建立商品分类体系时，以分类对象的稳定本质属性特征作为分类标志，将分类对象按一定的顺序排列，使每个分类对象在该序列中都占有一个位置，并反映出它们彼此之间既有联系又有区别的关系。

（三）可延性原则

可延性原则是指建立的商品分类体系能够满足不断出现的新商品的需要，留有足够的空位，例如设置收容项目“其他”，以便安置新出现的商品而又不打乱已建立的分类体系或将原分类体系推倒重来。

（四）兼容性原则

兼容性是指相关的各个分类体系之间应具有良好的对应与转换关系。随着国际、国内各种与商品相关的分类体系的建立，也需要设置标准化的分类原则及类目，这样才能满足各个分类体系之间信息交换及相互兼容的要求。

（五）整体性原则

整体性是指商品分类要从系统工程角度出发，在满足管理系统（如国家商品管理系统）总任务、总要求的前提下，全面、合理地满足系统内各分系统（如各行业管理系统）的实际需要。在建立商品分类体系时，要考虑管理系统的整体效益和整体的最优化，要求局部利益服从整体利益。

二、商品的分类标志

商品的分类标志是表明商品特征、用以识别商品不同类别的记号。商品的分类标志主要是指商品的用途、原料、生产方法、化学成分、使用状态等商品最基本的属性和特征。在一个分类体系中常采用几种分类标志，往往每一个层级用一个适宜的分类标志。在商品分类实践中，常用的分类标志有如下几种。

（一）商品的用途

商品的用途是体现商品使用价值的重要标志，以商品用途作为分类标志，不仅适合于对商品大类的划分，也适合于对商品类别品种的进一步详细划分。例如，商品按用途可分为生活资料商品和生产资料商品；生活资料商品按吃、穿、用等用途的不同可分为食品、衣着用品、日用品等；日用品按不同用途又可分为器皿类、玩具类、洗涤用品类、化妆品类等；化妆品商品按用途还可分为护肤用化妆品、美容化妆品、发用化妆品等。

以商品的用途作为分类标志，便于分析和比较同一用途商品的质量和性能，从而有利于生产部门改进和提高商品质量，开发商品新品种，生产适销对路的商品，便于流通部门经营管理和消费者按需要对口选择。但对多用途的商品，一般不宜采用此分类标志。

（二）商品的原材料

商品的原材料是决定商品质量、使用性能、特征的重要因素之一。例如，纺织品按原料来源不同可划分为棉织品、毛织品、麻织品、丝织品、化纤织品等；鞋类商品可分为布鞋、皮鞋、胶鞋、塑料鞋、人造革鞋等。以原材料作为商品分类标志，不仅使分类清楚，而且还能从本质上反映出每类商品的性能、特点、使用及保管要求。特别是对那些原材料替代种类多，且对性能影响较大的商品比较适用。但对那些由两种以上的原材料所构成的商品，采用此种分类标识进行分类会产生一定困难。

（三）商品的加工方法

很多不同的商品，往往是用同一种原材料制造的，就因为选用了不同的加工方法，最后便形成质量特征截然不同的商品种类。由此可见，生产加工方法也是商品分类的重要标志。这种分类标志对那些可以选用多种加工方法制造且质量特征受工艺影响较大的商品最为适用。例如，按加工方法上的区别，茶叶可分为全发酵茶、半发酵茶和不发酵茶。

（四）商品的主要成分或特殊成分

商品的很多性能都取决于它的化学成分。很多情况下，商品的主要成分是决定其性能、质量、用途或贮运条件的重要因素。对这些商品进行分类时，应以主要化学成分作为分类标志。例如，化肥可分为氮肥、磷肥、钾肥等。

有些商品的主要化学成分虽然相同，但是所含有的特殊成分不同，可形成质量性质和用途完全不同的商品，对这类商品分类时，可以其中的特殊成分作分类标志。例如，玻璃的主要成分是二氧化硅，但根据其中一些特殊成分可分为钠玻璃、钾玻璃、铅玻璃等。

以主要成分或特殊成分作为分类标志，适用于对化学成分已知，且对质量特征影响较大的商品。采用这种标志分类，便于深入研究商品的特性、包装、储运、使用方法、保管等问题。但对化学成分构成复杂，或容易发生变化，或区别不明显、成分不清楚的商品，不适宜采用这种分类标志。

三、超市分类实例

超市对品种繁多的商品进行分类，是超市科学化、规范化管理的需要，同时商品分类更应该以方便顾客购物、方便商品组合、体现企业特点为目的。在超市实际商品管理中，一般将所有商品划分成为大类、中类、小类和单品四层次，目的是为了便于管理，提高管理效率。虽然超市各种业态经营品种存在较大差异，如小的便利店经营品种不到3000个，而超大型综合超市有3万多种，但商店分类基本上都包括上述四个层次，且每个层次的分类标志也基本相同，只不过便利店各层次类别相对较少，而大型综合超市各层次类别相对较多而已。

（一）商品大类

商品大类是超级市场最粗线条的分类。大类的主要标志是生产来源、方式、处理保存方式等商品特征，如畜产、水产、果菜、日配加工食品、一般食品、日用杂货、日用百货、家用电器等。为了便于管理，超级市场的大分类一般以不超过10个为宜。

（二）商品中类

商品中类着重以功能、用途、制造方式、方法、产地等作为区分的标志。按商品功能与用途划分，如日配品这个大分类下，可分出牛奶、豆制品、冰品、冷冻食品等中分类；按商品制造方法划分，如畜产品这个大分类下，可细分出熟肉制品的中分类，包括咸肉、熏肉、火腿、香肠等；按商品产地划分，如水果蔬菜这个大分类下，可细分出国产水果与进口水果的中分类。

（三）商品小类

商品小类是单品管理前最小单位，也是最细的分类管理单位，是控制单品数量的前哨站。小类主要的分类标志有按功能用途划分，如“畜产”大类中、“猪肉”中类下，可进一步细分出“排骨”“里脊肉”等小类；按规格包装划分，如“一般食品”大类中、“饮料”中类下，可进一步细分出“听装饮料”“瓶装饮料”“盒装饮料”等小类；按商品成分分类，如“日用百货”大类中、“鞋”中类下，可进一步细分出“皮鞋”“人造革鞋”“布鞋”“塑料鞋”等小类；按商品口味划分，如“糖果饼干”大类中、“饼干”中类下，可进一步细分出“甜味饼干”“咸味饼干”“奶油饼干”“果味饼干”等小类。

（四）商品单品

单品是商品分类中不能进一步细分的、完整独立的商品品项。如“355毫升听装×××”“×××升瓶装×××”“2升瓶装×××”“2升瓶装雪碧”，就属于四个不同单品。

任务四　编制商品目录

案例导入

上述超市为了方便管理所经营的商品，按照其分类体系，将其所经营的全部商品列成了一个明细表，即商品目录，其部分明细见表1－2。

表1－2　某超市部分商品目录

<table>
<tr><th>大类</th><th>中类</th><th>小类</th><th>细类</th><th>备注</th></tr>
<tr><td rowspan="10">1 食品干货</td><td rowspan="10">11 冷冻</td><td>02 饺子</td><td></td><td></td></tr>
<tr><td>03 汤圆</td><td></td><td></td></tr>
<tr><td rowspan="3">04 面食</td><td>01 包子</td><td></td></tr>
<tr><td>02 春卷</td><td></td></tr>
<tr><td>03 馒头</td><td></td></tr>
<tr><td rowspan="2">07 冰点</td><td>01 冰激淋</td><td rowspan="2"></td></tr>
<tr><td>02 雪糕</td></tr>
<tr><td>09 其他</td><td>01 其他</td><td></td></tr>
<tr><td>01 鲜奶</td><td></td><td></td></tr>
</table>

续表

大　类	中　类	小　类	细　类	备　注
1 食品干货	12 冷藏	02 酸奶		
		06 其他	01 其他	
	13 粮油	01 食用油		
		02 粮食	01 面粉	
			02 袋装大米	
	14 调味品、罐头	01 酱油		
		02 醋		
		03 调料	01 固体调料	
			02 调味料（粉）	
			03 其他	
		04 泡菜	01 泡菜（瓶）	
			02 泡菜（袋）	
		06 蛋类		
		08 罐头	01 鱼罐头	
			02 肉罐头	
			03 水果罐头	
			04 汤罐头	
			05 蔬菜罐头	
	15 方便食品	01 袋装方便食品	01 袋装方便面	
			02 袋装方便粥	
		02 碗装方便食品	01 碗装方便面	
			02 碗装方便粥	
		04 八宝粥	01 八宝粥	
			02 其他	
	16 冲调食品	01 袋装儿童奶粉米粉	01 袋装儿童奶粉	
			02 米粉	
		02 袋装成人奶粉	01 袋装成人奶粉	
		03 罐装儿童奶粉	01 罐装儿童奶粉	
		05 麦片	01 麦片	
		06 豆奶粉	01 豆粉	
			02 藕粉	
			03 核桃粉	
		07 糊状冲调品	01 芝麻糊	
			02 红枣糊	
			03 莲子糊	

续表

大　类	中　类	小　类	细　类	备　注
1 食品干货	16 冲调食品	09 蜂蜜	01 蜂蜜	
		10 咖啡、伴侣及调糖	01 咖啡	
			02 咖啡伴侣	
			03 咖啡调糖	
		11 茶	01 普通茶	
			02 保健茶	
		12 糖	01 砂糖	
			02 冰糖	
			03 葡萄糖	
	17 ……	……	……	
……				

问题：

1. 什么是商品目录？商品目录有哪些种类？
2. 商品目录与商品分类有什么联系？

学习目标

明确商品目录的概念；理解商品目录与商品分类的关系。

基础知识与技术

商品目录是商品分类的具体体现，是提高经济管理水平，建立统一的、科学的国民经济核算制度和实行国民经济信息的自动化管理的基础。

一、商品目录的概念

商品目录是指国家或部门根据商品分类的要求，对所经营管理的商品编制的总明细分类集。商品目录是以商品分类为依据，因此亦称商品分类目录或商品分类集。商品目录是在商品逐级分类的基础上，用表格、符号和文字全面记录商品分类体系和排列顺序的书本式工具。

在编制商品目录时，国家或部门都是按照一定的目的，首先将商品按一定的标志进行定组分类，再逐次制订和编排。也就是说，没有商品分类，就不可能有商品目录；只有在商品科学分类的基础上，才能编制层次分明、科学、系统、标准的商品目录。商品分类与商品目录是相辅相成的。商品目录的编制，就是商品分类的具体体现。商品目录是实现商品管理科学化、现代化的前提，是商品生产、经营、管理、流通的重要手段。

二、商品目录的种类

按编制的目的、对象的不同，商品目录的种类很多。如按商品用途编制目录，分为生产资料商品目录和消费资料商品目录；按管理权限编制目录，分为一类商品目录、二类商品目录和三类商品目录；按产销地区编制目录，分为地产品目录、进口商品目录、内销商品目录、出口商品目录；按适用范围编制目录，分为国际商品目录、国家商品目录、部门商品目录、地区及企业商品目录等。下面介绍按适用范围编制的目录。

（一）国际商品目录

目前，在国际上公认和广泛采用的国际商品分类目录主要有：国际关税合作理事会组织制定的《商品名称和编码协调制度》（The Harmonized Commodity Description and Coding System，HS），联合国统计署组织制定的《国际贸易标准分类》（Standard International Trade Classification，SITC），联合国统计署与欧共体统计部门共同制定的《主要产品分类》（Center Product Classification，CPC）等。

（二）国家商品目录

国家商品目录是指由国家指定专门机构编制，在各行业中实行分类统一指导的全国性商品（产品、物资）目录。例如，我国的《全国主要产品分类与代码》、美国的《联邦物资编目系统》（FCS），日本的《商品分类编码》，都属于此类商品目录。

（三）行业（部门）商品目录

行业（部门）商品目录是指由行业或其主管部门编制的，为该行业（部门）、共同采用的商品目录。例如，我国原商业部编制的《SB/T 10135－92》标准，商检局编制的《商检机构实施检验的进出口商品种类表》，海关总署编制的《海关统计商品目录》等，都是行业（部门）商品目录。

（四）地区及企业商品目录

地区及企业商品目录，由地区或企业在兼顾国家或部门商品目录的基础上，因地制宜，充分满足地区、企业的需要而编制的商品目录。这种商品目录适用范围小，一般仅限于本地区或本企业，由于这种商品目录类别少，品种划分更细。例如仓库保管商品目录、营业柜组经营商品目录、必备商品目录等，利于经营和管理的需要。

各类商品目录应相对稳定，以使各类信息具有可比性、稳定性，这样有利于协调各行业（部门）、各企业、各环节的工作。但商品目录并不是一成不变的，而应随着商品生产和商品经济的发展予以适时修订，这样才能发挥它在商品流通活动中的作用。

习题与训练

一、名词解释

商品　价值　使用价值　商品分类　线分类法　面分类法　商品目录

二、选择题

1. 单项选择题

(1) 商品的使用价值是由它的（　　）属性决定的。

A. 自然　　B. 社会

C. 经济　　D. 政治

(2) 选项中的属性属于商品的自然属性的是（　　）。

A. 成分结构　　B. 物理化学性质

C. 装潢　　D. 消费心理

(3) 选项中的属性属于商品的社会属性的是（　　）。

A. 成分结构　　B. 物理化学性质

C. 装潢　　D. 消费心理

(4) 下属选项中是商品分类的作用之一是（　　）。

A. 购买行为的确定　　B. 商品定价

C. 开展商品研究　　D. 消费习惯的确立

(5)（　　）是商品分类的基本原则之一。

A. 目的性　　B. 唯一性

C. 系统性　　D. 排他性

2. 多项选择题

(1) 商品分类的基本原则有（　　）。

A. 可衡量性　　B. 整体性

C. 科学性　　D. 系统性

(2) 商品分类的方法有（　　）。

A. 科学分类法　　B. 线分类法

C. 面分类法　　D. 整体分类法

(3) 常用的商品分类标志有（　　）。

A. 商品标签　　B. 商品的加工方法

C. 商品的原材料　　D. 商品的用途

三、判断题

1. 为了自己使用而生产出来的物品才是商品。（　　）
2. 商品的属性构成了商品使用价值的物质基础。（　　）
3. 商品是使用价值和价值的对立统一体。（　　）
4. 商品科学分类便于商品的经营管理和消费者的选购。（　　）
5. 依据商品的质量不同，可以把商品分为食品、纺织品和日用商品。（　　）

6. 在线分类体系中，上位类和下位类有从属关系。（　　）
7. 在面分类体系中，面和面之间具有一定的隶属关系。（　　）
8. 商品目录是以商品科学分类为依据进行编制的。（　　）

四、简答题

1. 什么是商品？商品的两个因素是什么？
2. 为什么说商品质量是商品学研究的中心内容？
3. 研究商品的使用价值为什么要研究商品的属性？
4. 商品分类要遵循什么原则？
5. 商品分类的方法有几种？各有什么特点？
6. 常用的商品分类标志有哪些？

五、论述题

1. 如何选择商品的分类标志？
2. 如何进行科学的商品分类？
3. 商品分类与商品目录的关系是什么？

六、案例分析

蔬果类是某超市经营的生鲜食品大类之一，该超市将蔬果类食品分为蔬菜和水果两个中类。

蔬菜按其食用的部分来划分，有叶菜类、豆荚类、瓜类、茄果类、根茎类、笋类、菌类、水生类、葱蒜类及其他小类。经营的品种有：小白菜、青菜、菜秧、油菜、豌豆叶、韭菜、韭黄、香芹、水芹、西芹、菠菜、生菜、空心菜、西洋菜、芥菜、麦菜、苋菜、红薯叶、枸杞叶、茼蒿、茴香、小葱、胡葱、青蒜、香菜；青椒、辣椒、红椒、番茄、小番茄、大白菜、苞菜、大葱、茄子、莴笋、蒜薹、花菜、西兰花；黄瓜、冬瓜、丝瓜、苦瓜、毛瓜、南瓜、佛手瓜、角瓜；豇豆、毛豆、青豆、四季豆、荷兰豆、豌豆、扁豆、蚕豆、黄豆芽、绿豆芽；土豆、洋葱、红薯、生姜、蒜头、胡萝卜、青萝卜、白萝卜、芋头、玉米；藕、春笋、冬笋、竹笋、菱角、荸荠、茭菰、香菇、平菇、草菇、金针菇、百合、木耳；老豆腐、嫩豆腐、干冻豆腐、血豆腐、内脂豆腐、凉粉、兰花干、五香干、酱油干、白干、千张、千张结、素鸡、面筋、油豆腐、豆腐皮等。

水果按果实的特征分类，有核果类、仁果类、浆果类、柑橘类、聚复果类、荔枝类、瓜类、坚果类等几大类别。核果类特征是果实由子房发育而成，外果皮薄，中果果肉丰厚，内果皮木质化、坚硬成核、核中有仁，如桃、李、杏、梅等；仁果类的果实由花托发育而成，如苹果、梨、山楂等；浆果类果实浆汁含量高，果皮较薄，如葡萄、草莓、猕猴桃、石榴、柿子等；柑橘类的特征是内果多呈薄膜状的缝合的瓤瓣，其瓤瓣中多浆汁、有种子，如柑、桔、橙、柚、柠檬等；聚复果类是由整个花序形成的果实，如桑葚、菠萝等。主要经营的品种有：红富士、秦冠、国光、红星、华盛顿苹果、青苹果、青蛇果、加力苹果、智利苹果；水晶梨、鸭梨、贡梨、新疆香梨、早酥梨、砀山梨、雪花梨、日本丰水梨；脐橙、鲜橙、新奇士橙、橘子、蜜橘、金橘、蜜柑、潮州柑、四会柑、沙田柚、福建蜜柚、黄皮西柚、青皮西柚、柠檬；水蜜桃、李子、青布林、红布林、黑布林、油桃、桃驳李、西梅、樱桃、枣、柿子、石榴；进口青提、进口红提、进口黑提、新疆葡萄、巨峰葡萄、草莓、猕猴桃；杨梅、枇杷、杨桃、红毛丹；荔枝、龙眼、番荔枝、榴莲、山竹、木瓜、进口香蕉、大蕉、国产香蕉、菠萝、国产芒果、腰芒、菲律宾芒果、象牙芒、澳洲芒、椰子、椰青、牛油果、鸡蛋果、人参果、火龙果；有籽西瓜、无籽西瓜、黄肉西瓜、哈密瓜、网纹甜瓜、香瓜、黑美人西瓜、珍珠瓜、洋白瓜、蜜瓜等。

问题：如何才能将该超市所经营的果蔬商品进行科学的商品分类？

分析要求：学生分析案例提出的问题，拟出案例分析提纲；小组讨论，形成小组案例分析报告；班级交流，教师对各小组案例分析报告进行点评。

单元二

商品代码与商品编码

表2－1是GB/T 7635.1《全国主要产品分类与代码第一部分：可运输产品》有关小麦商品的代码结构；表2－2是GB/T 7635.2《全国主要产品分类与代码第二部分：不可运输产品》有关小麦商品的代码结构；表2－3是我国居民身份证、邮政编码和汽车牌号的代码结构。

表2－1　GB/T 7635.1《全国主要产品分类与代码》有关小麦商品的代码结构

代　码	产　品　名　称
0	农林（牧）渔业产品；中药
01	种植业产品
011	谷物、杂粮等及其种子
0111	小麦及混合麦
01111	小麦
01111·010 —·099	冬小麦
01111·011	白色硬质冬小麦
01111·012	白色软质冬小麦
01111·013	红色硬质冬小麦
01111·014	红色软质冬小麦
01111·100 —·199	春小麦
01111·101	白色硬质春小麦
01111·102	白色软质春小麦
01111·103	红色硬质春小麦
01111·104	红色软质春小麦
01112	混合麦
……	……

表 2-2　　GB/T 7635.2《全国主要产品分类与代码》部分代码结构示例

代　码	产　品　名　称
5	无形资产；土地；建筑工程；建筑物服务
51	无形资产
511	金融资产和负债
5110	金融资产和负债
51100	金融资产和负债
512	非金融无形资产
5121	专利
51210	专利
5122	商标
51220	商标
5123	版权
51230	版权
……	……

表 2-3　　我国居民身份证、邮政编码和汽车牌号的代码结构

代　码	名　称
37 01 02 19××0101 ××× ×	居民身份证代码
25 0 0 ××	邮政编码
鲁 A K×7×7	轿车牌照代码
……	……

任务一　商品代码认知

案例导入

GB/T 7635.1《全国主要产品分类与代码第1部分：可运输产品》代码用6层8位阿拉伯数字表示。GB/T 7635.2《全国主要产品分类与代码第2部分：不可运输产品》代码用5层5位阿拉伯数字表示。我国居民身份证号码由4层18位数字组成。中国的邮政编码结合行政区划、邮运网路等具体情况，采用4层6位数字代码的方式组成。车牌号是3层7位代码。

问题：

1. 什么是商品代码？商品代码的功能有哪些？

2. 表2-1、表2-2、表2-3中的代码各有什么特点？商品分类代码有哪些类型？

学习目标

理解分类代码的概念；明确商品分类代码的类型。

基础知识与技术

一、商品代码的概念与功能

商品代码，是指为了便于识别、输入、存储和处理，用来表示商品一定信息的一个或一组有规律排列的符号。目前以全数字符号型商品代码最为普遍。这里所说的一定信息，主要是指分类信息。

商品分类信息是指代码意在说明某项商品在其分类体系中的位置，也就是表明该商品与其上下层级项目或同层级项目之间的隶属或并列关系，或者说是反映该项商品对某一商品群组的归属关系以及各商品群组之间的关系。

依照代码所表示的信息内容的不同，商品代码可以进一步划分为商品分类代码和商品标识代码两类。

商品代码具有分类、标识和便于信息交换的功能。

二、商品分类代码的类型

商品代码依其所用符号组成不同，可分为全数字型、全字母型和数字—字母混合型三种类型。

（一）全数字型商品代码

全数字型商品代码是用一个或若干个阿拉伯数字来表示分类对象信息的商品代码。这种商品代码的特点是结构简单，使用方便，易于推广，便于计算机识别和处理。目前全数字型商品代码在各国际组织和世界各国的商品（产品）代码标准中被普遍采用。

（二）全字母型商品代码

全字母型商品代码，是用一个或若干个字母表示分类对象信息的商品代码。按字母顺序对商品进行分类编码时，一般用大写字母表示商品大类，用小写字母表示其他类目。字母型代码便于记忆，人们有使用习惯，可提供便于人们识别的信息，但不便于机器处理信息，特别是当分类对象数目较多时，常常会出现重复现象。因此，字母型代码常用于分类对象较少的情况，在商品分类编码中很少使用。

（三）数字—字母混合型商品代码

数字—字母混合型商品代码，是由数字和字母混合组成的商品代码。它兼有上述两者的优点，结构严密，具有良好的直观性和表达式，同时又符合使用上的习惯。但是，由于代码组成形式复杂，给计算机输入带来不便，录入效率低，错码率高。因此，在商品分类编码中并不常使用这种混合型代码，少数国家在标准分类时采用混合代码。

任务二　编制商品分类代码

案例导入

GB/T 7635.1《全国主要产品分类与代码第1部分：可运输产品》代码用8位阿拉伯数字表示，代码结构分成六层（见图2-1），各层分别命名为大部类、部类、大类、中类、小类和细类。其中，第一至第五层各用一位数字表示，第一层代码为0—4，第二层、第五层代码为1—9，第三层、第四层代码为0—9，第六层用三位数字表示，代码为010—999，采用了顺序码和系列顺序码；第五层和第六层代码之间用圆点（·）隔开，信息处理时应省略圆点符号。

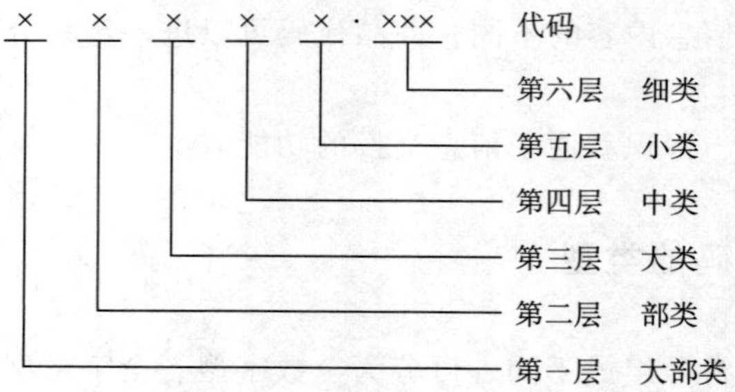

图2-1　GB/T 7635.1代码结构

GB/T 7635.2《全国主要产品分类与代码第2部分：不可运输产品》代码用5位阿拉伯数字表示，代码结构分成五层，各层分别命名为部类、门类、大类、中类和小类，每层1位码，其代码结构如图2-2所示。第1层代码（部类）从“5”开始，以便与GB/T 7635.1代码相衔接。

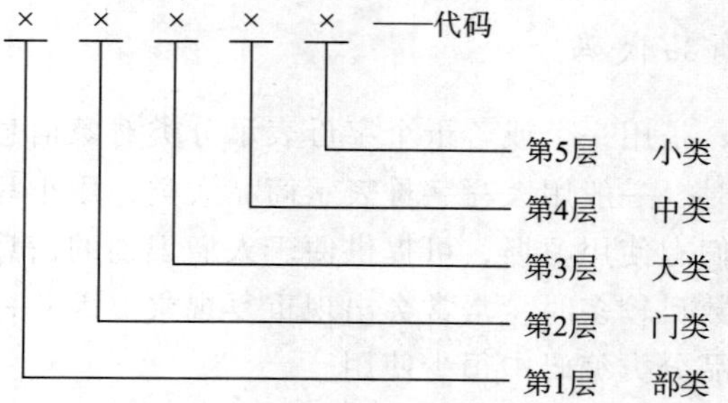

图2-2　GB/T 7635.2代码结构

我国居民身份证号码按照《公民身份号码》国家标准编制，身份证号码由18位数字组成：前6位为行政区划分代码，第7位至14位为出生日期码，第15位至17

位为顺序码，第18位为校验码。

中国的邮政编码结合行政区划、邮运网路等具体情况，采用4级6位码的方式组成。头两位数代表省（自治区、直辖市）；第3位数代表邮区（每个省划分若干邮区，即邮件分发、运输网路）；第4位数代表县（市）；末2位数代表邮局及其投递区。在个别情况下，最后两位数仅代表支局代号，不表示投递局。

车牌号的第一个是汉字：代表该车户口所在省的简称；第二个是英文：代表该车所在地的地市一级代码，规律一般是这样的，A是省会，B是该省第二大城市，C是该省第三大城市，以此类推；后五位是这辆车的代码。

问题：

1. 什么是商品编码？案例导入中几种代码在编制方法上有什么不同？
2. 编制分类代码的原则是什么？

学习目标

理解商品分类代码的编码原则；掌握商品分类代码的编制方法。

基础知识与技术

商品编码即编制商品代码，是指根据一定规则赋予某种或某类商品以相应的商品代码的过程。通过商品编码可使繁多的商品便于记忆，简化手续，提高工作效率和可靠性，有利于计划、统计、管理等业务工作。

一、商品分类代码的编制方法

商品分类代码是有含义代码，代码本身具有某种实际含义。此种代码不仅作为编码对象的唯一标识，起到代替编码对象名称的作用，还能提供编码对象的有关信息（如分类、排序等信息）。

商品分类编码常用的方法，有顺序编码法、系列顺序编码法、层次编码法、平行编码法（特征组合编码法）、混合编码法等编码方法。

（一）顺序编码法

顺序编码法是按照商品类目在分类体系中出现的先后次序，依次给予顺序数字代码的编码方法，其优点是使用方便，易于管理，但代码本身没给出任何有关编码对象的其他信息。通常为了满足信息处理的要求，多采用等长码，即每个代码标志的数列长度（位数）完全一致。顺序编码法简单，通常用于容量不大的编码对象集合体。编码时，可以留有“空号”（储备码），以便随时增加类目。

（二）系列顺序编码法

系列顺序编码法适用于分类深度不大的编码对象集合体。它是一种特殊的顺序编码法，是将顺序数字代码分为若干段（系列），使其与分类编码对象的分段一一相对应，并赋予每段分类编码商品编码以一定的顺序代码的编码方法。应用这种编码方法时，把整个编码对象集合体，按一定的属性或特征划分为系列。集合体的每一系列，通常按顺序登记获得代码，在每个系列中留有后备码。其优点是可以赋予编码对象一定属性和特征，提供有关编码对象的某些附加信息，但是附加信息的确定要借助于代码表。我国国家标准《全国主要产品分类与代码第1部分：可运输产品》（GB/T 7635.1）中的“小麦”（第五层级，小类类目），在进一步细分到第六层级（细类类目）时，“冬小麦”“春小麦”的代码采用了系列顺序编码法，“白色硬质冬小麦”“白色软质冬小麦”等类目代码则采用了顺序编码法（见表2－4）。

表2－4　顺序编码法与系列顺序编码法示例

第五层级（小类）代码	1111	小麦
第六层级（细类）代码	01111·010	冬小麦
（与第五层级代码之间用圆点隔开）	—·099	
	01111·011	白色硬质冬小麦
	01111·012	白色软质冬小麦
	……	……
	01111·100	春小麦
	—·199	
	01111·101	白色硬质春小麦
	01111·102	白色软质春小麦
	……	……

（三）层次编码法

层次编码法是按商品类目在分类体系中的层级顺序，依次赋予对应的数字代码的编码方法。即代码的层次与分类层级相一致。这种编码方法经常用于线分类（层级分类）体系。由于分类对象是按层级归类的，类目赋予代码时，编码也是按层级依次进行，分成若干个层次，使每个分类的类目，按分类层级一一赋予的代码。从左至右的代码，第一位（或第一、第二……位）代表第一层级（大类）类目，第二位代表第二层级（中类）类目，依此类推。这样，代码的结构就反映了分类层级的逻辑关系。

国家标准GB/T 7635.1《全国主要产品分类与代码第1部分：可运输产品》和GB/T 7635.2《全国主要产品分类与代码第2部分：不可运输产品》采用的都是层次编码法，见表2－1和表2－2。

层次编码法的优点是代码较简单，逻辑性较强，系统性强，信息容量大，能明确地反映出分类编码对象的属性或特征及其隶属关系，容易查找所需类目，便于机器汇总数据，便于管理和统计；缺点是结构弹性较差，为延长其使用寿命，往往要用延长代码长度的办法，预先留出相当数量的备用号，从而出现代码的冗余。

（四）平行编码法

平行编码法，也称特征组合编码法，是将编码对象按其属性或特征分为若干个面，每一个面内的编码对象按其规律分别确定一定位数的数字代码，面与面之间的代码没有层次关系和隶属关系，最后根据需要选用各个面中的代码，并按预先确定的面的排列顺序组合成复合代码的一种编码方法。它多用于面分类体系，其优点是编码结构有较好的弹性，可以比较简单地增加分类编码面的数目，必要时还可更换个别的面。但这种编码的缺点是代码过长，冗余度大，代码容量利用率低，因为并非所有可组配的复合代码都有实际意义。

（五）混合编码法

混合编码法是层次编码法和平行编码法的合成，代码的层次与类目的等级不完全相适应。在编码实践中，当把分类对象的各种属性或特征分列出来后，其某些属性或特征用层次编码法表示，其余的属性或特征则用平行编码法表示。这种编码方法吸取了两者的优点，效果往往较理想。我国居民身份证、邮政编码和汽车牌号的代码采用的都是混合编码法，见表2-3。

二、商品分类代码的编码原则

通常，商品分类和商品编码是分别进行的，商品科学分类在先，合理编码在后。商品科学分类为编码的合理性创造了前提条件，但是编码的不合理会直接影响商品分类体系、商品目录的实用价值。因此，编制商品分类代码时必须遵循以下原则。

（一）唯一性原则

唯一性原则是指必须保证每一个编码对象仅有唯一的一个商品代码，即每个商品代码只能与指定的商品类目一一对应。

（二）简明性原则

简明性原则是指商品代码应简明、易记，尽可能减少代码长度，这样既便于手工处理，减少差错率，也能减少计算机的处理时间和存储空间。

（三）层次性原则

层次性原则是指商品代码要层次清楚，能清晰地反映商品分类关系和分类体系、目录内部固有的逻辑关系。

（四）可扩性原则

可扩性原则是指在商品代码结构体系里应留有足够的备用码，以适应新类目的增加和旧类目的删减需要，使扩充新代码和压缩旧代码成为可能，从而使分类代码结构体系可以进行必要的修订和补充。

（五）稳定性原则

稳定性原则是指商品代码确定后要在一定时期内保持稳定，不能频繁变更，以保证分类编码系统的稳定性，避免造成人力、物力、财力的浪费。

（六）统一性和协调性原则

统一性和协调性原则是指商品代码要同国家商品分类编码标准相一致，与国际通用的商品分类编码标准相协调，以利于实现信息交流和信息共享。

任务三　编制商品标识代码

案例导入

某客户看到在零售商店里，所销售的商品包装上印制或粘贴的条形码（如图 2－3 所示），与在仓库或配送中心中，所储运的商品包装上印制或粘贴的条形码的符号结构不同（如图 2－4 所示）。当客户打开储运包装时，看到内装的独立包装上所印制或粘贴的条形码与零售店里商品包装上所印制或粘贴的条形码的符号结构相同，便询问工作人员“这是为什么？”

6 901234 567892

图 2－3　在零售店里商品包装上的条码

0 6 9 0 1 2 3 4 5 6 7 8 9 2

图 2－4　在仓库或配送中心仓储或配送商品包装上的条码

问题：

1. 什么是商品标识代码？商品标识代码的编码原则是什么？
2. 商品的标识代码有几种结构类型？

学习目标

理解商品标识代码的含义；明确商品标识代码的编制原则；掌握商品标识代码的结构类型。

基础知识与技术

一、商品标识代码的含义

商品标识代码，通常是指由国际物品编码协会 EAN · UCC 系统的编码标准所规定，并用于全球统一标识商品的数字型代码。它包括 EAN/UCC－13、EAN/UCC－8、UCC－12 和 EAN/UCC－14 共四种代码。商品条码是用来表示国际通用的商品标识代码的一种模块组合型条码，可被机器快速识读和处理。

ANCC 系统是一套全球统一的标准化编码体系。编码体系是 ANCC 系统的核心，是对流通领域中所有的产品与服务，包括贸易项目、物流单元、资产、位置和服务关系等的标识代码及附加属性代码，如图 2－5 所示。附加属性代码不能脱离标识代码独立存在。

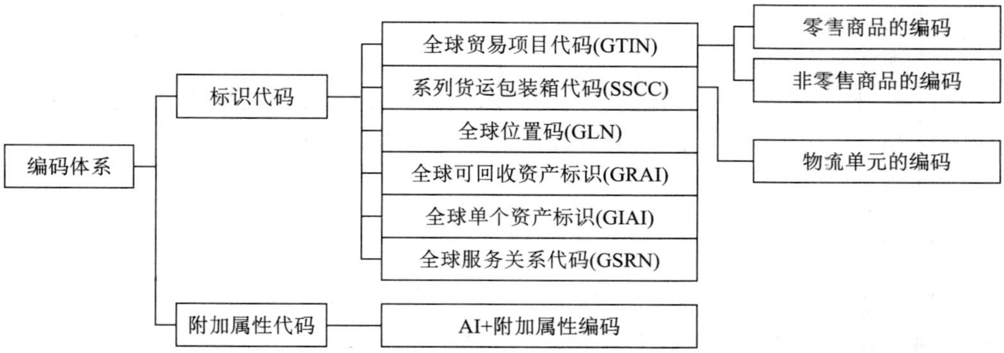

图 2－5　ANCC 系统的编码体系

商品标识代码和商品条码主要用于对零售商品、非零售商品的统一标识。零售商品是指在零售端 POS 系统扫描结算的商品。非零售商品是指不经过 POS 系统扫描结算的用于配送、仓储或批发等环节的商品，包括单个包装的非零售商品和含有多个包装等级的非零售商品。前者是指独立包装但又不适合通过零售端 POS 系统扫描结算的商品，如独立包装的冰箱、洗衣机等。后者是指需要标识的货物内含有多个包装等级，如装有 24 条香烟的一整箱烟或装有 6 箱烟的托盘等。

POS（Point Of Sales）系统，也就是销售点管理系统，它是利用现金收款机作为终端机与主计算机相连，并借助光电识读设备为计算机录入商品信息。当带有条码符号的商品通过结算台扫描时，商品条码所表示的信息被录入计算机，计算机从数据库文件中查询到该商品的名称、价格等，并经过数据处理，打印出收据。

二、商品标识代码的编制原则

商品标识代码在编码时，必须遵守唯一性、稳定性、无含义性等原则。

（一）唯一性原则

唯一性原则是商品编码的基本原则，是指同一商品项目的商品应分配相同的商品标识代码，不同商品项目的商品必须分配不同的商品标识代码。基本特征相同的商品应视为同一商品项目，基本特征不同的商品应视为不同的商品项目。通常商品的基本特征包括商品名称、商标、种类、规格、数量、包装类型等。商品的基本特征一旦确定，只要商品的一项基本特征发生变化，就必须分配一个不同的商品标识代码。

在商品条码系统中，商品及商品价格的差异是靠不同的代码识别的。假如把两种不同价格的商品用同一代码标识，自动识别系统就把它们视为同一种商品，这样不是给顾客造成经济损失，就是给销售商带来经济损失，同时这样做的结果，还会导致销售商和制造商不能准确掌握商品销售信息，使商店自动化系统失去意义。如果同一商品项目有几个代码，自动识别系统将视其为几种不同的商品，这样不仅大大增加数据处理的工作量，而且会造成管理上的混乱。在我国，同一种商品，往往由不同的厂家生产，确保相同商品必须有同一代码就显得格外重要。

为此，中国物品编码中心做出规定，凡是获准使用他人注册商标的商品，必须采用商标注册者拥有的厂商代码和商标注册者统一编定的商品项目代码。唯一性是商品编码最重要的一条原则。

（二）稳定性原则

稳定性原则是指商品标识代码一旦分配，只要商品的基本特征没有发生变化，就应保持不变。同一商品项目，无论是长期连续生产、还是间断式生产，都必须采用相同的标识代码。即使该商品项目停止生产，其标识代码应至少在4年之内不能用于其他商品项目上。另外，即便商品已不在供应链中流通，由于要保存历史记录，需要在数据库中较长期地保留它的标识代码，因此，在重新启用商品标识代码时，还需要考虑此因素。

（三）无含义性原则

无含义性原则是指商品标识代码是无含义代码，代码本身不提供任何有关编码对象的信息，代码作为编码对象的唯一标识，只起到代替编码对象名称的作用。通常，商品编码仅仅是一种识别商品的手段，而不是商品分类的手段。无含义使商品编码具有简单、可靠、灵活、充分利用代码容量、生命力强等优点。这种编码方法尤其适于较大的商品系统。

三、商品标识代码的类型

通常，零售商品的标识代码采用EAN/UCC－13、EAN/UCC－8和UCC－12（用于北美地区）代码。非零售商品的标识代码采用EAN/UCC－14、EAN/UCC－13和UCC－12（用于北美地区）代码。

（一）EAN/UCC－13代码

EAN/UCC－13代码由13位数字组成，该代码有三种结构形式，每种代码结构分为三个层次，见表2－5。

表2－5　EAN/UCC－13代码的结构

结构种类	厂商识别代码	商品项目代码	校验码
结构一	X_{13} X_{12} X_{11} X_{10} X_9 X_8 X_7	X_6 X_5 X_4 X_3 X_2	X_1
结构二	X_{13} X_{12} X_{11} X_{10} X_9 X_8 X_7 X_6	X_5 X_4 X_3 X_2	X_1
结构三	X_{13} X_{12} X_{11} X_{10} X_9 X_8 X_7 X_6 X_5	X_4 X_3 X_2	X_1

1．厂商识别代码

厂商识别代码通常由7—9位数字组成，其左边的2—3位数字（X_{13} X_{12}或X_{13} X_{12} X_{11}）称为前缀码，是EAN编码组织（国际物品编码协会）分配给其所属成员国家（或地区）编码组织的代码。例如，国际物品编码协会分配给中国物品编码中心的前缀码是690—695。厂商识别代码由中国物品编码中心统一向申请厂商分配。我国以690、691为前缀码的EAN/UCC－13代码采用表2－5中的代码结构一；以692、693为前缀码的EAN/UCC－13代码采用表2－5中的代码结构二。必须指出的是，前缀码并不代表商品的原产地，而只能说明分配和管理有关厂商识别代码的国家（或地区）编码组织。

2．商品项目代码

商品项目代码是由3—5位数字组成，用以表示商品项目的代码。商品项目是按商品的基本特征划分的商品群类。商品项目代码由厂商根据有关规定自行分配。在编制商品项目代码时，厂商必须遵守商品编码的基本原则，同一商品项目的商品只能编制一个商品项目代码，对不同的商品项目必须编制不同的商品项目代码，商品名称、商标、种类、规格、数量、包装类型等商品基本特征不同，应视为不同项目的商品。

3．校验码

校验码X_1为1位数字，用来校验其他代码X_{13}—X_2的编码的正误，它的数值是根据X_{13}—X_2的数值按一定的计算方法算出的，参见表2－6。

表2－6　校验码的计算方法

步骤	举例说明
1．自右向左顺序编号	位置号 13 12 11 10 9 8 7 6 5 4 3 2 1 代码 6 9 0 1 2 3 4 5 6 7 8 9 X1
2．从序号2开始求出偶数位上的数之和①	9＋7＋5＋3＋1＋9＝34　①
3．①×3＝②	34×3＝102　②
4．从序号3开始求出奇数位上的数之和③	8＋6＋4＋2＋0＋6＝26　③
5．②＋③＝④	102＋26＝128　④
6．用大于或等于结果④且为10最小整数倍的数减去④，其差即为所求校验码的值。	130－128＝2 校验码X_1＝2

（二）EAN/UCC－8代码

EAN/UGG－8代码由8位数字组成，用于印刷而体积较小的商品零售包装。其结构见表2－7。

表2－7 EAN/UCC－8代码结构

商品项目识别代码（包括前缀码）	校验码
X_8 X_7 X_6 X_5 X_4 X_3 X_2	X_1

EAN/UCC－8代码结构分为商品项目识别代码和校验码两个层次。其中，商品项目识别代码由7位数字组成，校验码为1位数字。

1. 商品项目识别代码

商品项目识别代码是各国（地区）EAN编码组织在国际物品编码协会分配的前缀码（X_8 X_7 X_6）的基础上分配给厂商特定商品项目的代码。EAN/UCC—8代码与EAN/UCC－13代码有所不同。为了保证代码在全球范围内的唯一性，我国凡需使用EAN/UCC－8代码的商品制造厂家，除正常申报加入中国商品条码系统的手续外，还须将本企业准备使用EAN/UCC－8代码的商品目录及其外包装（或设计样张）报至中国物品编码中心或其分支机构，由中国物品编码中心统一赋码；已具备中国商品条码系统成员资格的厂家，其新产品要使用EAN/UCC－8代码时，只能上报中国物品编码中心并由中国物品编码中心统一分配使用。

2. 校验码

与EAN/UCC－13代码相同，校验码X_1为1位数字，其数值的计算方法与EAN/UCC－13代码相同（只需在X_8前面加上5个0，补齐至13位数）。

（三）UCC－12代码

UCC－12代码是在美国和加拿大等北美国家已使用30多年的12位数字的商品标识代码。表示UCC－12代码的条码符号结构有两种，即UPC－A码（12位）和压缩了零的UPC－E码（8位），见表2－8和表2－9。

表2－8 UPC－A码（12位）

厂商识别代码和商品项目识别代码	校验码
X_{12} X_{11} X_{10} X_9 X_8 X_7 X_6 X_5 X_4 X_3 X_2	X_1

X_{12}是系统字符，其应用规则是：0，6，7应用于一般商品；2应用于商品变量单元；3应用于药品及医疗用品；4应用于零售商店内码；5应用于优惠券；1，8，9保留。中间10个数字是编码数字，分为中左5位码和中右5位码，前者为制造厂商识别代码，用于标识制造厂商，由美国统一编码委员会（UCC）分配和管理；后者为商品标识代码，用于标示商品的特征和属性，由商品制造厂商根据美国统一编码委员会的规则自行编制和管理。最后一位数字为校验码，用于检验代码输入的正确性，校验码的计算方法见表2－10。

表 2-9　UPC-E 码（8 位）

商品项目识别代码	校验码
X_8 X_7 X_6 X_5 X_4 X_3 X_2	X_1

表 2-10　校验码的计算方法

步骤	举例说明
1. 将前面 11 位数字自左向右顺序编号	位置号 1 2 3 4 5 6 7 8 9 10 11 代码　6 9 0 1 2 3 4 5 6 7 8 X_1
2. 求出奇数位上的数之和①	6+0+2+4+6+8=26　①
3. ①×3＝②	26×3=78　②
4. 求出偶数位上的数之和③	9+1+3+5+7=25　③
5. ②＋③＝④	78+25=103　④
6. 用大于或等于结果④且为 10 最小整数倍的数减去④，其差即为所求校验码的值。	110-103=7 校验码 X_1=7

UPC-E 商品代码是将系统字符为 0 的 UCC-12 代码进行消零压缩所得，其中，X_8 为系统字符，取值为 0；校验码为消零压缩前 UPC-A 商品条码的校验码。

通常情况下，一般不选用表示 UCC-12 代码的商品条码（UPC 商品条码），只有当产品出口到北美地区并且客户指定时，才申请使用 UPC 商品条码。中国厂商如需申请使用 UPC 商品条码，须经中国物品编码中心统一办理。

（四）EAN/UCC-14 代码

EAN/UCC-14 代码由 14 位数字组成，是用于非零售商品的标识代码，其结构见表 2-11。EAN/UCC-14 代码结构分为指示符、内含商品的标识代码（不含校验码）和校验码三个层次。其中，指示符为 1 位数字，内含商品的标识代码包括内含商品的厂商识别代码和商品项目代码共为 12 位数字，校验码仍为 1 位数字。

表 2-11　EAN/UCC-14 代码结构

指示符	内含商品的标识代码（不含前缀码）	校验码
X_{14}	X_{13} X_{12} X_{11} X_{10} X_9 X_8 X_7 X_6 X_5 X_4 X_3 X_2	X_1

1. 指示符

指示符的赋值区间为 1—9，其中 1—8 用于定量的非零售商品，9 用于变量的非零售商品。最简单的方法是按顺序分配指示符，即将 1，2，3，…，8 分别分配给非零售商品的不同级别的包装组合。

2. 内含商品的厂商识别代码、商品项目代码以及校验码

其含义与 EAN/UCC-13 零售商品标识代码相同。

任务四 识别商品条码

案例导入

在某一超级市场内，有位顾客在结算时，看到收银员多次用机器扫描商品的条码没有成功，收银员便使用键盘将条码下方的数字录入了进去，便询问收银员："你这样做不会错吧？"原来这位顾客担心键盘输入和机器扫描的信息不一样。

问题：

1. 什么是商品条码？商品条码有什么特点？
2. 商品条码的符号结构是怎样设置的？

学习目标

理解商品条码的概念和特点；掌握商品条码的符号结构。

基础知识与技术

一、商品条码概述

（一）商品条码的概念

条码是将表示一定信息的字符代码转换成用一组黑白（或彩色）相间的平行线条，按一定的规则排列组合而成的特殊图形符号（英文叫 Bar Code）。条和空分别有深浅不同，且满足一定光学对比度要求的两种颜色（通常为黑、白色）表示。条为深色，空为浅色。为了便于人们识别条码符号所代表的字符，通常在条形码符号的下部印刷所代表的数字、字母或专用符号。前者用于机器识读，后者供人们直接识读或通过键盘向计算机输入数据使用。

商品条码是指由国际物品编码协会（EAN）和统一代码委员会（UCC）规定的、用于表示商品标识代码的条码，包括 EAN 商品条码（EAN－13 商品条码和 EAN－8 商品条码）和 UPC（通用产品码）商品条码（UPC－A 商品条码和 UPC－E 商品条码）。

商品条码一般印在商品包装上，或将其制成条码标签附在商品上。对于小批量产品来说，条码也可印在不干胶上张贴。所有零售商品，例如食品、饮料、卷烟、土特产品、服装、鞋帽、医药品、化妆品、牙膏、香皂、洗衣粉等日用化工品，图书、胶卷、空白磁带等信息用化学品，文教体育用品，工艺美术品及玩具，日用塑料制品及日用橡胶制品，日用搪瓷制品，餐具饮具，电视机、收音机、录音机、电冰箱、洗衣机等家用电器，手工工具，剪刀等日用五金制品，日用杂品等都适宜采用条码。

商品条码系统成员编制商品项目代码应按照国家标准 GB12904《商品条码》的规定，在国家中心分配的厂商识别代码的基础上，以商品项目为单位进行编码，并同时计算校验码，最终得出一个完整的商品条码。

商品条码是表示商品特定信息的标识。零售商品代码与条码是指以满足零售扫描结算为主要目的，为商品单元编制的代码和条码标识；非零售商品代码与条码是指以满足非零售结算为目的，为商品单元所编制的代码和条码标识。在流通环节中，可以对该商品单元进行定价、订购或开具发票；物流单元代码与条码是指对物流中临时性商品包装单元所编制的代码和条码标识；位置代码与条码是指对厂商的物理位置、职能部门等所编制的代码与条码标识；店内条码是指商店为便于商品在店内管理而对商品自行编制的临时性代码及条码标识。

厂商识别代码是指国际通用的商品标识系统中表示厂商的唯一代码，是商品条码的重要组成部分。

商品代码与条码是指包含厂商识别代码在内的对零售商品、非零售商品、物流单元、位置、资产及服务编制的全球唯一的代码和条码标识。

（二）商品条码的特点

商品条码是商品的“身份证”，是商品流通于国际市场的“共同语言”。商品条码是实现商业现代化的基础，是商品进入超级市场、POS 扫描商店的入场券。

商品条码是用于表示国际通用的商品代码的一种模块组合型条码，是计算机输入数据的一种特殊代码，包含商品的生产国别、制造厂商、产地、名称、特性、价格、数量、生产日期等一系列商品信息。只要借助于光电扫描阅读设备，即可迅速地将条形码所代表的信息准确无误地输入电子计算机，并由计算机自动进行存储、分类排序、统计、打印或显示出来。这不仅实现了售货、仓储、订货的自动化管理，而且通过产、供、销信息系统把销售信息及时提供给生产厂家，实现了产、供、销之间的现代化管理。因此，条形码是快速、准确地控制商品信息流和物流的现代化手段。条码作为向电子计算机输入数据的一种特殊代码，有以下主要优点：

第一，准确度高。通过扫描条码输入数据，其准确度要比键盘输入高得多。研究表明，键盘输入错误率为三千分之一，而条码输入错误率为三百万分之一。

第二，输入速度快。一般来说，条码输入速度为键盘输入速度的 20 倍。

第三，制作容易。条码易于制作，对印刷技术、设备和材料无特殊要求。

第四，设备经济实用。条码识别装置结构简单、可靠性高、易操作、价格便宜。

二、商品条码的符号结构

（一）EAN 条形码的符号结构

EAN 条形码是国际通用商品代码，有 13 位标准条码（EAN－13 条码）和 8 位缩短条码（EAN－8 条码）两种版本（如图 2－6 所示）。

6 901234 567892　　6900 0003

EAN－13条形码符号　　EAN－8条形码符号

图 2－6　EAN 条形码符号示意图

1. EAN－13 商品条码的字符结构

EAN－13 商品条码是由左侧空白区、起始符、左侧数据符、中间分隔符、右侧数据符、校验符、终止符和右侧空白区及供人识别字符组成。如图 2－7 和图 2－8 所示。

图 2－7　EAN－13 商品条码的符号结构

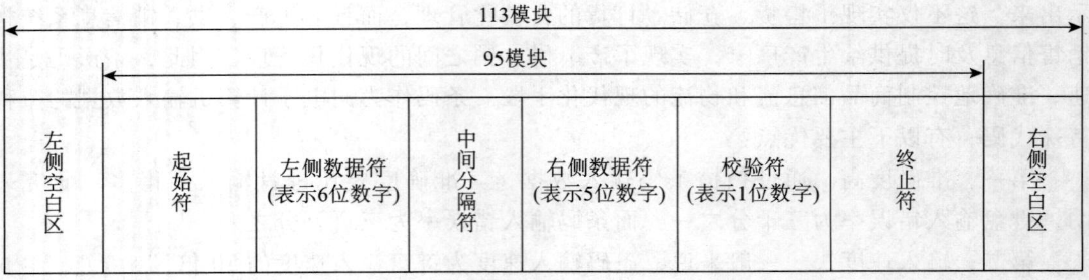

图 2－8　EAN－13 商品条码的符号构成示意图

左侧空白区：位于条码符号最左侧的与空的反射率相同的区域，其最小宽度为 11 个模块宽。

起始符：位于条码符号左侧空白区的右侧，表示信息开始的特殊符号，由 3 个模块组成。

左侧数据符：位于起始符右侧，表示 6 位数字信息的一组条码字符，由 42 个模块组成。

中间分隔符：位于左侧数据符的右侧，是平分条码字符的特殊符号，由 5 个模块组成。

右侧数据符：位于中间分隔符右侧，表示 5 位数字信息的一组条码字符，由 35 个模块组成。

校验符：位于右侧数据符的右侧，表示校验码的条码字符，由 7 个模块组成。

终止符：位于条码符号校验符的右侧，表示信息结束的特殊符号，由 3 个模块组成。

右侧空白区：位于条码符号最右侧的与空的反射率相同的区域，其最小宽度为 7 个模块宽。为保护右侧空区的宽度，可在条码符号右下角加“ > ”符号，“ > ”符号的位置如图 2 – 9 所示。

图 2 – 9　EAN – 13 商品条码符号右侧空白区中“ > ”的位置

供人识别字符：位于条码符号的下方，与条码相对应的 13 位数字。供人识别字符优先选用 GB/T 12508 中规定的 0 C R – B 字符集；字符顶部和条码字符底部的最小距离为 0. 5 个模块宽。EAN – 13 商品条码供人识别字符中的前置码印制在条码符号起始符的左侧。

2. EAN –8 商品条码的符号结构

EAN – 8 商品条码由左侧空白区、起始符、左侧数据符、中间分隔符、右侧数据符、校验符、终止符、右侧空白区及供人识别字符组成。如图 2 – 10 和图 2 – 11 所示。

图 2 – 10　EAN – 8 商品条码的符号结构

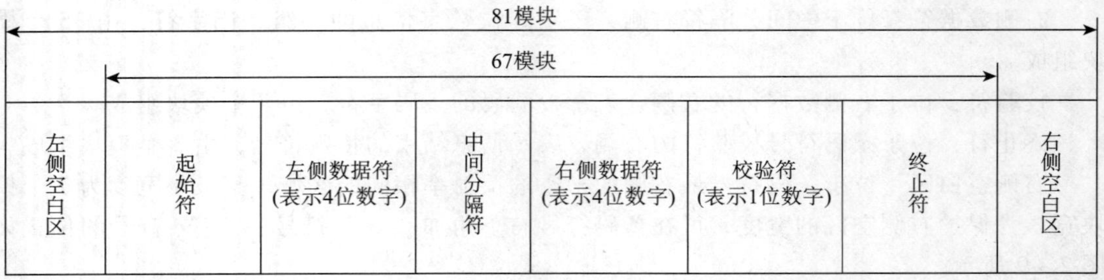

图 2－11　EAN－8 商品条码的符号构成示意图

EAN－8 商品条码的起始符、中间分隔符、校验符、终止符的结构同 EAN－13 商品条码。

EAN－8 商品条码的左侧空白区与右侧空白区的最小宽度均为 7 个模块宽。为保护左右侧空白区的宽度，可在条码符号左下角加“ < ”符号，在条码符号右下角加“ > ”符号，“ < ”和“ > ”符号的位置如图 2－12 所示。

图 2－12　EAN－8 商品条码符号空白区中“ < ”和“ > ”的位置

左侧数据符：表示 4 位数字信息，由 28 个模块组成。

右侧数据符：表示 3 位数字信息，由 21 个模块组成。

供人识别字符：是与条码相对应的 8 位数字，位于条码符号的下方。

根据国际物品编码协会的规定，只有当 EAN－13 条码所占面积超过总印刷面积的 25% 时，使用 EAN－8 条形码才是合理的。EAN－8 条形码主要用于印刷空间不足的小包装商品，如化妆品、香烟等。缩短码尺寸为：6.73mm×21.64mm，放大系数取值范围是 0.80－2.00，间隔为 0.05。

（二）UPC 商品条码的符号结构

1. UPC－A 商品条码的符号结构

UPC－A 商品条码左、右侧空白区最小宽度均为 9 个模块宽，其他结构与 EAN－13 商品条码相同。如图 2－13 所示。

图 2 - 13　UPC - A 商品条码的符号结构

2. UPC - E 商品条码的符号结构

UPC - E 商品条码由左侧空白区、起始符、数据符、终止符、右侧空白区及供人识别字符组成。如图 2 - 14 所示。

图 2 - 14　UPC - E 商品条码的符号结构

任务五　店内码、图书代码和期刊代码认知

案例导入

某顾客在超市购买了几种店内包装的水果，发现水果包装上的条码是由超市机器打印后粘贴的，而且条码的前几位数字与超市里绝大多数预包装商品上的条码不同；该顾客又去新华书店买了一本图书，并在附近报摊上买了一本生活杂志，发现两种印刷品上面的条形码的符号结构也不同，而且与超市里的商品条码结构也有差异（见图 2 - 15 店内码、图书代码和期刊代码）。该顾客很是疑惑。

图 2－15 店内码、图书条码和期刊代码

问题：

1. 什么是店内码？店内码与预包装商品的条码有何不同？
2. EAN 系统的图书和期刊代码是如何设置的？

学习目标

理解商品店内码的概念；掌握商品店内码、图书代码和期刊代码的符号结构及含义。

基础知识与技术

一、店内码

有些商品，例如鲜肉、水果、蔬菜、熟食品等是以随机重量销售的。这些商品的编码任务一般不宜由商品的生产者承担，而是由零售商完成的。零售商进货后，对商品进行包装，用专用设备对商品称重并自动编码和制成条码，然后将条码粘贴或悬挂在商品包装上。这种专用设备取决于编码方法，所以设备制造商必须依据与零售商签订的协议生产设备。零售商编的代码，只能用于商店内部的自动化管理系统，因此称为店内码。有些零售商为了实现商店的自动化管理，不得不对本应由制造商编码的商品进行编码，这样的商品代码虽然也可以称为“店内码”，但已超出店内码的原来含义了。这种“店内码”的长度应从常规的商品代码长度中选取，例如13位、8位、12位。表示“店内码”的条码也应按常规的印刷方法印刷。

在国外使用条码管理的商场中，有两种做法：一种做法是无论商品上原来有无条码，一律使用用户自己制作的“店内码”；另一种做法是充分利用商品上原有的条码，对没有条码的商品才标上用户自己制作的店内码。在国内已推广使用条码管理的商场中，也不外乎这两种情况。前一种做法基本上是中高档商场或专卖店所用，后一种做法基本上是所有超市和连锁店均使用，因为商品价值较低、商品销售量大，全部使用店内码会增加商品的成本，从而不利于超市和连锁店的商品销售。当然，后一种做法对所有商场也都是适用的。而全部使用"店内码"的好处一个是可以根据用户自己对管理商品的要求来编制"店内码"，从而达到用户自己的管理要求；另一个是可以采用流水作业自动生成店内码，提高了条码制作效率。

国际上常用的几种店内码模式有 EAN－13 代码、EAN－8 代码、UPC－A 代码和 UPC－E（LAC）代码，下面仅介绍 EAN－13 代码。

目前我国商店采用的店内码是 EAN 推荐的 EAN－13（标准版）店内码，其结构与 EAN/UPC－13 商品代码不同，见表 2－12。

表 2－12　　标准版 EAN－13 店内码的代码结构

前缀码	商品项目代码	校验码
I_{12} I_{11}	I_{10} I_9 I_8 I_7 I_6 I_5 I_4 I_3 I_2 I_1	C

在 EAN－13（标准版）店内码系统中，前缀码 I_{12}、I_{11} 由两位数字组成，其值为 20 和 21，22－29 预留给其他闭环系统。前缀码用于指示该 13 位数字代码为商店用于表示商品变量消费单元的代码。C 为校验码，其计算方法与 EAN/UPC－13 商品代码校验码计算方法相同。商品项目代码是中间 10 位数字（I_{10} I_9 I_8 I_7 I_6 I_5 P_4 P_3 P_2 P_1），用于标识商品信息，10 位商品项目代码可用不同的方法构成，以表示商品种类、净重或计算出的价格或单元的数量。

商品项目代码的结构可由物品编码组织或零售商与设备供应商共同研究确定。为了提高店内码打印设备的通用性，与设备供应商和零售商协商一致后，EAN 推荐如表 2－13 所示的代码结构。

表 2－13　　EAN 推荐的 EAN－13 店内码的代码结构

结构		前缀码	商品项目代码	校验码
无价格校验码	4 位数字价格码 5 位数字价格码	I_{12} I_{11}	I_{10} I_9 I_8 I_7 I_6 I_5 P_4 P_3 P_2 P_1 I_{10} I_9 I_8 I_7 I_6 P_5 P_4 P_3 P_2 P_1	C
有价格校验码	4 位数字价格码 5 位数字价格码	I_{12} I_{11}	I_{10} I_9 I_8 I_7 I_6 I_5 VP_4 P_3 P_2 P_1 I_{10} I_9 I_8 I_7 I_6 VP_5 P_4 P_3 P_2 P_1	C

注：表中 I 为商品项目代码；V 为价格校验码；P 为价格代码（包括一位或两位小数）。

二、EAN 系统的图书代码

图书，作为商品的一种，不仅具有商品的一般属性，而且具有流动量很大、流速快、流通范围广、流经环节多等特点。国际物品编码协会（EAN）与国际标准书号中心（International Standard Book Number，缩写 ISBN）达成一致协议，把图书作为特殊的商品，将 EAN 前缀码 978 作为国际标准书号（ISBN）系统的专用前缀码，并将 ISBN 书号条码化。

按照国际物品编码协会的规定，图书代码可以用两种不同的代码结构来表示，一种是把图书视为一般商品，按EAN商品编码方法进行编码；另一种是利用图书本身的ISBN书号，按照EAN和ISBN协议规定，将978作为图书商品的前缀进行编码。

（一）将图书按一般商品进行编码

将图书按一般商品进行编码，其代码结构见表2-14。

表2-14　图书按一般商品进行编码的代码结构

国别代码	图书代号	校验字符
$P_1\ P_2\ P_3$	$X_1\ X_2\ X_3\ X_4\ X_5\ X_6\ X_7\ X_8\ X_9$	C

P_1—P_3：前缀码，是国际编码组织分配给各国编码组织的国别代码。

X_1—X_9：图书代码，图书代码的具体结构由各国编码组织根据本国特点自行定义。比如：厂商代码 + 书名代码；或出版社代号 + 书名代码；或出版物代码 + 价格代码。

C：校验字符，计算方法与EAN代码的校验字符相同。

（二）直接采用图书的ISBN号

直接采用图书的ISBN号，其代码结构见表2-15。

表2-15　直接采用图书的ISBN号的代码结构

前缀码	图书项目代码	校验字符
978	$X_1\ X_2\ X_3\ X_4\ X_5\ X_6\ X_7\ X_8\ X_9$	C

前缀码978：EAN分配给国际ISBN系统专用的前缀码，用以标识图书。978为EAN留给ISBN系统的专用前缀码。

图书项目代码X_1—X_9：直接采用图书的ISBN号（不含其校验码）。

校验字符C：图书代码的校验码，计算方法与EAN代码相同。

（三）EAN系统的中国图书代码的结构

根据EAN的规定，各国编码组织有权根据自己的国情在图书编码的两种方案中，做出自己的选择。由于我国已加入国际ISBN组织，全国的图书已采用ISBN书号，ISBN书号完全可以满足EAN物品标识的需要。因此，我国选择第二种方案标识我国的图书出版物，并于1991年发布了国家标准《中国标准书号（ISBN部分）条码》，开始在全国图书上推广普及条码标志。

1. 中国标准书号代码结构

中国标准书号代码结构，按国际标准书号（ISBN）的结构见表2-16。

表2-16　国际标准书号（ISBN）的构成

组号	出版社号 + 书序号	校验码
X	X X X X X X X X	X

组号：是国家、地区、语言或其他组织集团的代号，由国际 ISBN 中心负责分配，中国的组号为 7。

出版社号：由国家 ISBN 中心分配，其位数视情况由 2—6 位数字组成。

书序号：由出版社自行分配，每个出版社的书序号是固定的，计算方法是：

书序号 = 9 - （组号位数 + 出版社号位数）

书序号的位数由 2 位 -6 位。

校验码：中国标准书号的第 10 位数字。

2. EAN 系统的中国图书代码的结构

中国图书代码由 13 位数字构成，见表 2 - 17。

表 2 - 17　　EAN 系统的中国图书代码的结构

前缀码	ISBN 号（不含校验字符）	校验字符
978	$X_1\ X_2\ X_3\ X_4\ X_5\ X_6\ X_7\ X_8\ X_9$	C

三、EAN 系统的期刊代码

按照 EAN 的规定，期刊可以有两种不同的编码方式，一种方式是将期刊作为普通商品进行编码，编码方式按照标准的 EAN - 13 代码的编码方式进行。这种方法可以起到商品标识的作用，但体现不出期刊的特点。另一种方法是按照国际标准期刊号 ISSN（International Standard Serials Number）体系进行编码。ISSN 是由国际标准期刊号中心统一控制，在世界范围内被广泛采用的期刊代码体系。按照这个体系编码完全可以达到标识系列出版物的目的。因此，国际物品编码协会（EAN）与国际标准书号中心签署协议，并将 EAN 前缀码 977 分配给国际标准期刊号系统，供期刊标识专用。

对于每个国家具体采用何种编码方法来标识期刊，国际物品编码协会不作统一规定。每个国家的 EAN 编码组织可以根据自己的实际情况进行选择。

1. 按普通商品编码规则编码（见表 2 -18）。

表 2 - 18　　按普通商品编码规则编码的构成

国别代号	期刊标识代码（由各国 EAN 编码机构自行定义）	EAN - 13 代码的校验字符	补充代码表示期刊的系列编号
$P_1\ P_2\ P_3$	$X_1\ X_2\ X_3\ X_4\ X_5\ X_6\ X_7\ X_8\ X_9$	C	$S_1\ S_2$

$P_1P_2P_3$：国别代号，由国际物品编码协会分配。我国的国别代号是 690。

X_1—X_9：期刊标识码，是用来唯一标识期刊的代码，代码的结构由各国物品编码组织自行确定。利用这种结构的代码来标识期刊，期刊的价格应表示在 X_1—X_9中确定的位置，并且能直接在出版物的所在国使用。这样一旦该出版物流通到国外，尽管价格可能不再适用，但作为普通标识编码的整体并没有破坏，同样可以作为期刊标识编码使用。

C：EAN - 13 代码的校验字符，可以通过商品代码（EAN 码）的方法计算出来。

$S_1\ S_2$：期刊代码的补充代码，由两位数字构成，表示一周以上出版的期刊的系列号

（即周或月份的序数）。

2. 直接采用 ISSN 号对期刊进行编码

直接采用 ISSN 号对期刊进行编码，其代码结构见表 2－19。

表 2－19　直接采用 ISSN 号对期刊进行编码的代码结构

前缀码	ISSN 号	备用码	校验字符	期刊系列号
977	$X_1\ X_2—X_7$	$Q_1\ Q_2$	C	$S_1\ S_2$

前缀码 977：国际物品编码协会分配给国际标准期刊号系统的专用前缀码。

$X_1—X_7$：国际标准期刊号（ISSN），不含其校验码。

$Q_1\ Q_2$：备用码，当 $X_1—X_7$ 不能清楚地标识期刊时，可以利用备用码 $Q_1\ Q_2$ 来辅助区分出版物。日刊或一周内发行几次的期刊，可以利用 $Q_1\ Q_2$ 分配不同的代码。

$S_1\ S_2$：期刊系列号，仅用于表示一周以上出版一次的期刊系列号（即周或月份的序数）。期刊系列号的代码构成如下：

周刊 $S_1\ S_2$：01—52（周的序数代码）；

双周刊 $S_1\ S_2$：02，04，06，……52 或 01，03，05，……51；

月刊 $S_1\ S_2$：01—12（月份的序数代码）；

双月刊 $S_1\ S_2$：02，04……12 或 01，03，……11（月份的序数代码）；

季刊 $S_1\ S_2$：与双月刊类似（以第一期的发行月份决定月份的序数代码的使用，01，04，07，10；02，05，08，11；03，06，09，12）；

季节性刊物：S_1 是用年度的最后一位数（如 2013 年即为 3）表示；S_2 用季节代码表示：春季－1，夏季－2，秋季－3，冬季－4；

双季节性刊物 $S_1\ S_2$：与季节性刊物相同。S_1 用本年度的最后一位数表示；S_2 用第二季度的代码（如春夏季刊物取 2）；

年刊 $S_1\ S_2$：01—12，用出版月份的序数表示；

特殊刊物（不定期）$S_1\ S_2$：01—99。

习题与训练

一、名词解释

商品代码　商品编码　商品标识代码　商品条码

二、选择题

1. 单项选择题

（1）商品代码是用来表示商品一定信息的一个或一组有规律排列的（　　）。

A. 符号　　B. 字母

C. 数字　　D. 文字

（2）商品代码要同国家商品分类编码标准一致，与国际通用的商品分类编码标准相协调，以利于实现信息交流和信息共享，这体现了（　　）编码规则。

A. 唯一性　　B. 稳定性

C. 统一性和协调性　　D. 简明性

(3)（　）适用于分类深度不大的编码对象集合体。

A. 层次编码法　　B. 系列顺序编码法

C. 平行编码法　　D. 混合编码法

(4) 商品条码的最后一位数字用以表示（　）。

A. 前缀码　　B. 厂商代码

C. 商品项目代码　　D. 校验码

(5) EAN-13 条形码前 2 位或前 3 位代表（　）。

A 国家或地区代码　　B. 厂商代码

C. 商品项目代码　　D. 检验码

(6) 按照 EAN 和 ISBN 协议规定，将（　）作为图书商品的专用前缀码。

A. 690—692　　B. 2

C. 978　　D. 977

2. 多项选择题

(1) 商品代码按其使用的符号类型可分为（　）等。

A. 汉字　　B. 数字型代码

C. 字母型代码　　D. 汉字—字母混合型代码

(2) 商品编码的方法有（　）。

A. 顺序编码法　　B. 层次编码法

C. 平行编码法　　D. 混合编码法

(3) 编制商品分类代码的原则是（　）。

A. 唯一性和简明性　　B. 层次性和可扩性

C. 稳定性　　D. 统一性和协调性

(4) 商品的店内码包括（　）。

A. 前缀码　　B. 厂商代码

C. 商品项目代码　　D. 校验码

(5) 条形码技术的优越性主要有（　）等。

A. 准确度高　　B. 输入速度快

C. 美观　　D. 方便购物

(6) EAN 条形码是国际通用商品代码，有（　）版本。

A. 13 位标准版条码　　B. 12 位标准条码

C. 8 位缩短码　　D. 7 位缩短码

三、判断题

1. 商品代码不具有信息交换功能。（　）

2. 商品分类代码中的层次编码法对应的是商品的面分类法。（　）

3. 商品分类代码中的平行编码法对应的是商品的线分类法。（　）

4. 商品标识信息是指代码仅仅起到标识单一商品的作用而不具有其他任何意义。（　）

5. EAN/UCC-13 和 UCC-12 校验码的计算法是相同的。（　）

6. 条码中的条形幅和数字码所代表的信息是不同的。 （ ）

7. 店内码的编码任务一般不是由生产者承担，而是由零售商完成的。 （ ）

四、简答题

1. 什么是商品代码？商品代码有几种类型？
2. 什么是商品编码？商品编码的原则是什么？
3. 编制商品分类代码的方法有哪些？
4. 什么是商品标识代码？商品标识代码有几种类型？
5. 什么是商品条码？商品条码有何特点？
6. 什么是店内码？
7. 商品条码、店内码、图书代码、期刊代码的结构及其含义是什么？

五、论述题

1. 试述商品分类代码的特点。
2. 分析商品分类代码的几种编制方法。
3. 试述商品标识代码的特点。
4. 分析商品条码的结构。
5. 分析商品条码能够在世界各领域广泛应用的原因。

六、实训题

1. 分析表2-1 GB/T7635.1《全国主要产品分类与代码第1部分：可运输产品》有关小麦商品的代码的结构特征。

实训目标：训练学生发现问题、解决问题的能力

实训内容：分析我国小麦的商品代码的结构特征

实训步骤：

（1）学生分小组根据内容设计问题；

（2）学生分小组根据问题寻求答案；

（3）教师对学生的分析做出点评。

分析提示：从商品代码的种类、商品分类代码的编制方法等方面进行分析。

2. 识别商品条码（包括店内码、图书和期刊代码）的结构并验证其正确性。

实训目的：该项目训练学生对商品条码的识别与鉴别能力。

实训要求：

（1）要求教师帮助学生明确识别商品条码的含义；

（2）要求学生掌握商品条码的代码结构及验证方法；

（3）要求学生对商品条码进行识别和验证，并做出正确与否的判断；

（4）要求教师对学生的识别和验证鉴别做出点评。

实训步骤：

（1）确定要识别和验证的对象；

（2）确定识别和验证的方法。

组织形式：以班级学习小组为单位，每小组进行验证。

七、案例分析

商品条码——超级市场的“入场券”

在超级市场，当顾客采购商品完毕在收银台前付款时，收银员只要拿着带有条码的商品在装有激光扫描器的台上轻轻掠过，就把条码下方的数字快速输入电子计算机，通过查询和数据处理，机器可立即识别出商品制造厂商、名称、价格等商品信息并打印出购物清单。这样不仅可以实现售货、仓储和订货的自动化管理，而且通过产、供、销信息系统，使销售信息及时为生产厂商所掌握。世界上 POS 店正以惊人的速度发展。事实上，条码已成为商品进入超市的必备条件，商品条码化是企业提高市场竞争力、扩大外贸出口的必由之路，是实现生产流通环节自动化的前提条件，同时也是制造商适时调整产品结构的技术保障。

问题：

1. 什么是商品条码？有什么特点？
2. 试述商品条码在流通领域的应用。

分析要求：学生分析案例提出问题，拟出案例分析提纲；小组讨论，形成小组案例分析报告；班级交流，教师对各小组案例分析报告进行点评。

单元三
商品属性与商品质量

消费者使用某种商品，是因为该商品对其有用，即该商品具有满足其某种需求的属性，如成分、结构和性质，也即该商品具有使用价值。若商品仅仅具有使用价值，还不一定能进入市场销售。因为，商品能否进入市场流通，还要看该商品的质量是否合格。只有质量合格的商品才能被允许出售给消费者。

任务一　商品的基本属性认知

案例导入

话说“C”元素

金刚石、石墨都是由碳（C）元素组成的单质，但它们的物理性质有很大的差别。金刚石是最硬的一种矿物，因此用于制作钻探机钻头、刻刀、装饰品等；石墨则是一种最软的矿物，因此用于制作电极、铅笔芯、润滑剂等。这是因为金刚石、石墨中碳原子的排列方式不同所致（如图 3－1 所示）。

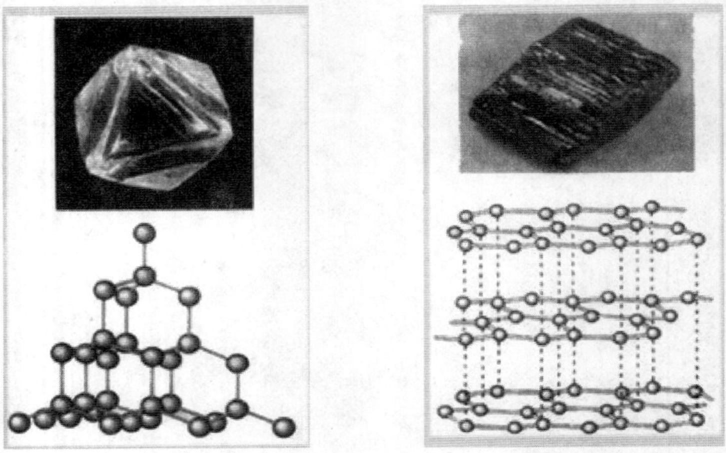

图 3－1　金刚石（左图）与石墨（右图）

金刚石的晶胞结构是立方晶系，面心立方格子。每个碳原子和周围4个碳原子形成碳—碳共价单键。每个碳原子位于正四面体的中心，周围四个碳原子位于四个顶点上，在空间构成连续的、坚固的骨架结构。

石墨中的碳原子与相邻的三个碳原子结合，形成正六边形蜂巢状的平面层状结构。所以单层极为坚硬，其层与层之间极为柔软。

问题：

1. 商品的成分和结构与商品的性质有什么关系？
2. 商品的性质与商品的用途有什么关系？

学习目标

理解商品的成分、结构和性质的含义及其相互关系；明确商品的成分、结构、性质与商品使用价值的关系。

基础知识与技术

商品使用价值的高低取决于商品的质量属性，而商品的质量属性主要是由商品的成分、结构和性质所决定。因此，若要研究商品在流通和使用过程中质量属性的变化及变化的规律，合理组织商品购销，科学地进行商品的运输和储存，满足消费需求，必须深入研究商品的成分、结构和性质。

一、商品的化学成分

商品的化学成分是商品各种化学组分的总称。不同的商品有其不同的成分，有的商品所含的化学成分比较单纯，有的则相当复杂。自然界中所有的物体，都是由物质组成的，物质分为无机物和有机物。

（一）商品中的无机物

商品中的无机物分为单质和化合物。一般把不含碳的化合物（一氧化碳和二氧化碳、碳酸和碳酸盐及氰化物等除外）统称为无机化合物，简称为无机物。

1. 单质

由同种元素的原子组成的物质叫做单质，单质又分为金属和非金属两类。

金属：常温下为固体（除汞外），具有良好的导热性、导电性和延展性，有特有的金属光泽。如银、汞、铜、铝、镁、钾等。

非金属：在常温下有的是气体，有的是固体，只有溴是液体。大多数固体非金属比重较小，非金属气体的化学性质一般比固体活泼。如氧气、氢气、碳、硫、碘等。

2. 化合物

由两种或两种以上元素组成的物质叫做化合物。化合物按其组成和性质的不同又分为氧化物、碱、酸和盐。

氧化物：由金属或非金属元素与氧结合而成的物质。如氧化铜、五氧化二磷等。

碱：由一个或几个氢氧根（OH）和金属离子组成的化合物。如氢氧化钠、氢氧化钙等。

酸：由其分子中能被金属置换的氢离子和酸根组成的化合物。如硫酸、硝酸、盐酸等。

盐：是由金属离子和酸根组成的化合物。如氯化钠、硫酸铜、碳酸氢钠等。

一般来说，陶瓷、耐火材料等硅酸盐制品和各种金属制品，其成分都是无机物；在食品商品中，某些常量元素，如钙、镁、磷、氯等和微量元素，如铜、碘、氟等，都是无机物。

（二）商品中的有机物

含碳的化合物（一氧化碳、二氧化碳、碳酸和碳酸盐等几种简单化合物除外）统称为有机化合物，简称为有机物。

1. 低分子有机物

低分子有机物主要有碳氢化合物、碳氢化合物的衍生物、碳水化合物、含氮的化合物。碳氢化合物是由碳氢两种元素组成的物质，简称为“烃”。烃类由于结构不同，又分烷烃、烯烃、炔烃、脂环烃和芳香烃等；烃的分子中的氢被其他原子或原子团取代后的产物叫做烃的衍生物，如醇、酚、醚、醛、酮、酸、酯等；碳水化合物是指单糖和双糖等；含氮的化合物是指硝基化合物、胺类、氨基酸等。

2. 高分子有机物

有机化合物分为天然高分子有机物和合成高分子有机物。天然高分子有机物主要有淀粉、纤维素、蛋白质、橡胶等；合成高分子有机物主要有合成橡胶、合成纤维、合成塑料。

一般由有机物质为原料制成的商品，为有机成分的商品。如绸缎（蚕丝）、毛线（羊毛）、棉布（棉花）、麻布（各种麻类）；由无机物质为原料制成的商品，为无机成分商品。如铁制品、铝制品（各种金属）、玻璃制品、水泥制品（硅酸盐）。

二、商品的结构

商品的结构是指商品各个部分的总配合，包括原材料及其组合、商品形态以及商品体内部的原子、分子组合等。不同种类的商品，由不同成分的原材料、经过不同的生产工艺加工制成，因而具有不同的结构。

商品的种类繁多、形态各异，概括地说，其物理状态一般分为气态、液态和固态三类。工业品中只有少数商品是气体和液体，绝大部分是固体。因此，在这里着重分析固体商品的结构。

（一）固体商品的宏观结构

固体商品的宏观结构是指商品体的外形结构、组织结构以及一切可被肉眼或放大镜（10倍以下）所观察到的结构。商品的宏观结构使商品显示一定的物理机械性能，是衡量商品质量的一个重要因素。

农副产品大多具有天然的结构。如鸡蛋的结构可分为蛋壳、蛋清、蛋黄三部分，按重量计，蛋壳约占10%，蛋清占60%，蛋黄占30%。果品类的外形结构，一般为圆形、卵形或扁圆形。内部结构因品种而异。

加工品的结构，是在生产过程中人为设计的，这类商品的宏观结构是衡量商品质量的一个重要因素。例如，皮鞋鞋帮和鞋底的结构不同。鞋帮一般包括包头、中帮和后帮三部分，各部分的细微变化，都使皮鞋具有不同的特色，并且影响穿着的舒适程度。其中，鞋底的厚薄、材料变化、鞋跟的高矮，也都赋予皮鞋不同的质量和风格。

工业品商品通常是由若干个零件、部件组装而成的，按其功能可以分为基本结构和辅助结构：使商品具有使用价值的结构为基本结构；使商品更好地发挥使用价值的结构称为辅助结构。

（二）固体商品的微观结构

商品的微观结构是指用光学显微镜（放大数十倍、数百倍）可以观察到的结构单元的组合。研究商品的微观结构，是为了深入探讨商品的内在质量及与商品质量有关的因素，明确商品加工、销售和使用的正确方法，如用显微镜观察到棉纤维的结构状态，可以判定纤维的成熟度。

（三）商品的内部结构

商品的内部结构是指用光学显微镜观察不到的物质内部的原子、分子的结构或者更大一些的结构单元。

工业品中有许多是以高分子物为原料制成的。这些高分子物的内部结构相当复杂，研究其内部结构与其性能之间的关系，有助于掌握高分子物的共同属性。

三、商品的性质

商品的成分和结构决定商品的性质，商品的性质概括地可以分为化学性质和物理性质。

（一）商品的化学性质

商品的化学性质是指商品抵抗各种外界因素对其发生化学作用的能力。

1. 耐水性

耐水性就是商品在不同温度下，对于水的连续作用或间歇作用所产生的反应。耐水性包括两个内容，一是商品抵抗水分子对其溶解的能力，二是商品对于水对其水解作用的稳定性。商品耐水性强弱，常用来确定其使用条件、储运、包装条件等。

2. 耐酸性和耐碱性

耐酸性和耐碱性是指商品抵抗酸、碱对其腐蚀的能力。研究商品对酸或碱的稳定性，有利于对商品的合理加工和使用，延长商品的使用期限。

3. 耐氧化、耐光、耐候性

耐氧化、耐光、耐候性是指商品在加工、保管和使用中抵抗空气中的氧、日光中的紫外线和气候等外界因素的作用的能力。

（二）商品的物理性质

商品的物理性质是指商品在重力、湿、热、光等物理因素作用下的反应。

1. 比重

商品的比重可以直接用来表示和评价某些商品的质量（如纺织品、纸张、皮革、包装食品等），可作为鉴定商品或确定材料性质的指标，用来判断材料的本质、结构特点等。通过判定商品比重还可以计算出原材料消耗和商品的用途以及运输商品的装载量。

2. 吸湿性

物体吸附和放出水分的性质称为吸湿性。具有吸湿性的商品在潮湿环境中能吸收水分，在干燥环境中能放出水分。它的含水量随着外界温湿度的变化而改变。吸湿性越强，其含水量改变的范围越大。商品吸湿性的强弱决定于商品的成分和结构。

3. 透气性和透水性

物体能被水蒸气透过的性质称为透气性，能被水透过的性质称为透水性。具有透水性的商品具有透气性，透水性大，透气性也大。

商品透气、透水性的大小取决于其结构的紧密程度，组织松弛则透气、透水性大，同时还与成分有关，成分中含亲水性基团，则透气、透水性大。

4. 热学性质

导热性是指物体传递热能的性质，影响商品导热性的主要因素是其成分和组织结构等。

耐热性是指商品受温度变化而不致破坏或显著降低强度的性质。影响商品耐热性的因素除商品成分、结构均匀性外，与导热性、膨胀系数也有关系。导热性大而膨胀系数小的物质耐热性高，反之耐热性差。

5. 光学性质

光学性质指物体受到光线作用时所表现出来的性质。当光线照射物体时会发生透过、吸收和反射三种现象，因而反映出不同的颜色和具有一定的光泽。颜色和光泽是商品的一项重要外观质量指标。

6. 机械性质

机械性质指商品受到外力作用时所表现出来的性质，是反映商品耐用性的重要质量指标。

（1）弹性和塑性。商品体在承受外力作用时产生的形变有可复原和不可复原两类。可复原的形变叫弹性形变，这种物体叫弹性体；不可复原的形变叫塑性形变，这种物体叫塑性体。

（2）强度。商品抵抗外力作用保持体态完整的能力，称为强度。主要有抗张强度、抗磨强度、抗弯曲强度和硬度等。

①抗张强度，是表示商品抵抗拉伸荷重的能力，又称抗拉强度。

②抗磨强度，是商品抵抗其他物体摩擦的能力。

③抗弯曲强度，是表示商品抵抗弯曲荷重的能力。

④硬度，是指商品抵抗较硬物体对其压入的能力。物体的硬度与其成分、结构，尤其与原子的排列及分子间的内聚力有关，与物体的抗张强度、抗磨强度和抗弯曲强度也有关，所以是一项综合性的指标。

任务二 商品质量认知

案例导入

某顾客看到在超市销售奶粉的货架上摆满了各种各样不同品牌、不同配方、用于不同消费对象的奶粉，便询问超市营业员“婴幼儿奶粉与其他人群食用奶粉最大的不同在哪里？若随便购买其他人群食用奶粉给婴幼儿喝会怎么样？”超市营业员讲：“这些奶粉的主要区别是奶粉的营养成分的种类和含量以及其他质量属性，其中蛋白质的含量是评价奶粉的使用价值和质量的一项重要指标。婴幼儿以奶粉为主食，若奶粉中的蛋白质含量不足以满足其生长发育的需要，就会出现营养不良的状况，甚至会出现孩子长成‘大头娃娃’的严重后果。”

问题：

1. 什么是使用价值？什么是质量？

2. 其他指标合格，而蛋白质含量不能完全满足婴幼儿需要的婴幼儿奶粉有没有使用价值？这样的婴幼儿奶粉的质量又如何？

学习目标

理解商品的使用价值和质量的概念；明确商品的使用价值和质量的关系。

基础知识与技术

商品的使用价值是由商品体本身的属性所形成的。马克思指出：“物的有用性使物成为使用价值，但这种有用性不是悬在空中的。它决定于商品体的属性，离开了商品体就不存在。”商品的属性构成了商品使用价值的物质基础，因此研究商品的使用价值就必须研究与商品有用性相关的各种属性。研究商品的使用价值，不仅要研究商品是否具有使用价值，重要的是研究商品使用价值的高低，而商品质量是衡量商品使用价值高低的尺度。

一、质量与商品质量的概念

商品质量不同于物理学中的质量概念，也并非哲学意义上的“质”与“量”的组合。根据国际标准化组织在ISO9000《质量管理体系基础和术语》中的定义，质量是指“一组固有特性满足要求的程度”。

定义中并没有将质量限定于产品或服务，而是泛指一切可单独描述和研究的事物。因此，质量概念既可以用来描述产品和活动，也可以用来对过程、人员甚至组织进行描述。这个概念突出反映了质量概念的广泛包容性。

定义中的“要求”既可以是明确表述出来的，也可以是隐含的、不言而喻的。

定义中的“特性”是指事物可以区分的特征。固有特性是指事物本来就有的，尤其是永久的特性。质量特性包括功能性、准时性、可靠性、安全性等。正是由于事物具有各种特性才使得它能够满足顾客以及其他利益相关方的要求。

二、商品质量的概念

商品质量分为狭义的商品质量和广义的商品质量。

狭义的商品质量指产品质量，习惯上称为商品品质。它是指产品与其规定标准技术条件的符合程度。它以国家标准、行业标准、地方标准、企业标准或订购合同中的有关规定作为最低技术条件，如加工精度、操作性能、使用寿命、安全可靠、外观要求等。

广义的商品质量指商品实体满足规定和潜在需要能力的特性之总和。广义商品质量不仅要反映满足用户需要的性能、可靠性、可维修性等指标，也要反映兼顾供需双方利益的经济要求，追求物美价廉基础上的适宜质量，同时还要反映维护社会利益的安全性、环境保护、能源等的要求。因此，质量要求的规定要同时考虑供给、需求及社会等方面的利益和要求，把质量定义为“使顾客满意”仅反映了一方面的利益，不够全面。

三、商品质量的特点

（一）商品质量具有动态性

质量要求不是固定不变的，随着技术的发展、生活水平的提高，人们对产品会提出新的质量要求。因而，应定期评定质量要求，修改规范，不断开发新产品、改进老产品，以满足已变化的质量要求。

（二）商品质量具有相对性

不同国家、不同地区因自然条件不同，技术发达的程度不同，消费水平不同和风俗习惯等的不同，会对产品提出不同的要求，产品应具有这种对环境的适应性，对不同地区应提供具有不同性能的产品，以满足该地区用户的需要。否则，在某地被评为质量很好的产品，销往另一地区时很可能被评为质量差、不好用。例如，在中国销售的电视要符合中国的电视制式、电压及电压的波动范围等质量要求，而与销往欧洲地区的不同。

商品质量，通常是指商品的外观质量和内在质量两个方面。

商品的外观质量，主要指商品的外表形态，如商品的艺术造型、形态结构、花纹图案、式样规格以及气味、滋味、光泽、声响、包装等；商品的内在质量是指商品在生产过程中形成的商品体本身固有的特性，如化学性质、物理性质、机械性质以及生物学性质等。

因此，为了具体地表明某一商品质量的优劣，一般都要有对具体商品规定技术要求的质量指标。例如肥皂质量指标可分为感官指标和理化指标两大项。感官指标包括外观形状、色泽、气味等；理化指标包括总脂肪物含量、未皂化物含量、泡沫、硬度、溶解度、游离碱等。这些指标反映了这个时期生产的技术水平和人们对商品的不同要求。但这些质量指标也是随着社会发展和生产技术的不断进步以及人们需求的不断提高，而需要不断地加以修改的。

任务三　商品质量要求

案例导入

2019 年“315 晚会”的现场，曝光了一些生产企业和零售企业生产和销售不合格产品的事件，其中有食品、塑料儿童玩具、卫生用品等，每一件都令人触目惊心！这些产品不仅使用价值低或没有使用价值，甚至会危害到使用者的身体健康和生命、财产的安全，令现场的观众和电视机前的观众震惊和愤怒。主持人在问、观众也会问“这样的产品能流入市场吗?”“生产者和经营者不知道其生产经营的产品，应该满足消费者的哪些要求，具备什么样的属性吗?”

问题：

对商品质量的基本要求有哪些?

学习目标

明确商品的质量属性；掌握商品质量的基本要求。

基础知识与技术

商品质量的基本要求是根据其用途和使用方法或使用目的提出来的。由于商品种类繁多，其用途和使用方法各不相同，因此，商品质量要求也各不相同。

一、对食品商品质量的基本要求

食品商品中含有人体生长发育和保证健康的营养物质。研究和提高食品的质量，对增强人民体质具有重要意义。根据食品的作用和消费习惯，对食品的质量要求有以下三方面。

（一）食品的卫生无害性

食品的卫生无害性是指食品成分中不能含有对人体有害的物质和不洁物，这是食品是否符合卫生要求的重要条件，是食品一个极为重要的质量指标。不符合卫生要求的食品会影响人们身体的健康，甚至会危及生命安全。卫生无害是对食品的最起码要求。

食品中有害物质的来源，一般有以下五个方面：

1. 自身产生的毒素

有些天然食品本身就含有有毒成分，如河豚鱼内脏的河豚毒素、河蟹死亡后产生的组胺、白果中的氰甙及土豆的发芽部位所含的龙葵素等。

2. 生物对食品的污染

有的食品含有寄生虫和寄生虫卵，食用后对人体健康危害也很大。如绦虫病、蛔虫病都是因食用了含有此类虫卵的食品所致。

3. 加工中混入的毒素

添加剂或香精等，因加工中弄错配量，超出规定限量，罐头铁皮中的铅锌等重金属成分溶于食品中，油炸食品时生成的甘油醛等，都会造成食品的污染。

4. 保管不善产生的毒素

食品因保管不善可能感染微生物而腐败或霉变，食品发生霉烂变质时往往会产生有毒物质，如花生、玉米等发霉后产生的黄曲霉素可致癌。

5. 环境或化学药品造成的污染

主要指“三废”或不适当地施加农药等原因造成的环境污染而侵害食品。大气、水和土壤受到污染后，往往由于食物链的传递而使有毒物质在某些食品中上万倍地富集起来。运输、销售过程中，因不注意食品卫生，受到化学药品、菌类、重金属污染的食品食用后除能引起急性中毒外，大部分能导致慢性中毒。

为了确保食品商品卫生，有效地防止食品污染，保障人体健康，所有从事食品商品生产和经营的单位和个人，都必须切实按照有关法规，对食品、食品添加剂、食品容器、包装材料、食品用具、设备和生产、经营场所以及有关环境，采取必要的防范和处理措施，并且接受食品卫生机关和消费者的监督，切实保证销售的食品符合卫生标准要求。

（二）食品的营养价值

能给人体提供营养物质，这是一切食品的基本特征。食品的营养价值包括营养成分、可消化吸收率和发热量三项指标。

1. 营养成分

营养成分指食品中所含蛋白质、脂肪、碳水化合物、维生素、矿物质及水分等。不同的食品营养成分不同，在要求上也有区别，这是因为食品商品的种类非常多，很少有某一种食品能够包含全部营养物质。因此，各种食品所含的物质及其营养功能各有不同。所以人们需要从多种食品中获得各种营养成分，以维持正常生长和健康的需要。为了保持各种成分的齐全和均衡，饮食中需要克服偏食的习惯。

2. 可消化吸收率

可消化吸收率指食品在食用后，可能消化吸收的百分率。它反映了食品中营养成分被人体消化吸收的程度。因为食品中的营养成分，只有在被人体消化吸收后，才能发挥其基本作用。例如纤维素如果被水解后能产生葡萄糖，但人不能将纤维素消化水解，因而对人来讲纤维素不是一种营养物质，不具备营养价值。不同的营养成分被人体消化吸收的程度各不相同，即使同一种营养成分，不同的人消化吸收的程度也不完全一样。

3. 发热量

发热量指食品的营养成分经人体消化吸收后，在人体内产生的热量。它是反映食品营养价值最基本的综合性指标。因为食品的热能是人体运动的能量源泉，人体对食品的需求量，通常是采用主要营养物质，如糖类（碳水化合物）、蛋白质、脂肪所产生的热量来表示的。1 克糖类经消化或完全氧化后产生的热量约为 16.72 kJ，1 克蛋白质经消化或完全氧化后产生的热量约为 17.1kJ，1 克脂肪产生的热量约为 37.6 kJ。如已知食品中主要营养成分含量，即可计算出该食品的发热量。人体每天所需的能量主要包括基础代谢和从事劳动所需要的能量两个方面，因人的性别、年龄、劳动量、气候等因素的不同，人体对能量的需要也不同。

人们吃的主食，包括各种米、面之类，是供给人体热量的主要来源；副食中的鱼、肉、蛋、奶及其加工制品也是热量的重要来源；副食中的蔬菜、水果等是供应人体维生素、矿物质的主要来源。人体需要从多种食品中获得养分，以保证身体健康。因此，食品的营养价值是评价食品商品质量的基本条件。

（三）食品的色、香、味、形

食品的色香味形，是指食品的颜色、香气、滋味和总体风格，是评价食品质量的感官指标。分析食品的感官质量，可以鉴别食品的新鲜度、成熟度、加工精度、品种特征以及质量变化等。食品的色香味形还具有促进人们食欲、提高食品的消化率的作用。凡是颜色好的、气味香的、滋味可口的食品，只要见到或闻到，甚至想到，就会使人产生旺盛的食欲，引起人体消化器官分泌较多的消化液，从而提高对各种营养成分的消化和吸收。所以，食品的色香味形是评定食品质量的重要指标。

二、对纺织品商品质量的基本要求

纺织品商品包括纺织品和针织品两大类，对纺织品商品一般从原料、织物结构、机械性能和服用性能等方面来评定其质量。

（一）材料选择适宜性

纺织品商品的基本性能及其外观特征，主要由其所用的纤维材料决定，纤维材料的种类、品质对织品性能有重要影响。不同种类的纤维如棉、麻、丝、毛、涤纶、腈纶等纤维，其织品的性能特点各有不同：即使同种纤维不同品种，其织品也各有特色。因此，纺织品用途不同，所选择的纤维的种类和品质也各不相同。所以对纺织品的基本要求之一是材料选择要适宜。

（二）织物结构合理性

影响织物结构的因素很多，主要包括织物组织、织品的重量和厚度、织物的紧度和密度、幅宽、匹长及织物歪斜等。纺织品的组织结构影响着织物的外观和机械性能。如纺织品的厚度、紧度等可影响其透气性、保暖性、柔软性和硬挺性等；又如织纹组织可以变化纺织品的花色品种。

（三）良好的机械性

在外力作用下，织物产生的应力与形变之间的关系，统称为织物的机械性能，主要指断裂强度与断裂伸长率、撕裂强度、耐磨强度、抗疲劳强度及弹性回复率等指标。强度是衡量纺织品耐用性能的指标。弹性回复率是衡量织物去除外力后恢复原状的能力。在检验中对这些指标应从织物的经向和纬向分别进行考察。某些机械强度还会直接影响织物尺寸稳定性和手感以及成品风格。

（四）适宜的服用性

纺织品的服用性主要是要求织品在穿用过程中舒适、美观、大方。服用性能涉及多个方面，其一是指织品的缩水率、刚性、悬垂性，要求其符合规定标准；其二，吸湿性、透气性要符合卫生要求；其三，起毛起球、花型、色泽、色牢度及外观疵点处理方面，也都要符合有关标准。

（五）安全性

纺织服装要符合国家标准《国家纺织产品基本安全技术规范》（GB18401），并要标注服装的安全技术类别。

1. 产品分类

产品分为3类：A类：婴幼儿用品；B类：直接接触皮肤的产品；C类：非直接接触皮肤的产品。

2. 技术要求

（1）纺织产品的基本安全技术要求见表3－1。

（2）婴幼儿用品应符合A类产品的技术要求，直接接触皮肤的产品应符合B类产品的技术要求，非直接接触皮肤的产品应符合C类产品的技术要求。

表3－1

项目		A类	B类	C类
甲醛含量（mg/kg）		20	75	300
pH值		4.0—7.5	4.0—7.5	4.0—9.0
色牢度	耐水（变色、沾色）	3—4	3	3
	耐酸汗渍（变色、沾色）	3—4	3	3
	耐碱汗渍（变色、沾色）	3—4	3	3
	耐干摩擦	4	3	3
	耐唾液（变色、沾色）	4	—	—
异味		无		
可分解芳香胺染料（mg/kg）		禁用		

a. 后续加工工艺中必须经过湿处理的产品，pH值可放宽至4.0—10.5之间。

b. 洗涤褪色型产品不要求。

c. 在还原条件下染料中不允许分解出的致癌芳香胺。

(3) 婴幼儿用品必须在使用说明上标明“婴幼儿用品”字样。其他产品应在使用说明上标明符合的安全技术要求类别。

一般适于身高80cm及以下婴幼儿使用的产品可作为婴幼儿用品。

三、对日用工业品质量的基本要求

日用工业品包括的种类很多，各种商品有着不同的用途和使用特点。根据日用工业品的用途和使用特性，对其质量的基本要求有以下几方面：

（一）适应性

适应性是指某种商品满足其主要用途所必须具备的性能，它是构成这种商品使用价值的基本条件。不同商品的适应性各有不同要求，即使同一类商品，由于品种不同其用途也不一样，其适应性的要求也不相同。同属玻璃制品，保温瓶的适应性主要是指其保温效能，窗玻璃则是指其透光性，如果保温瓶无保温作用，就不能称其为保温瓶了。因此，适应性是日用工业品质量的基本要求之一。

（二）安全卫生性

安全卫生性是指日用工业品在使用过程中，对保护人体健康和环境所必须具备的既安全又卫生的性能。日用工业品如盛放食品的器皿、餐具、玩具、化妆品、牙膏、肥皂等及其包装材料，都应无毒、无害、安全卫生，各种机械商品如自行车等在使用过程中更应当具备安全可靠性，对于工业品，使用时或使用后还应要求不污染环境，不引起公害，这一点已引起世界各国的普遍重视。

（三）耐用性

耐用性是指商品在使用时，抵抗各种外界因素对其破坏的性能。它反映了某一商品的使用寿命和使用次数，指商品的耐用程度；对于消耗性的日用工业品，如日化商品，其耐用性应指其使用效能，即用量和效果。对于非消耗性的日用工业品，其耐用性指使用时间长短。

要求商品坚固耐用，是消费者的普遍愿望，但对某些商品也有其特殊性。如某些时尚商品，对其耐用性的要求，就应从不同用途和特性加以考虑。

（四）造型结构合理性

造型结构主要是指商品的形状、大小、部件装配及花纹色彩等。要求其式样大方新颖、造型美观、色彩适宜、装潢适时，具有艺术感和时代风格，并且应无严重影响外观质量的疵点。如果商品造型结构不良，花纹图案不恰当，即使它们的适应性和耐用性都很好，也不会得到消费者的欢迎，结果造成滞销积压。对于那些起着美化装饰作用的日用工业品，它们的造型结构更具有特殊意义。

商品质量的各项基本要求，并不是孤立的、绝对的、静止的，而是相互联系和相对变化的。对某一种商品提出具体的要求时，不仅要根据不同的用途对其所属的各种属性进行分析，还必须与社会生产力的发展水平、国民经济的发展水平以及人民的消费水平、不同的消费习惯相适应。

四、对家用电器商品质量的基本要求

家用电器种类繁多，用途功能各异，对于这类商品的基本要求有以下几方面：

（一）安全性和可靠性

大多数家用电器都用交流电源，因此，家用电器必须有良好的电气绝缘性和良好的防护设施，以保证使用绝对安全。否则，不仅会从经济上给消费者带来损失，而且会造成人身伤害或火灾等严重事故，所以，对家用电器的起码要求是安全性。

家用电器属于耐用消费品，而且一般价格较高。对家用电器要求平均无故障时间长，可维修性强、维修方便，有较长的使用寿命。否则，不仅会使消费者经济上受损，生活上也会产生诸多不方便。因此要求家电商品要性能可靠。

（二）适用性和多功能性

适用性是指各种家用电器必须具备其所应具有的各种性能。如电冰箱的致冷性能，必须达到各星级的规定值，电视机要灵敏度高、图像清晰、不失真、画面柔和、音质效果好等。

家用电器商品的用途已由单功能发展成为多功能，自动化程度越来越高，要求其要能一物多用，自动控制、使用方便。如全自动洗衣机，有洗涤、漂洗、甩干、烘干等多种功能。另外，无论哪种家电都要求耗电量小、节约能源。

（三）外观要求

家用电器商品具有装饰环境和美化生活的作用，对外观质量要求高。如要求造型美观、结构合理、色调柔和、装饰新颖等。

任务四　商品质量的因素分析

案例导入

有一位顾客到某百货商店买衣服，看到店里琳琅满目的服装，竟不知选哪件好，一时没了主意。这时服装导购员过来接待了她，了解到该顾客的需求后，便告诉该顾客选购服装时应考虑的一些质量因素。在导购员的帮助下，该顾客挑选了一件纯棉针织休闲套装，满意而归。

问题：

影响商品质量的因素有哪些？这些因素是如何影响商品质量的？

学习目标

明确影响商品质量的因素；理解质量因素影响的机理。

基础知识与技术

影响商品质量的因素有许多方面。一种商品从生产开始到进入流通领域一直到使用寿命结束需要经历很多不同的环节，每一个环节都有可能成为影响其质量的因素。通常情况下，影响商品质量最根本的因素是生产过程中的原材料和生产工艺，其次是流通过程和使用过程中的诸多因素。

一、生产环节

生产环节是影响商品质量的首要因素。在这个环节主要是要注意对原材料的合理选择和使用，提高和改进生产工艺以及注意商品的包装。对于农副产品则要注意所选用品种及饲养、栽培、收获方法和生产条件、收获季节等。

（一）原材料

原材料是构成商品的物质基础，在其他因素相同的条件下，原材料的性质直接决定商品质量的高低优劣。用不同原料制成的用途相同的商品，其质量不会相同。因此在衡量商品质量时，首先应当对其原材料或零配件进行认真分析研究，尤其要注意原材料的化学成分、结构、性质对该商品质量的影响，分析商品质量的各种特点，以便找出更好地提高商品质量的有效途径。

商品的用料应当符合节约原则，在确保商品质量的前提下，力求合理利用原材料。在生产中节约原材料和使用代用原料的目的，是为了改善产品性能。不能把节约原材料同保证和提高商品质量对立起来，应当不断发掘新材料、开发新产品，并提高材料利用率。

（二）生产工艺

生产工艺在一定条件下对商品质量起决定作用。因为商品的各种有用性是在生产过程中形成和固定下来的。生产工艺主要是指产品在加工制造过程中的配方、操作规程、设备条件以及技术水平等。生产工艺过程都是按照科学规律制定的，必须根据规程规定进行生产，这样才能保证商品质量。相同的原材料，由于工艺方法或加工技术水平不同，往往会造成商品质量的差异。

商品的生产工艺，还表现在商品结构的合理设计上。商品的结构，主要是指商品的外形、大小和各个部件的装配方法等。结构合理与否对商品质量的影响是很大的。因为结构不良不仅会影响商品的外观，也会降低商品的适用性和坚固耐用性。如果商品结构设计新颖、样式流行、花样众多、装配坚固，商品的质量也会随之提高，从而受到消费者的欢迎。

（三）商品包装

商品包装是商品生产的继续，也是商品生产的最后一道工序。商品只有经过包装以后，才算完成了它的全部生产过程，才能进入流通和消费领域。包装不好，不仅给商品运输、保管、销售带来不便，也会使商品遭到破损、污染或受到微生物侵入而霉腐变质。因此，适宜的商品包装能够保证商品质量的完好，有的商品还因有了良好的包装而身价倍增。

二、流通环节

流通环节也存在着影响商品质量的因素。流通过程是指商品离开生产过程进入消费过程前的整个区间，主要指商品运输、保管和购销条件等方面。商品在流通过程中，都要经过时间和空间的转移。商品的贮存和运输是不可避免的。在这期间，由于受到各种外界因素的影响，往往会发生商品质量不断降低的现象。商品在流通中停留的时间越长，变质的可能性就越大。因此，商品周转快慢是流通中影响商品质量的主要因素。商品的运输、保管和购销条件及方法也是十分重要的因素。如果在流通中恰当地选择运输工具、保管场所、销售地点和环境等，合理地进行商品运输、贮存，控制各种环境因素对商品质量的影响，就可以延缓商品质量向劣质方向发展，保护其使用价值。

三、使用环节

商品使用过程中影响商品质量的诸因素，是指商品的安装、使用和保养。在使用过程中，除对商品进行合理的保养和维护外，商品的合理安装和使用方法对商品质量的影响也很大。如果安装和使用方法不当，不仅会损坏商品体，降低其使用价值，有时甚至能直接危害人身安全。所以，对有些商品应认真细致地编制使用（食用）和养护说明书，并采取多种形式向消费者宣传、传授使用（食用）和养护知识，设立必要的咨询中心、维修网点等，这些都是在使用过程中保护商品质量的重要途径和措施。

习题与训练

一、名词解释

无机物　有机物　商品的结构　质量　商品品质　商品质量　内在质量　外观质量

二、选择题

1. 单项选择题

（1）一般把不含（　　）的化合物（一氧化碳和二氧化碳、碳酸和碳酸盐及氰化物等除外）统称为无机化合物，简称为无机物。

A. 碳　　B. 氢

C. 硫　　D. 磷

（2）一般把含（　　）的化合物（一氧化碳、二氧化碳、碳酸和碳酸盐等几种简单化合物除外）统称为有机化合物，简称有机物。

A. 碳　　B. 氢

C. 硫　　D. 磷

(3) 由两种或两种以上元素组成的物质叫做（　　）。

A. 化合物　　B. 混合物

C. 单质　　D. 聚合物

(4) 纺织产品的基本安全技术类别中 A 代表的是（　　）。

A. 婴幼儿用品　　B. 青少年用品

C. 中年人用品　　D. 老年人用品

(5)（　　）是食品质量最起码的要求。

A. 卫生无害　　B. 营养成分

C. 可消化吸收率　　D. 发热量

(6) 决定商品质量的因素是（　　）。

A. 生产工艺　　B. 原材料

C. 商品包装　　D. 商品储存

2. 多项选择题

(1) 以下物质属于化合物的有（　　）。

A. 酸　　B. 碱

C. 盐　　D. 氧化物

(2) 属于低分子有机物的有（　　）等。

A. 醋酸　　B. 酒精

C. 甲醛　　D. 盐酸

(3) 属于高分子有机物的有（　　）等。

A. 淀粉　　B. 纤维素

C. 蛋白质　　D. 食盐

(4) 商品质量的特点有（　　）。

A. 动态性　　B. 相对性

C. 绝对性　　D. 统一性

(5) 对纺织品商品质量的基本要求，一般从（　　）等方面来评价。

A. 原材料　　B. 组织结构

C. 机械性能　　D. 服用性能

(6) 对日用工业品商品质量的基本要求，一般从（　　）等方面来评价。

A. 适应性　　B. 耐用性

C. 安全卫生　　D. 造型结构

三、判断题

1. 有吸湿性的商品在潮湿和干燥环境中能分别吸收和放出水分。（　　）
2. 导热性大而膨胀系数小的物质耐热性高。（　　）
3. 商品体在外力作用时产生形变，可复原的形变叫弹性形变。（　　）
4. 抗张强度是表示商品抵抗拉伸荷重的能力，又称抗弯曲强度。（　　）
5. 合格的商品质量是指消费者满意的商品质量。（　　）
6. 商品的感官指标对应的是商品的内在质量。（　　）

7. 食品的营养价值是评价食品质量的最基本的指标。 （ ）

四、简答题

1. 商品的主要化学成分指的是哪些？
2. 商品的结构指的是什么？
3. 商品的性质主要指哪些？
4. 什么是商品质量？商品质量的基本要求有哪些？
5. 决定和影响商品质量的因素有哪些？

五、论述题

1. 论述影响商品吸湿性的因素。
2. 分析商品热学性能的影响因素。
3. 举例说明商品的成分和结构对商品性质的影响。
4. 列出某类商品的质量属性。
5. 分析食品、纺织品和工业品质量的基本要求。
6. 试述决定和影响商品质量的诸多因素。

六、实训题

运用所学理论，分析任务一【案例导入】的“话说‘C’元素”。

实训目的：训练学生分析和解决问题的能力。

实训内容：商品的成分和结构与商品属性的关系。

操作步骤：

1. 学生分小组进行讨论，并进行记录；
2. 对讨论的资料进行整理分析；
3. 编写出分析报告；
4. 进行课堂交流；
5. 教师点评。

七、案例分析

聚焦2019年“315晚会”

在2019年央视的“315晚会”上，集中曝光了一些生产企业和零售企业生产和销售的产品，其中有添加剂超标、卫生不达标的辣条；用斑蝥黄作为添加剂，将普通鸡蛋染成五花八门的“土鸡蛋”；多种医疗废物加工成织网袋、儿童玩具；以发霉、废弃的“散浆”替代“卷浆”原料生产纸尿裤等劣质卫生用品；等等。

问题：

1. 质量管理部门为什么对上述产品的生产者或经营者进行处罚？
2. 对上述产品质量的基本要求有哪些？
3. 生产领域和流通领域的商品质量分别由哪些部门来监管？

分析要求： 根据学生分析案例提出的问题，拟出案例分析提纲；小组讨论，形成小组案例分析报告；班级交流，教师对各小组案例分析报告进行点评。

单元四
商品标准与认证认可

商品能进入市场流通，前提是该商品的质量是合格的。只有质量合格的商品才能允许被出售给消费者。商品的质量合格与否，既不是生产者或经营者说了算，也不是消费者说了算，需要有一个公正客观的依据来进行评价。即使质量合格的商品进入消费阶段，在消费者使用过程中，也会出现这样或那样的质量问题。因此，像食品、药品等商品都有一个保质期或保存期，而工业品类商品自出售之日起，都有一定时间的保修期。无论是保质期或保存期，还是保修期，其时间长短的决定，也同样需要有一个公正客观的依据。

任务一　标准与商品标准认知

案例导入

在某一家手机维修服务中心，客服工作人员告诉该顾客："我们已经给手机更换了新的主板，由于该手机保修期只剩下两个月了，因此新更换的手机主板也只有两个月的保修期。"该顾客不同意客服工作人员的话，分辩道："新更换的手机主板如同新买的零部件，保修期应当从今日算起才对。"客服却说："这是公司的规定，我们也没有办法。"顾客很生气，指责维修服务中心的服务质量不合格，并因此与客服工作人员发生了争执。

问题：

1. 什么是标准？什么是商品标准？
2. 评价产品和服务质量合格与否的依据是什么？
3. 商品标准有什么特征？

学习目标

理解标准与商品标准的概念与含义；明确商品标准的特征。

基础知识与技术

一、标准的概念与含义

GB/T3935.1《标准化和有关领域的通用术语 第1部分 基本术语》给出了标准的定义，标准是指："通过标准化活动，按照规定的程序经协商一致制定，为各种活动或其结果提供规则、指南或特性，供共同使用和重复使用的文件。"该文件经协商一致制定并经一个公认机构的批准。"标准应以科学、技术和经验的综合成果为基础，并以促进最大社会效益为目的。

这一定义揭示了"标准"如下含义：

（一）制定标准的目的

制定标准的目的是在一定范围内获得最佳秩序、促进最大社会效益。一定"范围"是依据标准对象来确定的，可以是组织、国家或区域等。

（二）标准的本质属性是对标准对象的"统一规定"

这种"统一规定"是标准对象共同遵守的准则和依据。当然，这种"统一规定"有的必须遵守，具有强制性，有的协调、协商遵守，不具有强制性。其次，"统一规定"是相对的，"统一"并不是要统死，"统一"要有必要性和合理性。

（三）制定标准的对象具有重复性

只有重复出现才有制定标准的必要，只有重复才能选择最佳方案。

（四）标准是协商一致的产物

协商一致的基础是获得最佳秩序、促进最大社会效益这一目标，绝对的协商一致是不可能的。但其制定过程的民主性，使得标准在实施中具有统一性、一致性，又具有一定程度的灵活性。

（五）标准产生的基础是科学、技术和经验的综合成果

每制定一项标准，都应注意两个方面的基础工作：一是标准科学性的基础工作。即经过分析、比较、选择、综合等方法，将科学研究和技术进步的新成果及先进经验纳入标准。二是标准的权威性、民主性的基础工作。即在消化成果、经验的过程中体现各方成果的融合及协调一致。越具有民主性，在执行中就越具有权威性。

（六）标准有一套自己的格式和制定颁发程序

这样既可以保证标准的编写质量，又便于应用和管理，同时也体现了标准的严肃性。

二、商品标准的概念与特征

商品标准是对商品的质量以及与质量相关的某些或全部要求所做的统一规定。它是从事工农业生产的一种共同技术依据，也是部门之间交接验收商品的共同准则。

商品标准以科学技术和实践经验的综合成果为基础，经有关方面充分协商一致，由标准化主管机构批准，以特定的形式发布。商品标准一经发布，就是一种技术法规，在商品的生产和流通过程中必须共同遵守。

对于正式生产的各类商品，都必须制订相应的商品标准。有了商品标准，生产者就有章可循，可以按规定的要求组织生产；质量监督者就有法可依，可以按规定的要求从事监督鉴定；而消费者则可能得到质量稳定可靠、符合规定要求的商品，满足购物需要。商品标准统一表达了生产、流通企业和消费者对商品的要求，也是社会各方对商品质量有争议时执行仲裁的依据。

商品标准有如下特征：

（一）统一性

商品标准的本质特征是统一。由于需要统一的范围不同、内容不同，便产生了不同级别和不同类型的商品标准。不同级别的商品标准在不同的使用范围内统一，不同类型的商品标准在不同的使用范围内统一，不同类型的商品标准从不同的角度和不同的侧面进行统一。但统一并不意味着全部统死，商品标准并不限制商品花色品种的多样性和技术的进步。相反，通过标准的制订和不断修订，会促进技术发展和商品花色品种的丰富多彩。

（二）科学性、先进性

商品标准的科学性、先进性，以科学技术和实践经验的综合成果为基础。凡制订一项商品标准，都要将国内外有关的科研新成果、新技术和生产、使用实践中积累的先进经验和各项参数，经过综合分析、反复验证、概括提炼纳入标准，并要求根据科学技术的发展及时修订。因此，商品标准是科学技术和生产发展水平的标志。

（三）严肃性

商品标准有特定的形成程序和形式，这是指标准的制订，有着自己特有的一套格式和审批颁布程序。商品标准的编写、印刷、幅面尺寸、编排格式等都有专门规定，即要符合国家标准《GB/1.1 标准化工作导则　标准编写的基本规定》和《GB1.2 标准化工作寻则　标准出版印刷的规定》等，这样既可保证标准的编写质量，又便于标准资料的管理、检索使用，体现了标准的严肃性。

（四）民主性、权威性

商品标准不能只是个别部门少数人的主观意志或局部利益的反映，而应该是由有关方面（如科研、情报、设计、生产、检验、监督、内外贸，特别是用户）的代表，从全局利益出发，通过认真调研、反复讨论、充分协商，在对标准中的实质性问题取得一致（普遍接受）的基础上，共同做出的统一规定。这既能体现民主性，又能体现权威性。

（五）强制性与推荐性

以前，我国制定的商品标准绝大部分是强制性标准，具有明显的法律约束性。现在，我国制定的绝大多数商品标准是推荐性标准，其具有指导作用，但并不强求企业执行，而由企业自愿采用，故不具有法律约束性，当然也不属于法规范畴。此外，国际标准、区域性集团标准以及发达国家的国家标准等，大都属于推荐性标准，没有法律约束性。实际上，大多数企业为了发展生产和贸易竞争的需要，都自愿地积极采用上述推荐标准。

任务二　商品标准的分类和分级

案例导入

某商品生产企业积极鼓励员工进行技术改革和创新，不仅使生产能力不断提高，生产的技术水平也大大提升了。该企业为了提高产品的性能，增加产品的市场竞争能力，特制定了企业标准作为生产的依据。该标准除了符合国家的相关标准外，在几项关键指标上，还远远高出了国家标准的规定，与国际标准水平相当。为了让消费者了解该企业产品的质量水平远高于市场上同类产品的性能，企业在其产品的包装上标注了自己的企业标准。但是，该企业产品进入市场不久，就被国家有关质量监督部门查处了，理由是该产品已有国家标准，包装上不允许标注企业标准。

问题：

1. 我国商品标准有哪些种类？
2. 我国的商品标准分几级？各级商品标准之间是一种什么关系？
3. 什么是国际标准？商品标准的内容有哪些？

学习目标

明确商品标准的分类和分级；了解商品的构成与基本内容。

基础知识与技术

一、商品标准的分类

商品标准种类繁多，可以从不同角度进行分类研究。

（一）商品标准的表达形式

按商品标准的表达形式不同，分为文件标准和实物标准。

1．文件标准

文件标准是用特定格式的文件，通过文字、表格、图样等形式，表达全部或部分商品质量及有关内容的统一规定。绝大多数商品标准都是文件标准。

2．实物标准

实物标准是指对某些难以用文字准确表达的质量要求（如色泽、气味、手感、质感等），由标准化主管机构或指定部门用实物做成与文件标准规定的质量要求完全或部分（某一方面）相同的标准样品（标样），按一定程序颁发，作为文件标准的补充，同样是生产、检验、贸易洽谈、收购定价等有关方面共同遵守的技术依据。例如粮食、茶叶、棉花、羊毛、蚕茧等农畜产品，都有分等级的实物标准。有关部门收购时，经常用之与农民交售的农畜产品相对照，借以准确地评定其质量和等级。实物标准大多是文件标准的补充件，没有单独颁发的。

（二）标准的受约束程度

按标准的受约束程度不同，分为强制性标准和推荐性标准。

1．强制性标准

强制性标准又称法规性标准。我国的标准绝大多数是强制性的，一经批准发布，在其规定的范围内，有关方面都必须严格贯彻执行。国家还建立监督机构，对强制性标准的实施情况依法进行有效的监督。

2．推荐性标准

推荐性标准又称自愿性标准。在实行市场经济体制的国家，大多实行推荐性标准。国家制定的标准，由各企业自愿采用，自愿认证，国家利用经济杠杆鼓励企业采用。如美国、日本、法国、英国、德国等国的大多数标准以及国际标准等均属此类。

为了适应商品经济的发展和开放需要，1985 年国务院决定将我国标准体制由单一的强制性标准，改为强制性和推荐性相结合的标准体制。推荐性标准也具有指导生产和交换的作用，也要积极推行，但不具有法律约束力。

（三）商品标准的成熟程度

按商品标准的成熟程度不同，分为正式标准和试行标准。

试行标准与正式标准具有同样的效用，同样具有法律约束力。其标准号与正式标准号表示方法相同，只是在封面的右下角要注明“试行年、月、日”。试行标准一般在试行两三年后，经过讨论修订，再作为正式标准发布。应该说明，绝大多数标准都是正式标准。

（四）商品标准的保密程度

按商品标准的保密程度不同，分为公开标准和内部标准。

我国的绝大多数标准都是公开标准，少数涉及军事技术或尖端技术机密的标准，只准在国内或者有关单位内部发行。内部标准的代号是在公开标准号后加汉语拼音字母 n（内）。

二、商品标准的分级

（一）国家标准

对需要在全国范围内统一的下列技术要求，应当制定国家标准（含标准样品的制作）：

（1）互换配合、通用技术语言要求；

（2）保障人体健康和人身、财产安全的技术要求；

（3）基本原料、燃料、材料的技术要求；

（4）通用基础件的技术要求；

（5）通用的试验、检验方法；

（6）通用的管理技术要求；

（7）工程建设的重要技术要求；

（8）国家需要控制的其他重要产品的技术要求。

国家标准由国务院标准化行政主管部门编制计划，组织草拟，统一审批、编号、发布。

工程建设、药品、食品卫生、兽药、环境保护的国家标准，分别由国务院工程建设主管部门、卫生主管部门、农业主管部门、环境保护主管部门组织草拟、审批；其编号、发布办法由国务院标准化行政主管部门会同国务院有关行政主管部门制定。

法律对国家标准的制定另有规定的，依照法律的规定执行。

国家标准编号由国家标准代号、标准顺序号、标准发布的年号组成。

国家标准表示方法：

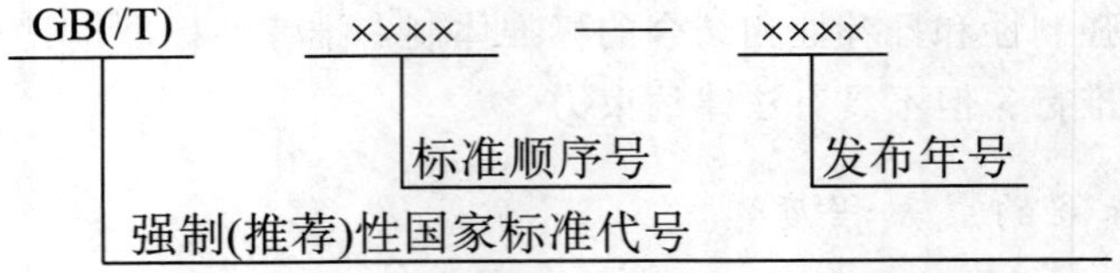

国家标准代号含义见表4－1。

表4－1　国家标准代号含义表

标准代号	含　义
GB	强制性国家标准
GB/T	推荐性国家标准

（二）行业标准

对没有国家标准而又需要在全国某个行业范围内统一的技术要求，可以制定行业标准

（含标准样品的制作）。制定行业标准的项目由国务院有关行政主管部门确定。

行业标准由国务院有关行政主管部门编制计划，组织草拟，统一审批、编号、发布，并报国务院标准化行政主管部门备案。

行业标准在相应的国家标准实施后，自行废止。

行业标准编号由行业标准代号、标准顺序号和发布年号组成。

行业标准表示方法：

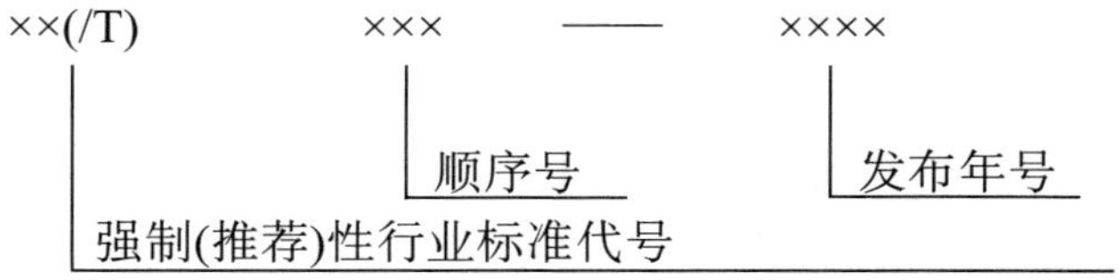

（三）地方标准

对没有国家标准和行业标准而又需要在省、自治区、直辖市范围内统一的工业产品的安全、卫生要求，可以制定地方标准。制定地方标准的项目，由省、自治区、直辖市人民政府标准化行政主管部门确定。

标准由省、自治区、直辖市人民政府标准化行政主管部门编制计划，组织草拟，统一审批、编号、发布，并报国务院标准化行政主管部门和国务院有关行政主管部门备案。

法律对地方标准的制定另有规定的，依照法律的规定执行。

地方标准在相应的国家标准或行业标准实施后，自行废止。

地方标准编号由地方标准代号、地方代号、标准顺序号和发布年号组成。

地方标准表示方法：

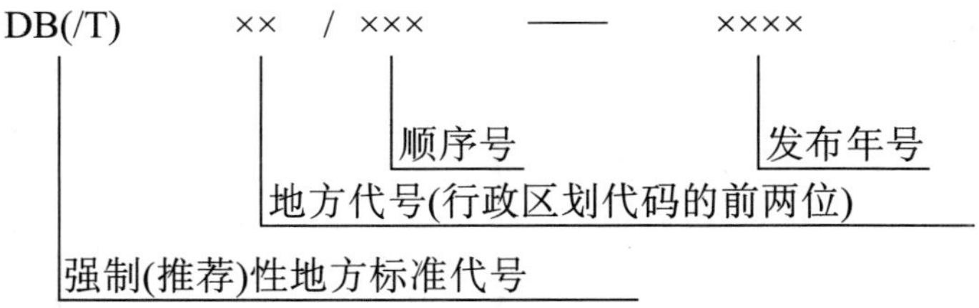

（四）企业标准

企业生产的产品没有国家标准、行业标准和地方标准的，应当制定相应的企业标准，作为组织生产的依据。企业标准由企业组织制定（农业企业标准制定办法另定），并按省、自治区、直辖市人民政府的规定备案。

对已有国家标准、行业标准或者地方标准的，鼓励企业制定严于国家标准、行业标准或者地方标准要求的企业标准，在企业内部适用。

企业标准由“企”字第一个汉语拼音字母“Q”、企业代号、顺序号和发布年号组成。

企业标准表示方法：

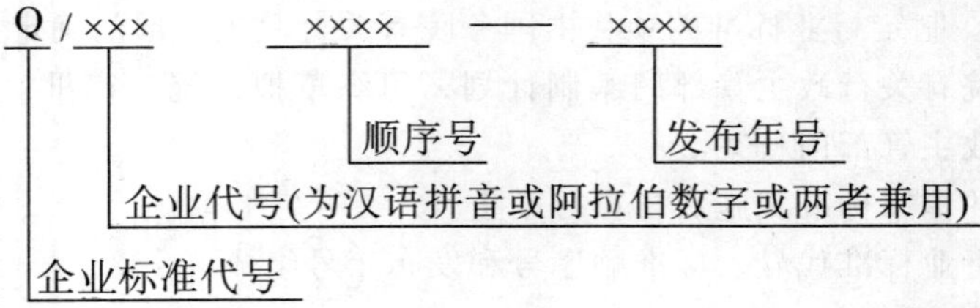

国家标准、行业标准分为强制性标准和推荐性标准。

下列标准属于强制性标准：

（1）药品标准、食品卫生标准、兽药标准；

（2）产品及产品生产、储运和使用中的安全、卫生标准，劳动安全、卫生标准，运输安全标准；

（3）工程建设的质量、安全、卫生标准及国家需要控制的其他工程建设标准；

（4）环境保护的污染物排放标准和环境质量标准；

（5）重要的通用技术术语、符号、代号和制图方法；

（6）通用的试验、检验方法标准；

（7）互换配合标准；

（8）国家需要控制的重要产品质量标准。

国家需要控制的重要产品目录由国务院标准化行政主管部门会同国务院有关行政主管部门确定。

强制性标准以外的标准是推荐性标准。

由省、自治区、直辖市人民政府标准化行政主管部门制定的，关于工业产品安全、卫生要求的地方标准，在本行政区域内是强制性标准。

制定标准应当发挥行业协会、科学技术研究机构和学术团体的作用。制定国家标准、行业标准和地方标准的部门应当组织由用户、生产单位、行业协会、科学技术研究机构、学术团体及有关部门的专家组成标准化技术委员会，负责标准草拟和参加标准草案的技术审查工作。未组成标准化技术委员会的，可以由标准化技术归口单位负责标准草拟和参加标准草案的技术审查工作。

制定企业标准应当充分听取使用单位、科学技术研究机构的意见。

标准实施后，制定标准的部门应当根据科学技术的发展和经济建设的需要适时进行复审。标准复审周期一般不超过五年。

国家标准、行业标准和地方标准的代号、编号办法，由国务院标准化行政主管部门统一规定。

企业标准的代号、编号办法，由国务院标准化行政主管部门会同国务院有关行政主管部门规定。

标准的出版、发行办法，由制定标准的部门规定。

三、国际标准

（一）国际标准

国际标准是指由国际上有权威的专业组织制定，并为世界上大多数国家承认和通用的标准。通常是指国际标准化组织（ISO）和国际电工委员会（IEC）所制定的标准以及经国际标准化组织确认并公布的其他国际组织制定的权威标准。目前，这些国际组织主要有：国际计量局（BIPM）、国际人造纤维标准化局（BISFA）、食品法典委员会（CAC）、关税合作理事会（CCC/CCD）、国际无线电咨询委员会（CCIR）、国际电信联盟 ITU、国际电气设备合格认证委员会（CEE）、国际原子能机构（IAEA/AIEA）、国际民航组织（ICAO/OSACI）、国际制冷学会（IIR/IIF）、国际劳工组织（ILO/OIT）、国际兽疫防治局（OIE）、国际法制计量组织（OIML）、联合国教科文组织（UNESCO）、世界卫生组织（WHO/OMS）、世界知识产权组织（WIPO/OMPI）。

国际标准化组织（ISO）是世界上最大非政府性国际标准化专门机构，是联合国经社理事会和贸易发展理事会的甲级咨询机构。它的宗旨是在世界范围内促进标准化工作的发展，以利于国际商品交流和互助，并扩大在知识、科学技术和经济方面的合作。其主要活动是制定国际标准，协调世界范围内的标准化工作和进行标准情报交流。

一项国际标准的制定要经过各级技术组织充分讨论和多次修正，使所提标准方案既能代表当代科技发展水平，又要经过严格的试验验证，以保证标准的科学性和先进性，同时，还要广泛征求各方面（其成员团体及有关国际组织）的意见，使标准切合各有关方面的需要，这反映了国际标准的民主性。在通过一项标准时，不但需要 75% 以上正式成员团体的投票赞成，还要经过理事会审查批准，充分表现了国际标准的严肃性。

国际标准都为推荐性标准，但由于其具有较高的权威性和科学性，为大多数国家自愿采用。

国际标准号的组成包括标准代号、顺序号和发布年代号三部分。

国际标准表示方法：

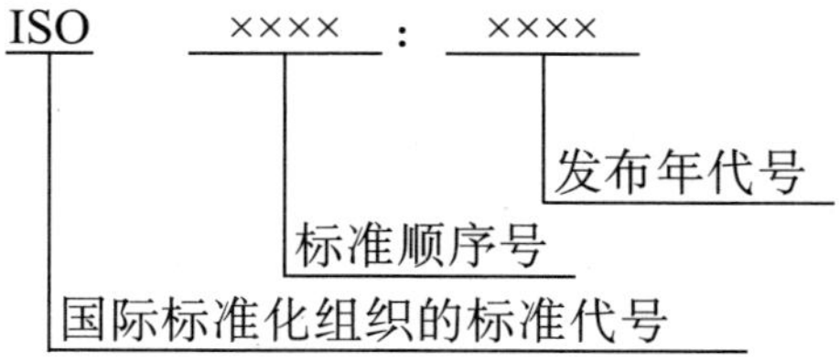

（二）国外先进标准

国外先进标准是指未经 ISO 确认并公布的其他国际组织的标准、发达国家标准、区域性组织标准、国际上有权威的团体标准和企业（公司）标准中的先进标准。

未经 ISO 确认并公布的国际组织和区域性组织主要有：国际电信联盟（ITU）、万国邮政联盟（UPU）、联合国粮农组织（UNFAO）、国际羊毛局（IWS）、国际焊接学会（IIW）、国际棉花咨询委员会（ICAC）、国际种子检验协会（ISTA）、国际半导体设备和材料组织（SEMI）、欧洲标准化委员会（CEN）、欧洲电工标准化委员会（CENELEC）、亚洲大洋洲开放系统互连研讨会（AOW）、亚洲电子数据交换理事会（ASEB）。

（三）我国采用国际标准状况

采用国际标准包括采用国际标准和国外先进标准。我国采用国际标准的程度和编写方法有等同采用和修改采用两种方法。

（1）等同采用（IDT），指与国际标准在技术内容和文本结构上相同，或者与国际标准在技术内容上相同，只存在少量编辑性修改。

（2）修改采用（MOD），指与国际标准之间存在技术性差异，并清楚地标明这些差异以及解释其产生的原因，允许包含编辑性修改。修改采用不包括只保留国际标准中少量或者不重要的条款的情况。修改采用时，我国标准与国际标准在文本结构上应当对应，只有在不影响与国际标准的内容和文本结构进行比较的情况下才允许改变文本结构。

在采用国际标准和国外先进标准时，要从我国经济发展和对外贸易的需要出发，充分考虑我国的资源情况和自然条件，要求技术先进、经济合理、安全可靠，符合我国有关法规和政策，正确地确定采用程度，以有利于完善我国的标准体系和适应经济发展的需要。

任务三　认可与认证认知

案例导入

在本单元任务二案例导入中所述，某企业受到处罚后，企业质量管理人员感到委屈，更感到不解。质量管理人员认为，其产品包装上标注自己企业的生产标准，是为了向消费者表明，自己的产品质量指标严于国家标准，产品的质量应该更好，怎么会不合格呢？况且，如若标注国家标准，自己的产品就与市场上其他的同类产品无异了，怎么能体现出自己的产品是按照更高指标的标准来生产的呢？

监督管理人员解释道："虽然企业可以制定严于国家标准的企业标准，但只能作为内部标准使用。企业若要向消费者表明自己产品的质量达到了更高的质量水平，可以向经我国有关部门认可的第三方认证机构申请认证，让其证明你们的产品达到某一水平或某一标准。其相应的质量标志就可标注于产品的包装上，以表明产品的质量水平。"

问题：

1. 什么是认可？什么是认证？
2. 什么是认证证书？什么是认证标志？

学习目标

理解认证、认可的概念；了解认证证书与认证标志。

基础知识与技术

一、认证认可的概念

为了规范认证认可活动，提高产品、服务的质量和管理水平，促进经济和社会的发展，国家制定了《中华人民共和国认证认可条例》。

条例所称“认证”，是指由认证机构证明产品、服务、管理体系符合相关技术规范、相关技术规范的强制性要求或者标准的合格评定活动。

条例所称“认可”，是指由认可机构对认证机构、检查机构、实验室以及从事评审、审核等认证活动人员的能力和执业资格，予以承认的合格评定活动。

根据《中华人民共和国认证认可条例》的规定，我国实行统一的认证认可监督管理制度。国家对认证认可工作实行在国务院认证认可监督管理部门统一管理、监督和综合协调下，各有关方面共同实施的工作机制。国务院认证认可监督管理部门应当依法对认证培训机构、认证咨询机构的活动加强监督管理。认证认可活动应当遵循客观独立、公开公正、诚实信用的原则。

二、认证证书和认证标志的概念

为了加强对产品、服务、管理体系认证的认证证书和认证标志（以下简称认证证书和认证标志）的管理、监督，规范认证证书和认证标志的使用，维护获证组织和公众的合法权益，促进认证活动健康有序的发展，根据《中华人民共和国认证认可条例》等有关法律、行政法规的规定，国家质量监督检验检疫总局公布了《认证证书和认证标志管理办法》（以下简称《管理办法》），适用于认证证书和认证标志的制定、发布、备案、使用和监督检查。

由国家认证认可监督管理委员会（简称国家认监委）依法负责认证证书和认证标志的管理、监督和综合协调工作。地方质量技术监督部门和各地出入境检验检疫机构（统称地方认证监督管理部门）按照各自职责分工，依法负责所辖区域内的认证证书和认证标志的监督检查工作。禁止伪造、冒用、转让和非法买卖认证证书和认证标志。《管理办法》也规定了相应的罚则。

《管理办法》将“认证证书”定义为“产品、服务、管理体系通过认证所获得的证明性文件。认证证书包括产品认证证书、服务认证证书和管理体系认证证书”。

《管理办法》将“认证标志”定义为“证明产品、服务、管理体系通过认证的专有符号、图案或者符号、图案以及文字的组合。认证标志包括产品认证标志、服务认证标志和管理体系认证标志”。认证标志分为强制性认证标志和自愿性认证标志。

自愿性认证标志包括国家统一的自愿性认证标志和认证机构自行制定的认证标志。强制性认证标志和国家统一的自愿性认证标志属于国家专有认证标志。认证机构自行制定的认证标志是指认证机构专有的认证标志。

任务四　认证认可机构及标志

案例导入

一个家长到某商场为其孩子选购儿童玩具，琳琅满目的玩具令其眼花缭乱，便向有关专家咨询："除了考虑智力开发的功能，时尚美观的造型，还要考虑些什么因素？"专家告诉她："还要认清品牌、厂名、厂址等，特别是要认清'三C'强制认证标志，只有通过'三C'强制认证的玩具才能放心购买。在我国有童车、电动玩具、塑胶玩具、金属玩具、弹射玩具、娃娃玩具六类实施强制认证，没有认证的不允许出厂、销售经营。"另外，专家还提醒她："除了产品包装外部粘贴的'三C'认证标志，消费者还可向销售者索要该玩具强制认证证明或复印件。"

问题：

1. 什么是"三C"强制认证？哪些商品的包装要标注"三C"认证标志？
2. 认证认可机构主要有哪些？其徽标的含义是什么？
3. 包装上常见的质量认证标志有哪些？

学习目标

理解中国强制认证及其徽标；熟悉认可机构及其徽标；掌握常见认证标志。

基础知识与技术

一、我国强制性产品认证

为了完善和规范强制性产品认证工作，切实维护国家、社会和公众利益，根据国家产品安全质量许可、产品质量认证的法律法规的规定以及国务院赋予国家质量监督检验检疫总局和国家认证认可监督管理委员会的职能，国家于2001年制定发布了《强制性产品认证管理规定》。

《强制性产品认证管理规定》规定，国家对涉及人类健康和安全，动植物生命和健康，以及环境保护和公共安全的产品实行强制性认证制度。国家对强制性产品认证公布统一的《中华人民共和国实施强制性产品认证的产品目录》（以下简称《目录》），确定统一适用的国家标准、技术规则和实施程序，制定和发布统一的标志，规定统一的收费标准。凡列入《目录》的产品，必须经国家指定的认证机构认证合格、取得指定认证机构颁发的认证证书、并加施认证标志后，方可出厂销售、进口和在经营性活动中使用。

强制性产品认证标志的名称为"中国强制认证"（英文名称为"China Compulsory Certification"，英文缩写为"CCC"，也可简称为"3C"标志）。认证标志是《目录》中产品准许其出厂销售、进口和使用的证明标记。中国强制认证标志实施以后，将逐步取代原来实行的“长城”标志和“CCIB”标志。

认证标志的图案由基本图案和认证种类标注组成，如图 4－1 所示。在认证标志基本图案的右部印制认证种类标注。证明产品所获得的认证种类。认证种类标注由代表认证种类的英文单词的缩写字母组成，如图 4－1 右图中的“S”代表安全认证。国家认证认可监督管理委员会根据认证工作需要制定和发布有关认证种类标注。

基本图形　　认证种类标注(强制安全认证标志)图形

图 4－1　CCC 强制认证标志

二、中国合格评定国家认可委员会（CNAS）及其标志

中国合格评定国家认可委员会（英文缩写为“CNAS”）是根据《中华人民共和国认证认可条例》的规定，由国家认证认可监督管理委员会批准设立并授权的国家认可机构，统一负责对认证机构、实验室和检查机构等相关机构的认可工作。中国合格评定国家认可委员会是在原中国认证机构国家认可委员会（CNAB）和原中国实验室国家认可委员会（CNAL）基础上整合而成的。

CNAS 徽标是代表 CNAS 机构本身的图形标识。CNAS 徽标式样如图 4－2 所示。

(A)CNAS徽标的式样　　(B)IAF-MLA/CNAS联合徽标　　(C)ILAC-MRA/ CNAS联合徽标

图 4－2　CNAS 徽标式样

CNAS 认可标识是 CNAS 颁发的、供获准认可的机构使用的、表示其认可资格的图形标识。认可标识分为中文版和英文版，由 CNAS 徽标和标明认可制度的文字、注册号组成，文字和注册号置于 CNAS 徽标的正下方，使用 Arial 字体。

三、常见的认证标志

（一）国家级或省市级产品质量监督检验中心授权标志

国家级或省市级产品质量监督检验中心授权标志，即产品质量检验机构考核合格符号

分为省级和国家级。根据《中华人民共和国产品质量法》的规定，产品质量检验机构必须经省级以上质量监督管理部门或其授权的部门考核合格后，方可承担产品质量检验任务。凡考核合格的检验机构，应在其发出的考核合格范围内的检验报告上及有关工作文件上使用统一的考核合格符号。印有考核合格符号的检验报告，具有法律效力，可作为判定产品质量的依据。

考核合格符号由CAL三个英文字母形成的图形和检验机构考核合格证书编号两部分组成。CAL分别是“中国考核合格检验实验室”相应英文单词China Accredited Laboratory的字头，证书编号是省级以上质量监督管理部门按技监监函〔1994〕04号文向其考核合格的产品质量检验机构颁发的证书的编号。省级以下检验机构的编号为（　）省质监认字（　）号；国家级质检机构的编号为国质监认字（　）号。图例如图4－3（A）所示。

(A)国家级或省市级产品质量监督检验中心授权标志

(A) 国质监认字（ ）号
或（ ）省质监认字（ ）号

(B)国家计量认证标志

(B) （ ）量认（省）字（ ）号
（ ）量认（国）字（ ）号

图4－3　CAL和CMA认证标志图

（二）国家计量认证标志

根据《中华人民共和国计量法》规定，为社会提供公证数据的产品质量检验机构，必须经省级以上人民政府计量行政部门对其计量检定、测试能力和可靠性考核合格，这种考核称为计量认证。计量认证是我国通过计量立法，对为社会出具公证数据的检验机构（实验室）进行强制考核的一种手段，也可以说是具有中国特点的政府对实验室的强制认可。经计量认证合格的产品质量检验机构所提供的数据，用于贸易出证、产品质量评价、成果鉴定作为公证数据，具有法律效力。

取得计量认证合格证书的产品质量检验机构，可按证书上所限定的检验项目，在其产品检验报告上使用计量认证标志，标志由CMA三个英文字母形成的图形和检验机构计量认证书编号两部分组成。CMA分别由英文China Metrology Accreditation三个词的第一个大写字母组成，意为“中国质量认证”。省级以下检验机构计量认证证书编号为：（　）量认（省）字（　）号；国家级检验机构计量认证证书编号为：（　）量认（国）字（　）号。图例如图4－3（B）所示。

（三）中国环境标志——十环I型标志

中国环境标志——“十环I型标志”是建立在第三方设立的根据产品生命周期评价体系的标准之上，是一个基于多重准则的标志，如图4－4所示。该标志由国家环保总局认证中心认证，是目前权威的绿色标志。

十环I型标志是一种官方的产品证明性商标，图形的中心结构表示人类赖以生存的环境，外围的十个环紧密结合，环环紧扣，表示公众参与共同保护环境；同时十个环的

“环”字与环境其寓意为“全民联合起来，共同保护人类赖以生存的环境”，因此而称为“十环标志”；获准使用该标志的产品不仅质量合格，而且在生产、使用和处理过程中符合特定的环境保护要求，与同类产品相比，具有低毒少害、节约资源等环境优势。

环境标志是一种产品的证明性商标，它表明该产品不仅质量合格，而且在生产、使用和处理处置过程中符合环境保护要求，与同类产品相比，具有低毒少害、节约资源等环境优势。

图 4－4　环境标志

（四）绿色食品标志

“绿色食品”标志是一种特定质量标志，它专为证明出自良好生态环境、无污染、无公害、安全营养食品之用，现已作为证明商标，经国家工商行政管理局商标局核准注册，其商标专用权受《中华人民共和国商标法》保护。农业部统一负责“绿色食品”标志的颁发和使用管理。绿色食品标志由三部分构成，即上方的太阳、下方的叶片和中心蓓蕾，分别代表了生态环境、植物生长和生命的希望。标志为正圆形，意为保护、安全，如图 4－5 所示。

凡从事食品生产、加工的企业，需要在某项产品上使用“绿色食品”标志的，必须依照《农业部“绿色食品”标志管理暂行办法》的有关规定提出申请，经审查，符合标准的，授予“绿色食品证书”及专用编号，准其使用，企业方可在该项指定的产品上使用“绿色食品”标志。由农业部定期将准许使用“绿色食品”标志企业名单报国家工商行政管理局商标局备案。

绿色食品所具备的条件是：

（1）产品或产品原料产地必须符合绿色食品生态环境质量标准；

（2）农作物种植、畜禽饲养、水产养殖及食品加工必须符合绿色食品生产操作规程；

（3）产品必须符合绿色食品标准；

（4）产品的包装、贮运必须符合绿色食品包装贮运标准。

图 4－5　绿色标志

（五）"QS"企业产品生产许可标志

QS企业产品生产许可，即工业产品生产许可，国家为了保证直接关系公共安全、人体健康、生命财产安全的重要工业产品的质量安全，贯彻国家产业政策，促进社会主义市场经济健康、协调发展，制定了《中华人民共和国工业产品生产许可证管理条例》，纳入《国家实行生产许可证制度的工业产品目录》的产品生产企业必须依照规定程序取得"工业产品生产许可证"方可从事产品生产，任何企业未取得生产许可证不得生产列入目录的产品。任何单位和个人不得销售或者在经营活动中使用未取得生产许可证的列入目录的产品。

1. 工业产品生产许可证标志

工业产品生产许可证标志由"企业产品生产许可"拼音"Qiyechanpin Shengchanxuke"的缩写"QS"和"生产许可"中文字样组成。标志主色调为蓝色，字母"Q"与"生产许可"四个中文字样为蓝色，字母"S"为白色，如图4-6所示。QS标志由企业自行印（贴），可以按照规定放大或者缩小。

工业产品生产许可证编号采用大写汉语拼音XK加十位阿拉伯数字编码组成：XK××-×××-×××××。其中，XK代表许可，前两位（××）代表行业编号，中间三位（×××）代表产品编号，后五位（×××××）代表企业生产许可证编号。企业必须在其产品或者包装、说明书上标注生产许可证标志和编号。

根据产品特点难以标注的裸装产品，可以不标注生产许可证标志和编号。

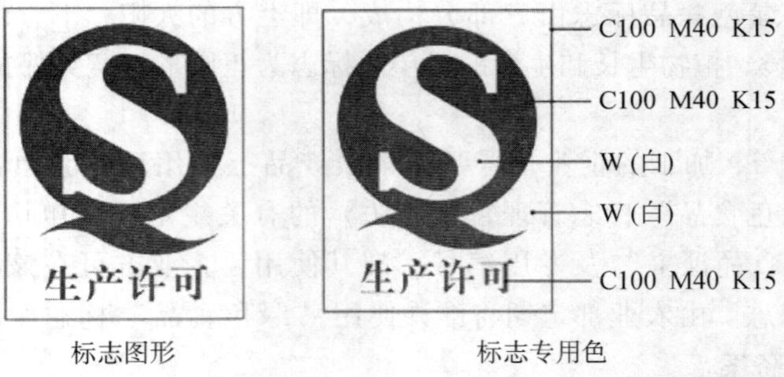

图4-6 "QS"企业产品生产许可标志

2. 企业食品生产许可证标志

"食品生产许可证"是工业产品许可证制度的一个组成部分，是为保证食品的质量安全，由国家主管食品生产领域质量监督工作的行政部门制定并实施的一项旨在控制食品生产加工企业生产条件的监控制度。该制度规定：从事食品生产加工的公民、法人或其他组织，必须具备保证产品质量安全的基本生产条件，按规定程序获得"食品生产许可证"，方可从事食品生产，其次产品出厂必须经检验合格并加印（贴）食品市场准入标志。没有食品市场准入标志的，不得出厂销售。

企业食品生产许可证标志式样。企业食品生产许可证标志以"企业食品生产许可"的拼音"Qiyeshipin Shengchanxuke"的缩写"QS"表示，并标注"生产许可"中文字样。标志主色调为蓝色，字母"Q"与"生产许可"四个中文字样为蓝色，字母"S"为白色，如图 4－6 所示。

取得食品生产许可证的企业在使用食品市场准入标志时，不能变色，并标注食品生产许可证证书编号。

食品生产许可证编号由英文大写 QS 与 12 位阿拉伯数字组成。其中前 4 位阿拉伯数字为受理机关编号，具体按行政区划代码区分；中间 4 位阿拉伯数字为产品类别编号，由国家质检总局统一规定；后 4 位阿拉伯数字为该产品类别获证企业序号，由发证机关按发证顺序给出。

国家食品药品监督管理总局令第 16 号《食品生产许可管理办法》（以下简称《办法》）自 2015 年 10 月 1 日起施行。其中，第四章“许可证管理”第二十九条规定：“食品生产许可证编号由 SC（“生产”的汉语拼音字母缩写）和 14 位阿拉伯数字组成。数字从左至右依次为：3 位食品类别编码、2 位省（自治区、直辖市）代码、2 位市（地）代码、2 位县（区）代码、4 位顺序码、1 位校验码。”新的《办法》实施后，为了既能尽快全面实施新的生产许可制度，又能尽量避免生产者包装材料和食品标签浪费，《办法》给予了生产者最长不超过三年的过渡期，即 2018 年 10 月 1 日及以后生产的食品一律不得继续使用原包装和标签以及“QS”标志。

（六）国际羊毛标志

国际羊毛标志是国际通用的提供消费者识别优良品质羊毛产品的标志。使用羊毛标志的产品，其生产过程必须受到严格控制，其成品出厂前须经抽样检验，合格后由国际羊毛事务局授权使用羊毛标志，如图 4－7 所示。

WOOLMARK

图 4－7　纯羊毛标志

习题与训练

一、名词解释

标准　商品标准国际标准　文件标准　实物标准　认可 认证　认证证书　认证标志

二、选择题

1. 单项选择题

（1）（　　）为了在一定的范围内获得最佳秩序，经协商一致制定并由公认机构批准，共同使用的和重复使用的一种规范性文件。

A. 实物标准　　　　B. 先进标准

C. 标准　　D. 国际标准

(2) 字母缩写 GB/T 的中文含义为（　　）。

A. 强制性标准　　B. 试行标准

C. 推荐性标准　　D. 内部标准

(3) 标准制定后，每经过（　　）年复审一次。

A. 1~3　　B. 3~5

C. 5~6　　D. 6~8

(4) 字母缩写 IEC 的中文含义为（　　）。

A. 国际标准化组织　　B. 国际电工委员会

C. 国际物品编码协会　　D. 世界贸易组织

(5) 质量认证的依据是（　　）。

A. 标准　　B. 标准化

C. 质量体系　　D. 质量信誉

(6) 中国强制认证的代号是（　　）。

A. "CCC"　　B. "DB"

C. "DB/T"　　D. "GB"

(7) "绿色食品"认证标志属于（　　）。

A. 推荐性标志　　B. 强制性标志

C. 通用性标志　　D. 愿性标志

2. 多项选择题

(1) 根据采用程度不同，我国采用国际标准的形式有（　　）。

A. 等同采用　　B. 修改采用

C. 等效采用　　D. 非等效采用

(2) 按标准的受约束程度不同，商品标准分为（　　）。

A. 强制性标准　　B. 推荐性标准

C. 正式标准　　D. 试行标准

(3) 按照商品标准发生作用的范围或审批权限，我国商品标准可分为（　　）。

A. 国家标准　　B. 行业标准

C. 地方标准　　D. 企业标准

(4) 以下标志属于推荐性认证标志的是（　　）。

A. 纯羊毛标志　　B. 绿色食品标志

C. QS 标志　　D. 环境标志

(5) 以下标志属于强制性认证标志的是（　　）。

A. "CCC" 标志　　B. 绿色食品标志

C. QS 标志　　D. 环境标志

(6) 认证证书主要包括（　　）。

A. 产品认证证书　　B. 服务认证证书

C. 管理体系认证证书　　D. 商检机构认证证书

三、判断题

1. 根据采用程度不同，我国采用国际标准的形式有等同采用、等效采用和非等效采用。（　　）
2. GB/T12113—1996 表示 1996 年发布的第 12113 号强制性国家标准。（　　）
3. 在我国有国家标准，还可以制定行业标准和地方标准。（　　）
4. 经国家认可机构评定合格的认证机构的认证活动才具有法律效力。（　　）
5. 国家认监委是我国认证认可工作的主管机构。（　　）
6. 环境标志、绿色食品标志和 3C 标志都是推荐性标志。（　　）

四、简答题

1. 什么是标准？标准的含义有哪些？
2. 什么是国际标准？
3. 山么是商品标准？我国的商品标准是如何分类和分级的？
4. 什么是认证、认可？
5. 中国强制认证是指什么？其认证标志是什么？

五、论述题

1. 论述为什么各国采取积极的态度采用国际标准。
2. 分析食品包装上的绿色食品标志与 QS 标志的作用。
3. 试述认证与认可的关系。
4. 试述认证认可与标准的关系。

六、案例分析

1. 现代零售连锁企业需标准化运营

零售行业是我国市场化程序最高、竞争最为激烈的行业之一。我国持续高速增长的经济态势及巨大的市场潜力，吸引了众多的国际零售“巨头”纷纷抢滩登陆。零售业迎来了新的发展机遇，同时也将面临前所未有的巨大挑战。

某大型国有零售企业经过十多年的发展，实行多店连锁经营，由于企业缺乏统一的管理系统，标准化的管理不到位，近几年随着商店的不断增多，规模的迅速扩张，总公司很难对其各连锁店实施掌控。在服务标准、服务水平、服务质量等方面各连锁店也有很大差别，影响了公司的公众形象。对此公司制订了一系列服务规范和管理制度，用规范与制度作为约束和指导公司员工的行为的手段，推行标准化管理，解决了因地域不同、管理人员不同而引起的连锁店之间的差异。

问题：

（1）什么是标准化？

（2）分析标准化的作用。

分析要求：学生针对案例提出的问题，分析解决问题的途径，拟出案例分析提纲；小组讨论，形成小组案例分析报告；班级交流，教师对各小组案例分析报告进行点评。

2. 话说“质量标志”

通过问卷调查表明，目前消费者选择商品主要依据品牌，很少注意商品包装上的质量标志。品牌信息的获得则主要来源于广告，而质量标志由于消费者不了解而受到冷落。消费者在购买商品时，因不了解或者不认识这些质量标志，在购买袋装食品时，不重视质量标志而重视品牌。消费者对质量标志模糊，主要是消费者对于质量标志的认知程度不够，无法辨别质量标志的真假，甚至不认识相关产品的质量标志。

针对品牌和质量标志，有关专家指出，质量标志和品牌不同，质量标志是共性的，品牌是个性的。质量标志是政府确认的，有严格的条件和程序。有的质量标志是法定的，消费者受到侵权有法律保护，质量标志不符合条件即要取消，因此对消费者是指导性的、权威性的、保障性的；也有的质量标志是企业自愿性质的，不管怎么说，产品上的质量标志说明企业对产品质量的承诺，也是对消费者的承诺，不应该带有虚假性质。而品牌是企业创造的，融入的是企业历史、文化、经营者的理念，有的还存在一定程度的商业炒作，因此对消费是引导性的、趋利性的。

问题：

(1) 什么是质量标志？质量标志与品牌有何区别？

(2) 分析质量标志的作用。

分析要求：学生分析案例提出的问题，拟出案例分析提纲；小组讨论，形成小组案例分析报告；班级交流，教师对各小组案例分析报告进行点评。

单元五
商品检验与质量监督

市场监管总局关于2019年第一季度食品安全监督抽检情况分析的通告

〔2019年第13号〕

2019年第一季度，全国市场监管系统共完成并公布428043批次食品（含保健食品和食品添加剂）样品监督抽检结果，检验项目全部合格的418474批次，不合格的9569批次，总体不合格率为2.2%，比2018年同期下降0.4个百分点。大宗食品合格率保持基本稳定，其中5类食品（粮食加工品，肉制品，蛋制品，乳制品，食用油、油脂及其制品）合格率分别为99.0%、98.4%、99.9%、99.9%、98.6%，均高于总体合格率（各类食品监督抽检结果见附件）。

从检验不合格的项目看，仍以农兽药残留超标、超范围超限量使用食品添加剂、微生物污染等3类问题为主，分别占不合格总数的30.7%、23.7%、22.9%。同时，质量指标不达标占不合格总数的比率，比2018年同期低0.9个百分点；检出重金属等元素污染问题、生物毒素污染问题占不合格总数的比率，与2018年同期持平；非食用物质占不合格总数的比率，比2018年同期高0.1个百分点。针对抽检不合格食品，各地市场监管部门已督促企业下架、召回，控制了产品风险，并对违法违规企业立案调查、依法处置。

各级市场监管部门已公布具体抽检信息，可在其政府网站或通过其他有效途径查询。

特此通告。

附件：2019年第一季度各类食品监督抽检结果汇总表（略）

市场监管总局

2019年4月28日

（资料来源：国家市场监督管理总局官网。）

任务一 商品检验与质量监督认知

案例导入

2019年第一季度，全国市场监管系统共完成并公布428043批次食品样品监督抽检结果，并按照有关法律法规，对此次抽样检验中不合格的产品及其生产企业依法进行了处理。2019年中央电视台“315晚会”上，也曝光了许多生产、流通领域商品的质量问题，事后相关职能部门依法分别进行了处理，媒体协助职能部门进行了有效的质量监督。

问题：

1. 什么是质量监督？质量监督的种类和形式有哪些？
2. 什么是商品检验？商品检验的分类与作用有哪些？

学习目标

理解质量监督与商品检验的概念；明确质量监督的种类；熟悉质量监督的形式；明确商品检验的分类与作用。

基础知识与技术

一、商品质量监督

（一）商品质量监督的概念

商品质量监督是贯彻执行商品标准的手段，是保证和提高商品质量并取得经济效益的措施，也是标准化工作的重要组成部分。

商品质量监督是指国家指定的商品质量监督专门机构，按照国家的质量法规和正式商品质量标准的规定，对生产和流通领域的商品质量和质量保证体系进行监督的活动。

商品质量监督所要解决的问题，是企业生产经营的商品是否达到既定法规和标准的要求，并在此基础上对企业的质量保证工作实行监督。履行商品质量监督的职能部门，是由国家授权的法定机构；进行商品质量监督的依据，主要是国家的质量法规和批准发布的正式标准，并多属于强制性标准。

（二）商品质量监督的种类

我国的商品质量监督可分为国家的质量监督、社会的质量监督和用户的质量监督。

1. 国家的质量监督

国家的质量监督，是指国家授权指定第三方专门机构，以公正立场对商品质量进行的监督检查。这种法定的质量监督，是以政府行政的形式，对可能危及人体健康和人身、财产安全的商品，影响国计民生的重要工业产品及用户、消费者组织反映有质量问题的商品，实行定期或经常的监督、抽查和检验，公开公布商品质量抽查检验结果，并根据国家有关法规及时处理质量问题，以维护社会经济生活正常秩序和保护消费者的合法权益。

2. 社会的质量监督

社会的质量监督，是指社会团体、组织和新闻机构根据消费者和用户对商品质量的反映，对流通领域的某些商品和市场商品质量进行的监督检查。

3. 用户的质量监督

用户的质量监督，是指内、外贸部门和使用单位为确保所购商品的质量而进行的质量监督。这种质量监督包括：用户自己派人或委托技术服务部门进驻承制单位实行质量监督；贸易部门派驻厂人员进行质量监督；进货时进行验收检验。

（三）商品质量监督的形式

“商品质量监督的”形式种类很多，可以归纳为抽查型质量监督、评价型质量监督和仲裁型质量监督三种。

1. 抽查型质量监督

抽查型商品质量监督，是指国家质量监督机构通过对从市场或企业抽取的商品样品进行监督检验判定其质量，从而采取强制措施责成企业改进质量，直至达到商品标准要求的一种监督活动。

抽查型商品质量监督形式，一般只抽检商品的实物质量，不检查企业的质量保证体系。抽查的主要对象是涉及人体健康和人身、财产安全的商品，影响国计民生的重要工业产品，重要的生产资料商品和消费者反映有质量问题的商品。

2. 评价型质量监督

评价型商品质量监督，是指国家质量监督机构通过对企业的产品质量和质量保证体系进行检验和检查，考核合格后，以颁发产品质量证书、标志等方法确认和证明产品已经达到某一质量水平，并向社会提供质量评价信息，实行必要的事后监督，以检查产品质量和质量保证体系是否保持或提高的一种质量监督活动。

评价型质量监督是国家干预产品质量、进行宏观管理的一种重要形式。产品质量认证、企业质量体系认证、环境标志产品认证、评选优质产品、产品统一检验制度和生产许可证发放等都属于这种形式。

3. 仲裁型质量监督

仲裁型商品质量监督，是指质量监督检验机构通过对有质量争议的商品进行检验和质量调查，分清质量责任，做出公正处理，维护经济活动正常秩序的一种质量监督活动。

仲裁型质量监督具有较强的法制性，这项任务由质量监督管理部门承担，应选择经省级及以上人民政府产品质量监督管理部门或其授权的部门审查认可的质量监督检验机构作为仲裁检验机构。

二、商品检验概述

（一）商品检验的概念

商品检验是指根据商品标准所规定的各项指标，来评定商品质量高低和商品等级的全部工作。商品检验工作应从商品的用途和使用条件出发，分析和研究商品的成分、结构、性质以及它们对商品质量的影响，拟定商品的质量指标，评定商品的质量高低，确定科学的商品检验方法等。

（二）商品检验的分类

1. 根据检验主体及其目的的不同，商品检验可分为第一方检验、第二方检验和第三方检验

（1）第一方检验。第一方检验，也称出厂检验或生产检验。生产检验是商品生产者为了控制产品质量，维护企业信誉，达到保证质量的目的，对原材料、半成品和成品进行的自我约束的检验活动。这种检验是企业质量管理的职能之一，也是企业质量体系的基本要素之一，经检验合格的商品应有“质量合格证”标识。

（2）第二方检验。第二方检验，又称验收检验或买方检验。验收检验是商品的买方为了杜绝不合格品进入流通、消费领域，维护自身和消费者的利益，保证购买的商品满足需要，以便买卖成交或适于使用，对所购买的商品进行的检验活动。

（3）第三方检验。第三方检验是指处于买卖利益之外的第三方，主要指质量监督与认证部门以及消费者协会等第三方，以公正、中立、权威的非当事人身份根据有关法律、合同或标准所进行的检验活动。其目的在于正确地维护买卖双方合法权益和国家利益，协调矛盾。

2. 根据检验数量的不同，批产品检验可分为全数检验和抽样检验

全数检验是对受检批中的所有单位产品逐个地进行检验。这种方法可提供较多的质量信息，给人以心理的安全感，适用于批量小、质量特征单一、精密、贵重、重型的关键产品，但不适用于批量大、价廉、质量特性复杂、需要进行破坏性检验的产品。

抽样检验是根据预先确定的抽样方案，从受检批中随机抽取少量单位产品，组成样本，再根据对样本中单位产品逐一地测试的结果，与标准或合同规定比较，最后从样本质量状况统计推断整批产品质量状况的检验方法。抽样检验由于检验批量小，避免了过多的人力、物力、财力和时间消耗，因此比较经济，有利于及时交货，刺激供货方保证产品质量，并可以防止全数检验中因工作单调和疲劳而产生的漏检和错检。它适用于批量大、价值低、质量要求不高、检验项目多以及本身为连续体的产品。但抽样检验也存在着提供的质量信息少，有可能误判和不适用于质量差异程度较大的产品批等缺点。

（三）商品检验的作用

1. 商品检验是制定商品标准、实行商品标准化的科学依据

商品检验和商品标准是商品质量管理中相互联系、不可分割的配套工程，是实行商品标准化的基础。

没有商品检验就没有商品标准，因为商品标准中的各项技术要求，不是凭空想象出来的，而是通过商品检验确定的；商品标准合理与否，要通过商品检验来确定，没有通过商品检验的技术指标不可能具有科学性、更无可靠性，制定各种商品标准，必须以商品检验的结果为依据。

在商品标准实施过程中，也必须通过对商品各项指标的检验，才能确定商品是否符合标准。仅有商品标准而无商品检验，则标准流于形式，商品标准将无从实施。

2. 商品检验是监督商品生产的必要条件，同时为企业质量评比竞赛提供依据

在商品生产中，从原材料到半成品、成品，每一个零件、每一个环节，都是形成商品质量的过程，因此，对整个生产过程均应该根据商品标准规定的质量要求进行严格的商品检验以防粗制滥造。

在同行业间对同类商品的评比中，优质商品的评定、劣质商品的揭露，都是以商品各项性能指标的检验结果来确定其质量高低的。

3. 商品检验是改善商品流通环境不可缺少的环节

商品流通部门从事商品经营活动中，对购、销、运、存各个环节的商品质量监督，关系企业的兴衰，加强对商品的检验和监督，可防止假、冒、伪、劣商品进入商业网。没有商品检验，商品在流通过程中的质量管理和质量纠纷问题就难以解决。

在对外贸易中，商品检验是完善商品质量管理，保证进出口商品质量符合协议要求的重要环节，交货——检验——接收或拒收三个环节，是国际贸易中的惯例，检验是关键的环节，是接收或拒收乃至是提出索赔的主要依据。

4. 商品检验是维护消费者利益的可靠保证

消费者从自身的利益出发，希望能买到物美价廉的商品，他们对市场上经常出现的伪劣商品特别关注。不符合国家卫生标准的食品，过期变质的药品，劣质家用电器，以次充好的日用商品等，它们不仅使消费者蒙受经济损失，还有伤身害命之患。

因此，以商品检验为手段，把好质量关，是防止伪劣商品流入市场的关键，加强各个环节的商品质量检验监督管理，是维护消费者利益的可靠保证。

5. 商品检验是探索开发新产品，提高商品质量的有效途径

通过商品检验可以全面分析研究商品的成分、结构、性质以及各种因素对商品质量的影响，从而找出提高商品质量的方向。

随着科学技术的进步和人民生活水平的提高，消费者对商品质量的要求不断提高，使商品升级换代速度加快，商品寿命周期大大缩短，而商品的升级换代离不开对新技术、新工艺、新材料的探索。因此，商品检验就成为探索开发新产品的有效途径。

通过商品检验，可找出提高商品质量的方向和途径，提出改进商品生产的生产技术条件和方法，确定适宜的商品包装和贮存条件，修订和提高商品质量标准，限制不符合质量标准的商品进入流通领域，以保证国家和消费者的利益。

商品检验是对商品标准的具体实施工作，是标准化工作的手段。

任务二 商品质量检验

案例导入

人的一生大概有三分之一的时间是在睡眠中度过的，因此睡眠的质量对于每个人来说都是至关重要的。而床垫则是影响人们睡眠质量的一个非常重要的因素，如果床垫不够舒适肯定会降低人的睡眠质量，如果床垫是不合格产品那就更可能对人的身体健康造成不利影响。

为了更好地了解床垫产品的质量安全水平，北京市消费者协会最近组织了一次专门针对床垫产品的比较试验，我们先来看一下试验的结果。

北京市消费者协会这次比较试验选择了在北京市场和网络上热销的50种床垫产品，其中包括37件弹簧软床垫和13件棕纤维弹性床垫。依据相关国家标准的要求，这次比较试验对床垫的面料和芯料的物理性能、甲醛释放量等卫生安全指标以及产品标志等多个项目进行了检测。检测结果显示，50件床垫样品中，有25件样品质量存在问题，不合格率高达50%。

其一，关于耐干摩擦色牢度检测。经过检测试验人员确认，37件弹簧软床垫样品中，4件产品不合格，不合格率为10.8%。13件棕纤维弹性床垫中，3件产品不合格，不合格率为23.1%。

其二，耐久性是反映床垫使用寿命的指标。而在这次比较试验中，37件弹簧软床垫样品有9件产品不合格，不合格率为24.3%。13件棕纤维弹性床垫有8件产品不合格，不合格率高达61.5%。

其三，根据国家标准的要求，床垫产品中甲醛释放量不得高于$0.050mg/m^2 \cdot h$，而在这次比较试验中，37件弹簧软床垫样品中有2件产品甲醛释放量不合格，不合格率为5.4%；13件棕纤维弹性床垫中有6件产品甲醛释放量不合格，不合格率为46.2%。

（资料来源：摘自央视网《不安全的床垫》，2013-04-14。）

问题：

1. 您家里的床垫合格吗？商品质量检验常用的方法有几种？
2. 什么是商品抽样？商品抽样常用的方法有哪些？
3. 什么是商品品级？商品品级的方法有哪些？

学习目标

理解商品抽样的概念和要求；熟悉商品抽样方法。掌握商品检验的方法；明确各检验方法的特点。理解商品品级的概念；掌握商品品级的方法。

基础知识与技术

一、商品抽样

（一）商品抽样的概念

商品抽样是指从被检验商品中按照一定的方法采集样品的过程。即在检验整批商品质量时，用一定的方法，从中抽取具有代表性的，一定数量的样品，作为评定这批商品的质量依据，这种抽取样品的工作，称为商品抽样，又称拣样、扦样等。

商品抽样是商品检验工作的重要环节，由于商品数量多，商品检验时间长，有些商品检验带有一定的破坏性，所以，除批量太少的商品或绝对不允许有不合格品存在而必须百分之百检验的商品外，其他商品都采用抽样检验。

商品抽样的结果可能会出现以下两种情况：一是样品的质量大于被测商品的质量，这样会使被测商品等级高于实际商品质量，会损害消费者的利益；二是样品的质量小于被测商品的质量，这样会使被测商品等级低于实际商品质量，同样，会损害生产者的利益。为了使拣出的样品具有代表性，对抽样有如下要求：

第一，抽样应当依据抽样对象的形态、性状，合理选择抽样工具与样品容器。抽样工具、容器必须清洁，不含被检验成分，供微生物检验的样品应无菌操作。

第二，外地调入的产品，抽样前应检查有关证件，如商标、货运单、质量检验证明等，然后检查外表，包括检查包装以及起动日期、整批数量、产地厂家等情况。

第三，按各类商品的抽样要求抽样，注意抽样部位分布均匀，每个抽样部位的抽样数量（件）保持一样。

第四，抽样的同时应做好抽样记录。内容包括：抽样单位、地址、仓位、车间号、日期、样品名称、样品批号、样品数量、抽样者姓名等。

第五，抽取的样品应妥善保存，保持样品原有的品质特点。抽样后及时检验。

（二）商品抽样的方法

商品抽样的方法很多，应用最为普遍的是随机抽样。所谓随机抽样，即群体中的每一个体，都有同样被拣取的机会，抽样者完全用偶然的方法拣取，事先并不考虑或选择拣取哪一个样品。具体方法主要有以下几种：

1. 简单随机抽样

简单随机抽样是指在一批同类商品中，随机拣取若干试样，这时任何一个商品都有机会被拣取作试样。

这种方法简单，随机性强，对发现商品的共同性缺陷行之有效，适用于批量不大商品的抽样。具体执行时又有直接抽样法、抽签法和随机数表法等形式。

第一，直接抽样法。直接抽样法是检验人员在现场不加选择地随机拣取试样。

第二，抽签法。抽签法是先将商品编号，然后将号码写在纸签上，折叠好纸签并混匀后随机抽取或用器械摇出中选号码，商品编号与中选号码相同的商品即为试样。

第三，随机数表法。随机数表法是先将商品编号，再运用随机数字表，从任何一行或任何一列开始，向任何方向数过去。把属于编号范围的数字号码，作为中选号码。

随机数字是由数字0、1、……9组成，编制一系列组别的随机数字表格（见表5－1）。数字有几百的、几千的、也有上万的。可根据应用的范围选择，并可用计算机程序来实现。

表5－1　随机数字表（部分）

13	47	43	73	87	36	96	47	36	61
37	74	24	67	62	48	81	14	57	22
17	76	62	27	68	56	50	26	71	47
42	56	85	99	76	66	97	68	27	32
35	59	56	35	65	37	54	82	46	23
36	22	77	94	36	43	54	43	54	84
74	42	17	53	33	55	24	55	06	85
53	01	63	78	57	15	95	55	67	19
35	21	62	34	49	78	64	56	07	82
37	60	86	32	43	09	47	27	96	54

2. 分层随机抽样

分层随机抽样先将一批同类商品划分为若干部分，然后从每部分中随机拣取若干试样。商品在生产过程中发生质量缺陷往往是间隔出现的，采取分层随机抽样法，能克服单纯随机抽样法可能会漏掉集中性的缺陷。

例如商品生产的不同时间产品的质量会有差别。因此，利用分层随机抽样，先按不同班次将商品分层，再在每个班次生产的商品中随机抽取试样。

3. 多段随机抽样

多段随机抽样是把一批同类商品先划成若干部分，用简单随即抽样法随机拣取几个部分，然后再从所拣出的每个部分中随机拣取若干个商品。最后，将上述拣出的所有商品集中起来即为试样。

4. 规律性随机抽样

规律性随机抽样是按一定规律从整批同类商品中拣取样品。对同批或同类商品按顺序进行编号，即1、2、3、4、5、……，按自然数进行排列。首先，按简单随机抽样法从0—9确定一个中选号码作为样品的第一个，然后通过公式：S＝总商品个数/样品个数，确定抽样距离S。如果中选号码为8，则被选出的样品号码为：8，8＋S，8＋2S，8＋3S，……8＋NS。

商品标准对商品抽样的方法和拣取样品的数量都有明确的规定，商品抽样要按照商品标准所规定的要求和条件进行，否则，即使进行了精确的测试和分析，其结果也因没有代表性而失去实际意义。

拣出的样品，在测试前，应注意保护，妥善保管，防止变形、玷污、干燥、潮湿、挥发、氧化等现象发生，确保样品的代表性，为了防止出现差错，还应在盛放样品的容器上附贴标签、注明品名、标记、批次、数量、抽样件号、抽样日期、抽样人员、测试项目等。测试后，还应填写检验日期和结果、检验人员的签字等。

二、商品检验的方法

虽然商品种类繁多，检验项目各异，但不管哪类商品检验，其检验方法主要有感官检验法和理化检验法。商品标准中的技术要求，一般都规定有商品质量的感官检验和理化检验。

（一）感官检验

感官检验法是借助人体正常的感觉器官，结合实践经验对商品进行检验的方法。感官检验法主要包括视觉检验法、嗅觉检验法、味觉检验法、触觉检验法和听觉检验法五种。这些检验方法，使用时应当综合运用，相互补充。

1. 视觉检验法

视觉检验法是利用人的视觉器官来检验商品质量的一种方法。通过观察商品的外形、结构、色泽、式样以及凡是能用肉眼辨别的品质项目，评价商品质量。

在实际应用中，对商品进行感官检验试，首先要进行视觉检验，看其表面特征是否正常。如果视觉检验通不过，其他指标都无考虑的必要。如某些蔬菜、水果，只要看它的外形和颜色，就能确定它的成熟度和新鲜度；对玻璃、搪瓷，其外观疵点是确定其质量的先决条件；对色泽的检验，要根据检验要求选择光的来源、光的强弱、光的照射方向，因为上述条件均会影响视觉对色泽的判断的准确性，如检验茶叶的色泽和汤色，需要在反射光线下进行，用照射法检验鸡蛋品质时，则需在较强的直射光线下进行。

2. 味觉检验法

味觉检验法是利用人的味觉器官来检验商品质量的一种方法。主要用于食品商品的检验，它是通过品尝食品的滋味、风味来评价食品的质量和人们的嗜好。

食品的滋味和风味，是决定食品质量的重要因素。正常的食品应该具有特定的滋味和风味。食品品种不同，其滋味和风味不同；食品的加工方法不同，其滋味和风味也不同；食品的新鲜程度不同，其滋味和风味也有所不同。因此，味觉检验是食品检验的重要方法。

食品的滋味和风味的来源，是由其本身的化学成分和结构决定的，因为商品的化学成分和结构决定商品的性质。食品的滋味和风味，还受消费习惯的影响，不同地区、不同民族，对食品的滋味和风味也有不同要求。食品的滋味和风味还受温度的影响，人的味觉又一个较敏感的温度范围。此外，进行味觉检验时，口中要无异味，否则，会影响到商品检验的准确性。

3. 嗅觉检验法

嗅觉检验法是利用人的嗅觉器官来检验商品质量的一种方法。主要用于有气味商品的感官检验，它是通过闻商品的气味来评价商品的质量。

嗅觉检验法可检验食品、洗涤用品、化妆品等商品，凡是品质优良的商品，大多具有特定的纯正气味或优美的香气；凡品质低劣的商品，均具有异常的或难闻的气味。嗅觉检验对检验变质发霉的商品特别有效，没有任何仪器能替代人的嗅觉功能。

商品的气味来源于商品挥发出来的气体分子，其在空气里扩散到人的嗅觉器官，使人产生感觉。一般成分中有低分子物的商品有一定的气味，因为低分子物质易于挥发或升华。进行嗅觉检验时，应注意检验场所和检验器具的清洁卫生，防止异味的干扰，否则会影响检验的准确性。

4. 触觉检验法

触觉检验法是利用人的触觉器官来检验商品质量的一种方法。它主要是通过手触及商品时的感觉来评价商品的质量，通常称手感。

手是人体触及商品最方便而又敏感的部位，手的皮肤表面长有密集的神经末梢和各种感应点，能对商品的冷暖感、软硬度、弹塑性、平滑程度等特征，产生一定的感觉。如通过感觉棉花的冷暖可判断其含水量，通过手感来判断纺织品的柔软性和弹性等。

5. 听觉检验法

听觉检验法是利用人的听觉器官来检验商品质量的一种方法。它是通过耳朵对商品在外力触动下发出声音来评价商品的质量。

听觉检验法主要用于检验各种乐器的音质好坏；各种机械用具、家用电器等的运行是否正常，有无噪音；玻璃、搪瓷、陶瓷、金属等的质量有无损伤；粮食含水的多少，西瓜是否成熟等。

利用听觉检验商品质量，要根据商品的性能和特点，选择具体的技术方法，同时要求环境安静，听力集中，商品的放置要妥当等。否则会影响到检验的准确性。

上述方法各有特点，在进行商品检验时，要根据商品的特点进行选择。由于商品具有多方面的性质，在对商品质量进行全面评价时，常常几种方法同时使用。

感官检验法具有快速、经济实用、简便易行，不需特殊的专用仪器、设备和场所等优点，因此在工业和商业的产、供、销过程中经常使用这种方法。但也有检验的结果只能用专业术语或记分法表示商品质量的高低，而得不出准确的数值以及通常受检验人员技术水平、工作经验以及客观环境等因素的影响等缺点。因此，感官检验对检验环境和检验人员都有很高的要求。为了提高感官检验结果的准确性，通常成立评审小组，由评审小组集体对商品质量做出评价。

（二）理化检验

理化检验法是借助于化学试剂和专门仪器来检验商品质量的方法。理化检验往往在实验室或专门场所进行，故也称实验室检验法。

理化检验法分为化学检验法和物理检验法。

1. 化学检验法

化学检验法是根据商品试样对加入的某种化学试剂所产生的化学反应的结果，来检验商品的成分和化学性质的方法。

商品的化学成分和性质是决定商品质量的重要因素。测定商品化学成分的种类和性质，是评价商品的生产质量，以及在购、销、运、存过程中商品质量变化的主要依据。化学检验的方法很多，按商品检验的目的分为定性分析法和定量分析法两类。

（1）定性分析法。定性分析法是测定商品化学成分的种类和性质的方法。它主要是根据化学反应结果所呈现的特征，来确定商品含有的化学成分和性质。例如通过测定食品的营养成分和有害成分，判断食品的营养价值和危害性；测定纺织品纤维的成分，判断其纤维的种类和纺织品的质量；测定玻璃、塑料、日化商品的特殊成分，判断商品的性能和特殊用途。

（2）定量分析法。定量分析法是测定商品成分含量的方法。它是在商品定性分析的基础上对商品化学成分进行的量的分析。商品的性能和用途，不仅决定于商品化学成分的种类和性质，还取决于商品中各种化学成分的含量。许多商品的质量指标都是用某些化学成分的含量来表示的。例如食品的营养成分、钢的含碳量、食品器皿的微量成分等，国家标准中都有明确的规定。

定量分析一般都要通过化学反应的结果，测定某些物理常数，求得其组分含量。定量分析法主要有：无机分析与有机分析、常量分析与微量分析、容量分析与重量分析。

2. 物理检验法

物理检验法是根据物理学原理，利用各种仪器或机械来检验商品物理性质的方法。商品的物理性质是商品质量的重要标志。商品物理检验法主要有度量衡、光学、热学、电学和力学等方法。

（1）度量衡检验法。度量衡检验法是通过各种度量衡器具对商品的长度、细度、体积、重量等物理量的测定，来确定商品质量的方法。商品的某些物理量如棉花的长度、羊毛的细度等与商品的品质关系密切，商品检验中度量衡应用广泛。

（2）光学检验法。光学检验法是通过各种光学仪器对商品的成分、结构和性质的测定，来确定商品质量的方法。主要的光学仪器有显微镜、放大镜、折光仪、旋光计、光谱分析仪器等。例如用显微镜观察纺织纤维的形态，放大镜观察纺织品的织纹组织和结构，旋光计测定糖的旋光度，气相色谱、液相色谱、原子吸收分光光度分析商品的成分及含量等。

（3）热学检验法。热学检验法是通过各种热学仪器对商品的熔点、凝固点、沸点、耐寒耐热性的测定，来确定商品质量的方法。主要用来分析商品在一定的温度下商品状态和机械性能的变化。

（4）力学检验法。力学检验法是通过各种器械对商品施加一定的外力，测定商品的强度、硬度、弹塑性、伸长率、脆性等机械性能，来确定商品质量的方法。

理化检验法能探明某些商品的内部结构和疵点，检测商品的化学成分和理化性质，说明商品的质量情况。理化检验法具有检验结果比感官检验精确而客观，它不受检验人员的主观意志的影响，检验的结果可用具体数值来表示等优点。理化检验法也具有需要一定的设备和技术，仪器设备投资较大，检验时间长，多数为破坏性检验等缺点。

随着科学技术的发展，电子技术的应用，扩大了理化检验的种类和应用范围，更进一步提高了理化检验的精确性和灵敏度。理化检验法既可以对商品进行定性分析，又可以进行定量分析，且分析结果准确、客观，是感官检验所不能办到的。但理化检验对于商品的某些感官指标，如色、香、味等的检验是无能为力的。

三、商品品级

（一）商品品级的概念

商品品级是表示商品质量优劣的一种标志，它是指对同一品种的商品，按其达到商品质量标准的程度所确定的等级。划分商品等级的工作，称为商品品级。即按一定的质量指标，将同种商品划分成若干等级的工作。商品分级是商品检验的重要内容之一。

商品品质通常用“等”或“级”的顺序来表示，如一等、二等、三等或一级、二级、三级，有的也用甲、乙、丙等或级来表示。商品品级的设置，不同的商品其数目的多少不同，少则两个，多则六七个。如棉花分七级，纺织品分四等，白砂糖分三级等。

（二）商品品级的划分方法

商品品级的划分是以商品标准规定的质量指标为准绳，以商品检验的结果为依据，通过对商品外观质量和内在质量指标的检验，确定商品的品级。

不同的商品，对其分级的具体要求以及确定分级的方法各不相同，例如：茶叶按感官质量指标分级；糖、盐等按化学成分分级；有些工业品按其外观疵点的多少和疵点对商品质量影响的程度分级；有的商品按其性能与标准偏差的程度分级。

划分商品品级的方法很多，归纳起来商品的品级划分主要有以下两种方法：

1. 记分法

记分法通常有两种方式，一种为百分记分法，另一种为限定记分法。

百分记分法常用于食品的品级划分与评定。它是将各项指标的标准状况规定为一定的分数，重要的指标占分数高，次要的指标占分数低。如果各项指标均完全合乎标准要求，则总分为100分；如果某一项质量指标不合乎标准要求，就按该项的分值酌情扣分，最后根据总分高低按分数段来分等级。

例如：评白酒的百分记分办法，按色、香、味、体四项指标，分别以10分、25分、50分、15分为最高分数。根据总分多少排列名次。

限定记分法常用于纺织商品的品级划分。它是将商品的各种疵点规定为一定的分数，以疵点分数的总和高低按分数段来分等级。

例如纺织品以长40米、宽110厘米的本色棉布的布面上，视其疵点打分、评分累积限度为：一等品不大于10分；二等品不大于20分；三等品不大于60分；等外品大于60分。

百分记分法分数越高，商品质量越高；限定记分法分数越高，商品质量越差。

2. 限定法

限定法常用于日用工业品的品级划分。它是在商品可能产生疵点的范围内规定各类商品每个品级限定疵点的种类和数量以及不能出现的疵点和决定成品为废品的疵点限度等。

日用工业品中全胶鞋质量指标共有13个感官指标，其中鞋面起皱或麻点在一级品中规定“稍有”，二级品中规定“有”，鞋面砂眼在一级品中规定“不许有”等。

习题与训练

一、名词解释

商品检验　商品质量监督　商品抽样　商品检验　商品品级

二、选择题

1. 单项选择题

(1) 第一方检验，也称出厂检验或（　　）。

A. 生产检验　　B. 验收检验

C. 物理检验　　D. 化学检验

(2) 第二方检验也称买方检验或（　　）。

A. 生产检验　　B. 验收检验

C. 物理检验　　D. 化学检验

(3) 商品检验的依据是（　　）。

A. 商品认证　　B. 商品标准

C. 商品贸易　　D. 商品监督

(4) 限定记分法分值越高，商品质量等级越（　　）。

A. 高　　B. 一般

C. 低　　D. 以上都不是

(5) 检验商品的弹性、韧性、硬度、温度等质量特性时，用（　　）检验法。

A. 视觉　　B. 听觉

C. 嗅觉　　D. 触觉

(6) 检验商品的外形结构、颜色、表面疵点等质量特征时，用（　　）检验法。

A. 视觉　　B. 听觉

C. 嗅觉　　D. 触觉

2. 多项选择题

(1) 根据检验数量的不同，商品检验可分为（　　）。

A. 全数检验　　B. 抽样检验

C. 验收检验　　D. 生产检验

(2) 根据检验主体及其目的的不同，商品检验可分为（　　）。

A. 抽样检验　　B. 第三方检验

C. 验收检验　　D. 生产检验

(3) 商品质量监督的形式有（　　）。

A. 抽查型　　B. 评价型

C. 社会型　　D. 仲裁型

(4) 商品抽样的原则有（　　）。

A. 代表性原则　　B. 一般性原则

C. 典型性原则　　D. 逻辑性原则

(5) 商品理化检验的方法主要有（　　）。

A. 化学检验法　　B. 物理检验法

C. 味觉检验法　　D. 对比检验法

(6) 划分商品品级的方法一般有（　　）。

A. 记分法　　B. 感官法

C. 限定法　　D. 抽样法

三、判断题

1. 商品检验的依据主要是商品标准。（ ）
2. 商品的破坏性检验是商品不能全检的因素之一。（ ）
3. 国家的质量监督是指国家授权指定的第三方专门机构，以公正立场对商品质量进行的监督检查。（ ）
4. 商品的感官检验具有准确、客观的特点。（ ）
5. 商品的破坏性检验是商品不能全检的因素之一。（ ）
6. 百分计分法分值越高质量等级越高。（ ）

四、简答题

1. 什么是商品检验？商品检验的依据是什么？
2. 什么是第三方检验？其目的是什么？
3. 什么是质量监督？商品的质量监督的种类和形式有哪些？
4. 商品抽样的原则和方法各有由哪些？
5. 商品检验的方法有几种？各有什么特点？
6. 商品品级的方法有哪些？

五、论述题

1. 分析商品检验与商品标准的关系。
2. 试述商品质量监督的必要性。
3. 试述怎样才能使商品抽样更具有代表性。

六、案例分析

某次抽检发现知名品牌服装六成不合格

某年315前夕，某省工商局对某市几家知名百货商场销售的品牌服装进行了质量专项抽检。结果显示，在抽检的37个批次国外的“知名”牌服装中，有22个批次不合格，不合格率达到了59.5%。检测发现，服装标注的纤维含量和实测不符是主要问题之一。某品牌的夹克的里料标注为100%的涤纶，实测为100%粘胶。另一品牌的茄克衫的里料标注为100%纯棉，实测为100%涤纶。有的服装的PH值不合格，某品牌的夹克衫和另一品牌的T恤衫的PH值明显的呈偏酸性，另外，还有的服装的色牢度不合格，有的服装不合格项目多达5项。

（资料来源：徐海云：“不合格背后是什么——服装业屡遭‘质量门’反思”，《中国纺织》，2006年第10期，第170页。）

问题：

造成服装产品不合格的因素有哪些？这些不合格因素对商品质量有何影响？

分析要求：学生分析案例提出的问题，拟出案例分析提纲；小组讨论，形成小组案例分析报告；班级交流，教师对各小组案例分析报告进行点评。

单元六
商品包装

商品包装在现代市场营销活动中的地位和作用越来越令人瞩目。在市场营销学界，有的学者把包装（Package）称为与市场营销4P组合平行的第5个P；在市场营销实践中，企业利用包装把成千上万的商品装扮得五彩缤纷，魅力无穷。世界上最大的化学公司——杜邦公司的营销人员经过周密的市场调查后，发明了著名的杜邦定律：即63%的消费者是根据商品的包装和装潢进行购买决策的；到超级市场购物的家庭主妇，由于精美包装和装潢的吸引，所购物品通常超过她们出门时打算购买数量的45%。可以看出，包装是商品的脸面和衣着，它作为商品的"第一印象"进入消费者的眼帘，撞击着消费者购买与否的心理天平。

资料来源：边缘人：《商品包装中的一些教训和案例说明》，人际关系网，http：//www. x5dj. com，2006－08－12。

任务一　商品包装认知

案例导入

专家建议，消费者在购买食品时最好先查看食品本身和包装两个"QS"标志。你可能很关注纯净水的品质，但你有没有注意到纯净水桶以及喝水用的一次性纸杯是否安全卫生？你是否意识到食品塑料袋上的印刷油墨也可能会影响你的健康？

有调查显示，塑料制品、不锈钢制品和铝铁器具等与食品"零距离"接触的包装材料的安全问题不容忽视。

如有些企业使用废旧回收塑料制成食品包装用的塑料袋等各种制品，因废旧塑料含有大量重金属元素或杂质，也会分离出甲醛等致癌物。而对这类制品，消费者从外观上很难区分。

此外，在一些纸制品中，非环保油墨以及废旧回收纸的利用中，重金属等有害物残留也值得关注。

（资料来源：吴妙丽：《劣质包装威胁食品安全 购物请查看"QS"标志》，中国经济网，http：//www. ce. cn/cysc/sp/info/200702/27/t20070227_ 10517702. shtml，2007－02－27。）

问题：

1. 什么是商品包装？商品包装的功能是什么？
2. 商品包装是如何分类的？

学习目标

理解商品包装的概念与含义；明确商品包装的功能；明确商品包装的分类。

基础知识与技术

一、商品包装

我国国家标准（GB4122）《包装通用术语》中，对现代商品包装做了明确的定义："为了在流通过程中保护产品，方便储运，促进销售，按一定技术方法而采用的容器、材料及辅助物等的总称名称。"也指"为了达到上述目的而采用容器、材料和辅助物的过程中施加一定技术方法等的操作活动"。

现代商品包装概念反映了商品包装的商品性、目的性和生产活动性。首先，商品和包装共同组成了统一的商品体。商品包装是实现商品价值和使用价值的有效组成部分。商品包装所消耗的劳动，包括物化劳动和活劳动，都属于社会必要劳动的一部分。商品包装本身具有价值和使用价值，商品包装的价值包含在商品的价值中，在出售商品时得到补偿。其次，使用某种材料，按照一定技术方法形成的包装容器是为了在流通和消费领域中实现商品的价值和使用价值，它是一种工具和手段。最后，商品包装是商品生产的一个重要组成部分。绝大多数商品，只有经过包装工序以后，才算完成生产过程，包装是任何商品生产的最后一道工序。从这种意义上讲，商品包装不仅是一种物质形态，而且也是一种技术、经济活动。

二、商品包装的功能

商品包装在商品生产、流通和消费各领域中，均有着重要的作用。

（一）保护功能

保护商品品质完好和足量，实现商品的价值和使用价值是商品包装的主要目的。商品在运输、储存和销售过程中，会受到各种内、外因素的影响，从而产生物理、机械、化学、生物学等品质变化，使已经形成的商品使用价值丧失。我国每年在这方面的损失有近百亿元。所以加强商品包装的保护功能相当于增加了可销售商品的数量，具有相当大的社会、经济效益。运输过程中的颠簸、撞击，装卸过程中的跌落、冲击开裂，仓储期间的堆码承重都会造成包装破损、商品体损伤、失散。温湿度、空气中的氧与有害气体、阳光等环境因素也能造成商品体干裂、脱水、潮解、溶化、腐烂、氧化、变色、老化、锈蚀等品质变化。微生物、昆虫、细菌侵入会导致商品霉变、虫蛀、腐败。所以必须进行科学的防护包装，以增加商品抵抗各种外界不利因素的影响。为提高商品包装的这一功能，必须加强商品包装材料、包装技法、包装容器的研究。

（二）容纳功能

包装的第二个功能是容纳。许多商品本身没有一定的集合形态，如液体、气体和粉状商品，只有依靠包装的容纳才能具有一定的形态，没有包装就无法运输、销售和使用。对于一般结构的商品，包装的容纳增加了商品的保护层，有利于商品质量的稳定；对于食品、药品、化妆品、卫生用品等商品，包装的容纳还能保证商品卫生；对于结构复杂的商品，包装的容纳能使其外形整齐划一，便于组合成大型包装；对于质地疏松的商品，包装的容纳使其合理压缩，可充分利用包装空间，节约包装费用，节省运输空间。

（三）便利功能

商品包装的便利功能是指包装为商品从生产领域向流通领域和消费领域转移提供一切方便。商品包装是商品流通的工具之一。商品从出厂后要经过分配调拨、运输装卸、开箱验收、储存保管、展示销售等一系列流通环节，才能到达消费者手中。为了提高流通效率，降低运输储存费用，加速商品流转，必须对商品按形态、数量、尺寸、规格、互相配套进行包装，以便在运输过程中最大限度利用运输工具的装载空间；在装卸过程中进行机械化作业；在储存过程中最大限度利用仓储空间；在收发转移过程中识别、验收、计量、清点。为了提高商品包装的这一功能，必须加强运输包装、集合包装、包装尺寸系列、包装标志等的研究。

销售包装随着商品一起出售给消费者，必须具有方便、指导消费的作用。包装的大小、形态要便于消费者携带、保存和使用，尤其是在使用过程中反复使用的小包装。包装的图案、商标、文字说明等，让使用者产生商品的真实感，要介绍商品的成分、性质、用途和使用方法、使用期限，保证最大限度地发挥商品功能。包装上的使用说明还要对使用中可能发生的问题提出警告，并对处理方法给予指导，以免消费者的利益受到损害。

（四）促销功能

商品的销售包装主要以销售为目的，它与商品一起到达消费者手中，它除了具有保护容纳、便利的功能外，还起到宣传、美化、推销商品的作用。销售包装通过造型、装潢、文字说明传递商品信息，便于货架陈列，引起消费者购买欲望，起到“无声推销员”的作用。为了提高商品销售包装的这一功能，必须加强包装装潢、包装美学、销售包装的研究。精心构思设计，装潢美观、大方的商品包装，有时本身就是一件具有保存价值和美学价值的艺术品。某些商品被消费后，其包装容器还可另作他用，满足人们某种特殊需要。所以商品包装虽然主要是内装商品的附属品，它本身也具有商品性，这一点也是不能忽视的，包装这一功能的发挥，在包装设计当中应予充分注意。

商品包装是商品的外衣，在市场竞争中往往可以起到“掩蔽”或“放大”内在商品价值的作用。商品包装的这方面功能随着我国对外开放的不断发展，已逐渐被重视。尤其是在出口商品包装上，面临激烈的国际贸易竞争，这方面大有发展的余地。

三、商品包装分类

现代商品品种繁多，性能和用途千差万别，对商品包装的要求、目的、形态、方法和方式各不相同。商品包装种类繁多，所用材料和生产方法不同，性能特点和用途范围也不一样。为了充分发挥商品包装的功能，就必须对商品包装进行科学的分类。

商品包装的分类是把商品包装作为一定范围的集合总体，按照一定的分类标志或特征，逐次归纳为若干概念单一，特征明确的局部单元，或者说是划分为不同层次的大类、类别、组别、品目、规格、品种。

商品包装分类的原则同样应当遵循商品分类的原则，即有明确的分类目的、确定的对象范围和单一的分类标志。根据选用的分类标志不同，常见的分类方法有如下几种。

（一）按商品流通过程的目的分类

商品包装按商品流通过程的目的不同，可区分为销售包装和运输包装。

1. 销售包装

销售包装又称内包装，是直接接触商品并随商品进入零售网点和消费者或用户直接见面的包装。销售包装主要以满足销售的需要为目的，通常随同商品卖给顾客，也有很多销售包装参与商品消费。销售包装一般要与商品直接接触，包装体与商品体是在生产中结合成一体。销售包装起着直接保护、美化、宣传商品的作用，还可方便商品陈列展销和方便顾客识别选购，对促进销售起重要作用，同时对于消费者也能起到方便携带、使用、保存、识别等作用。

2. 运输包装

运输包装指以满足运输、装卸、贮存要求为主要目的商品包装。它具有保障产品的运输安全、方便装卸、加速交接、点验等作用。

运输包装一般不与商品直接接触，而是由许多小包装（销售包装）集装而成。运输包装在运输、装卸、储存中，起到保护商品、方便储运、提高效率以及传达信息、方便管理等作用。

（二）按照包装层次分类

商品包装按照商品包装的层次分为个体包装、中包装、外包装。

1. 个体包装

个体包装是指单个商品为一个销售单位的包装形式。有些销售单元的商品包装又分为内包装和外包装。内包装是指直接接触商品的包装，如化妆品、酒等无定形商品的包装，这些商品的包装造型在设计时，重点考虑的是美观、别致，方便实用，能很好地保护商品，但这些造型的商品不易堆叠。因此，在这些商品的内包装外面加一个方便堆叠的外包装，造型多为方体。

2. 中包装

中包装是指商品个体包装的外层包装。在流通过程中与个体包装共同起到促进销售、方便使用的作用，所以个体包装和中包装也称为销售包装。中包装一般是有若干个单位商品的小包装组成小的整体包装。

3. 外包装

外包装是指商品的外部包装，在流通中主要起到保护商品、方便运输的作用，又称为运输包装或大包装。

（三）按照包装材料分类

商品包装按照包装材料可分为：纸板、塑料、木材、金属、玻璃、纺织品、复合材料和其他材料包装。

纸制包装是指以纸和纸板为原料制成的包装。凡定量在224克/米^{2}以下称为纸，定量在225克/米^{2}以上称为纸板。此类包装材料占整个包装材料使用量的40%。一般包装用纸以牛皮纸、纸袋纸、包装纸、玻璃纸为主。包装纸板以箱板纸、黄板纸、瓦楞纸、白板纸、白卡纸为主。纸包装容器多做成纸板箱、瓦楞纸箱、纸盒、纸袋、纸筒。纸包装有一定强度可满足使用要求，且成本低廉、透气性好、印刷装饰性好。

塑料包装是指以人工合成树脂为主要原料的各种高分子材料制成的包装。主要的塑料包装材料有聚乙烯、聚氯乙烯、聚丙烯、聚苯乙烯等。塑料包装容器主要有：全塑箱、钙塑箱、塑料袋、塑料瓶、塑料盒、编制袋等。由于塑料品种繁多，塑料包装综合性能好。

木材包装是指以天然木材和人造板材制成的包装。主要有：木箱、胶合板箱、托盘。

金属包装是指以黑白铁、马口铁、铝箔、钢材制成的包装。主要有罐头盒、铁桶和钢瓶。

玻璃包装是硅酸盐形成的透明包装。玻璃包装能直接看到内容物，而且耐腐蚀、稳定性好。玻璃包装以瓶罐为主。

纺织品包装是以天然纤维、人造纤维和合成纤维的织品制成的包装，以袋、包为主。

复合材料包装是以两种以上材料复合制成的包装。主要有纸与塑料、纸与铝箔和塑料。

其他材料包装是以竹、藤、苇等制成的包装。主要有各种筐、篓、草包等。

（四）按照商品包装的防护技术方法分类

商品包装按照商品包装的防护技术方法可以分为：防水包装、防潮包装、防锈包装、防震包装、防霉包装、防尘包装、防辐射包装、防盗包装、防爆包装、防燃包装、防虫包装、泡罩包装、贴体包装、收缩包装、拉伸裹包、真空包装、条形包装、充气包装、无菌包装、透气包装、现场发泡、喷雾包装、保鲜包装、隔热包装、速冻包装、儿童安全包装、木夹板包装、集装箱包装、托盘包装等。

任务二　识别商品包装标志

案例导入

随着消费者生活水平越来越高，商家为了赚取更多的利润，不断推陈出新。面对市场上琳琅满目的商品，缺乏经验的消费者往往被忽悠得晕头转向，什么样的商品值得买？怎样才能买到货真价实的商品呢？花花绿绿的商品包装就能解决这些问题。因为商品包装上有帮助消费者识别商品的标志。

问题：

1. 什么是商品包装标志？
2. 销售包装标签上有哪些内容？运输包装标志有哪些？

学习目标

掌握商品销售包装标签的内容；明确商品运输包装标志及其含义。

基础知识与技术

为了便于商品流通和消费，在商品包装上通常都印有某种特定图形和文字，以表示某种含义，这些有某种含义的特定图形和文字，便称之为商品包装的标志。它的作用主要是：便于准确识别和正确使用商品；便于准确、迅速、及时地将货物运抵目的地；有利于商品的安全装卸和堆码；避免差错，减少破损；提高工作效率，加速商品流转。常见的包装标志有以下几种。

一、商品销售包装标签

销售包装标签是指附于商品销售包装容器的一切附签、吊牌、文字、符号、图形及其他说明物。它是销售者传达商品信息，表现商品特色，推销商品的主要手段，是消费者选购商品，正确保存养护商品及科学消费的指南。

销售包装标签的基本内容包括：商品名称、商标、规格、数量、成分、产地、用途、功效、使用方法、保养方法、批号、品级、商品标准代号、条码等。

下面以《预包装食品标签通则》GB7718 有关内容说明包装标签的具体内容和要求。

（一）术语和定义

（1）预包装（Prepackaged）。在准备提供消费者或餐饮业直接使用前，在包装物中预先进行的包装和整理。

（2）预包装食品。经预先定量包装好，或装入（灌入）容器中，向消费者直接提供的食品。

（3）食品标签。食品包装上的文字、图形、符号及一切说明物。标签是指书写、涂描、印刷、标刻、模压、冲印于包装物上，或随附于包装物的任何标牌、商标、记号、图片及其他具有描述功能的材料。

（4）配料。在制造或加工食品时使用的，并存在（包括以改性的形式存在）于产品中的任何物质，包括食品添加剂。

（5）加工助剂（加工辅助物）。本身不作为食品配料用，仅在加工、配制或处理过程中，为实现某一工艺目的而使用的物质或物料（不包括设备和器皿）。

（6）生产日期（制造日期）。食品成为最终产品的日期。

（7）包装日期（灌装日期）。将食品装入（灌入）包装物或容器中，形成最终销售单元的日期。

（8）保质期（Date Of Minimum Durability：最佳食用期、最短适用日期）。

（9）保存期（推荐的最后食用日期）。预包装食品在标签指明的贮存条件下，预计的最终食用日期。在此日期之后，预包装食品可能不再具有消费者所期望的品质特性，不宜再食用。

（10）主要展示版面。消费者购买预包装食品时，包装物或包装容器上最容易观察到的版面。

（二）标示内容

标准规定了各类预包装食品标签的强制标示内容，包括食品名称、配料清单、配料的定量标示、净含量及沥干物含量、制造者、经销者的名称和地址、日期标志和贮藏说明、产品标准号、质量等级，其他强制标示内容，强制标示内容的免除和非强制标示内容。

1. 食品名称

食品名称是强制标示内容之一。应在食品标签的醒目位置，清晰地标示反映食品真实属性的专用名称。要求食品名称在食品标签上的位置。

2. 配料清单

配料清单是强制标示内容之二。

预包装食品的标签上应标示配料清单，单一配料的食品除外。“单一配料的食品”是指由一种原料（不加辅料和食品添加剂）加工制成的食品。

配料清单应以“配料”或“配料表”作标题。如饼干的配料应标为：配料表（或配料）：小麦粉，白砂糖、植物起酥油、可可粉、玉米淀粉、膨松剂、食用盐、大豆磷脂、香兰素。除单一配料的食品外，食品标签上必须标明配料表，其标题为“配料”或“配料表”。各种配料必须按加入量的递减顺序一一排列。

3. 配料的定量标示

配料的定量标示是强制标示内容之三。

如果在食品标签或食品说明书上特别强调添加了某种或数种有价值、有特性的配料，应标示所强调配料的添加量。如：

产品名称：高钙饼干

配 料 表：小麦粉，白砂糖，精炼植物油，奶油，全脂乳粉，柠檬汁，活性离子钙

（添加量：1.5%）

4. 净含量和沥干物（固形物）含量

净含量和沥干物（固形物）含量是强制标示内容之四。

净含量的标示应由净含量、数字和法定计量单位组成。如“净含量450g”或“净含量450克”。

必须标明容器中食品的净含量，按以下方式标明：液态食品用体积；固态食品用质量；半固态食品用质量或体积。容器中含有固、液两种物质的食品，除标明净含量外，还必须标明该食品的固形物含量，用质量或百分数表示。同一容器中如果含有互相独立且品质相同、形态相近的几件食品时，在标明净含量的同时还必须标明食品的数量。

5. 制造者、经销者的名称和地址

制造者、经销者的名称和地址是强制标示内容之五。

应标示食品的制造、包装或经销单位经依法登记注册的名称和地址。有下列情形之一的，应按下列规定予以标示：依法独立承担法律责任的集团公司、集团公司的分公司（子公司），应标示各自的名称和地址；依法不能独立承担法律责任的集团公司的分公司（子公司）或集团公司的生产基地，可以标示集团公司和分公司（生产基地）的名称、地址，也可以只标示集团公司的名称、地址；受其他单位委托加工预包装食品但不承担对外销售，应标示委托单位的名称和地址。

进口预包装食品应标示原产国（地区）的国名或地区区名（指我国香港、澳门、台湾地区）以及在中国依法登记注册的代理商、进口商或经销商的名称和地址。

6. 日期标示和贮藏说明

日期标示是强制标示内容之六。

应清晰地标示预包装食品的生产日期（或包装日期）和保质期，也可以附加标示保存期。如日期标示采用见包装物某部位的方式，应标示所在包装物的具体部位。日期标示不得另外加贴、补印或篡改。

应按年、月、日的顺序标示日期。应按下列方式之一标示保质期或保存期。

（1）用于保质期。

“最好在……之前食用”或“最好在……之前饮用”；

“……之前最佳”，“……之前食用最佳”或“……之前饮用最佳”；

“此日期前最佳……”，“此日期前食用最佳……”或“此日期前饮用最佳……”；

“保质期（至）……”；

“保质期××个月［××日（天），×年］”。

（2）用于保存期。

“……之前食用”或“……之前饮用”；

“此日期前食用……”或“此日期前饮用……”；

“保存期（至）……”；

“保存期××个月”［××日（天），×年］。

7. 产品标准号

产品标准号是强制标示内容之七。

国内生产并在国内销售的预包装食品（不包括进口预包装食品）应标示企业执行的

国家标准、行业标准、地方标准或经备案的企业标准的代号和顺序号。

8. 质量（品质）等级

质量（品质）等级是强制标示内容之八。

企业执行的产品标准已明确规定质量（品质）等级的食品，应标示质量（品质）等级。

9. 其他强制标示内容

以下两条是强制标示内容之九：

（1）辐照食品。经电离辐射线或电离能量处理过的食品，应在食品名称附近标明“辐照食品”。经电离辐射线或电离能量处理过的任何配料，应在配料清单中标明。

（2）转基因食品。转基因食品的标示应符合国务院行政管理部门的规定。

（三）强制标示内容的免除

（1）下列预包装食品可以免除标示保质期：乙醇含量10%或10%以上的饮料酒；食醋；食用盐；固态食糖类。

（2）当包装物或包装容器的最大表面面积小于10cm^2时，可以只标示产品名称、净含量、制造者（或经销商）的名称和地址。进口预包装食品应标示原产国的国名或地区区名（指我国香港、澳门、台湾地区）以及在中国依法登记注册的代理商、进口商或经销商的名称和地址；免除制造者的名称和地址。

（四）非强制标示内容

1. 批号

如有必要，可以标示产品的批号。

2. 食用方法

如有必要，可以标示容器的开启方法、食用方法、每日（每餐）食用量、烹调方法、复水再制方法等对消费者有帮助的说明。

3. 能量和营养素

如标示能量值、营养素含量，声称营养素含量水平、营养素含量比较、营养素作用，应符合GB 13432—2013的规定。

二、商品运输包装标志

运输包装标志是指用简易的文字或图像在运输包装外面制作的特定记号或说明。其主要作用是便于商品在运输和保管中的辨认识别；防止错发错运，准确地将商品运到指定的地点或收货单位；有利于商品的安全装卸和堆码；提高工作效率，加速商品流转；采取正确的措施以保证商品的质量安全。

（一）运输包装收发货标志

运输包装收发货标志中的商品分类标志及其他标志和文字说明是运输包装信息中的一类重要信息。国家标准《运输包装收发货标志》（GB/T 6388）统一规定了铁路、公路、水路和空运的货物外包装上的分类标志及其他标志和文字说明的事项及其排列的格式。含义外包装件上的商品分类图示标志及其他标志和其他的文字说明排列格式的总称为收发货标志。

在标准中给出了百货、五金、化工、文化、交电、针纺、医药、农副产品、化肥、食品、农药和机械等12种商品分类标志的图形及其颜色，而其他的各项文字说明，如供货号、货号、品名规格、数量、重量（毛重、净重）、体积（包装件的外形尺寸长×宽×高）、生产日期、有效期限、生产工厂、收货地点和单位、发货单位、运输号码和发运件数等，可根据需要合理选用。

运输包装收发货标志又称识别标志，是储运过程中用来识别同批货物的标志为识别标志，主要有以下几种：

（1）主要标志。主要标志是发货单位（人）向收货单位（人）表示该批商品的特定记号，多用简单文字并配以某种特定图形，如三角形、菱形、四边形等来表示。主要标志也叫唛头，为行业所通用。如图6-1所示。

（2）副标志。副标志是用来表示包装内所装货物的名称、规格、等级和数量。

（3）目的地标志。目的地标志是用文字表明货物运抵地点和收货单位（人），必要时要指出中转站或港口。

（4）产地标志。产地标志是用文字表明该批货物的产地或发货地点，也可用双方约定的简称或代号来表示。

（5）件号标志。件号标志是将同批货物按顺序逐件编号，便于发货单位备查，也有利于收货单位验收和查询。

（6）体积和重量标志。体积和重量标志是用来表示每件包装货物的毛重、净重（均为公斤）、体积（米^3），便于参照计算运费，选择装卸和运输工具等。

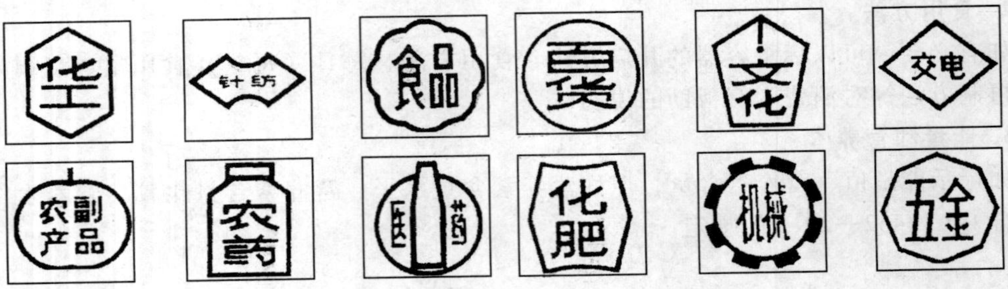

图6-1 商品分类图形标志

（二）包装储运图示标志

国家标准《包装储运图示标志》（GB/T 191）规定了包装储运图示标志的名称、图形、尺寸、颜色及使用方法，适用于各种货物的运输包装。标准给出了在运输和储存过程中的需要注意和执行的标志的名称和图形图示标志共17种重要的指示性信息。

包装储运图示标志又称指示标志。图示标志的颜色一般为黑色。如果包装件的颜色使图示标志显得不清晰，则可选用其他颜色印刷，也可在印刷面上选用适当的对比色。一般应避免采用红色和橙色。粘贴的标志采用白底印黑色，如图6-2所示。

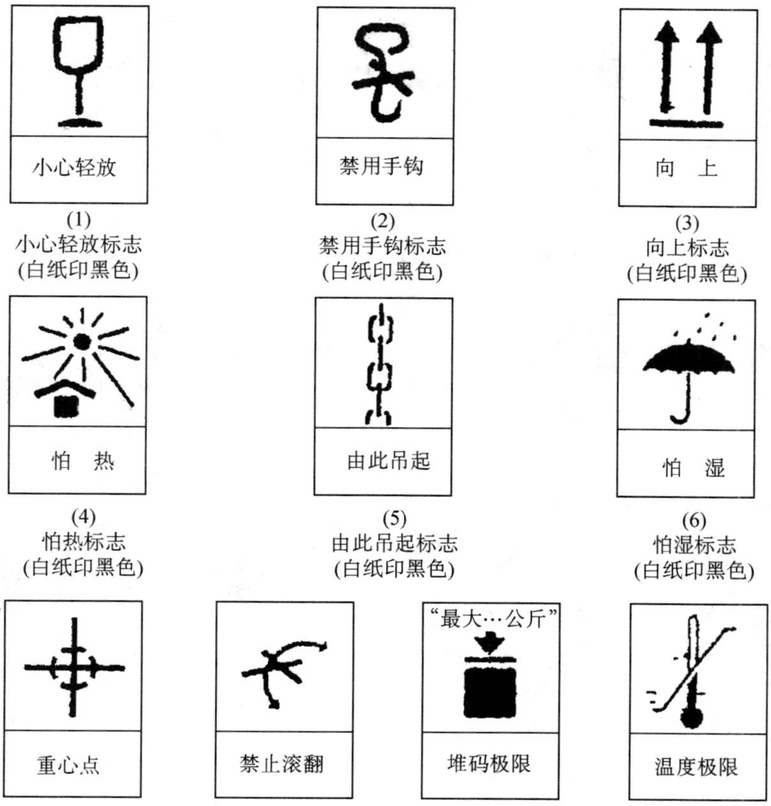

(1) 小心轻放标志 (白纸印黑色)　(2) 禁用手钩标志 (白纸印黑色)　(3) 向上标志 (白纸印黑色)

(4) 怕热标志 (白纸印黑色)　(5) 由此吊起标志 (白纸印黑色)　(6) 怕湿标志 (白纸印黑色)

(7) 重心点标志 (白纸印黑色)　(8) 禁止滚翻标志 (白纸印黑色)　(9) 允许堆码极限标志 (白纸印黑色)　(10) 温度极限标志 (白纸印黑色)

图 6－2 包装储运图示标志

图示标志的颜色一般为黑色。如果包装件的颜色使图示标志显得不清晰，则可选用其他颜色印刷，也可在印刷面上选用适当的对比色。一般应避免采用红色和橙色。粘贴的标志采用白底印黑色。

（三）危险货物包装标志

危险货物包装标志又称危险品标志。标准规定了危险货物包装图示标志的种类、名称、尺寸及颜色等。标准适用于危险货物的运输包装。

危险货物包装标志的图形共 21 种，19 个名称，其图形分别标示了 9 类危险货物的主要特性。

在储运中为引起有关人员的警惕，并根据各类危险货物的性质，加强相应防护措施，保证货物和人身安全，在各类危险货物的运输包装上均应标打能表明内装物特性的图形和文字、组成危险物包装标志（如图 6－3 所示）。

(1) 爆炸品标志（橙红色纸印黑色）　(2) 易燃气体标志（正红色纸印黑色或白色）　(3) 不燃压缩气体标志（绿色纸印黑色或白色）　(4) 有毒气体标志（白纸印黑色）　(5) 易燃液体标志（正红色纸印黑色或白色）

(6) 易燃固体标志（白色红条底印黑色）　(7) 自燃物品标志（上白下红印黑色）　(8) 遇湿危险标志（蓝色纸印黑色或白色）　(9) 氧化剂标志（柠檬黄色纸印黑色）　(10) 有机过氧化物标志（柠檬黄色纸印黑色）

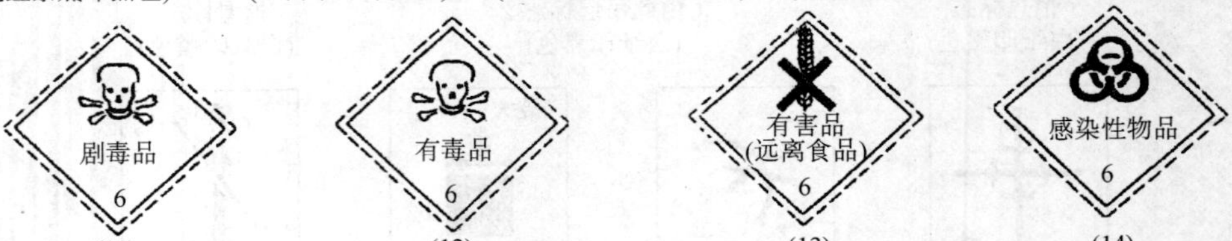

(11) 剧毒品标志（白纸印黑色）　(12) 有毒品标志（白纸印黑色）　(13) 有害品标志（白纸印黑色）　(14) 感染性物品标志（白纸印黑色）

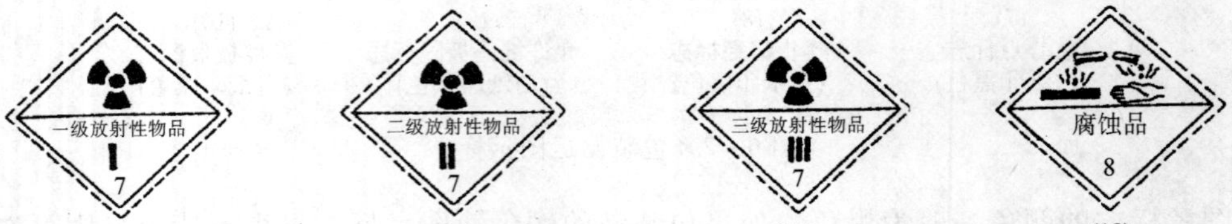

(15) 一级放射性物品标志（白纸印黑色，附一级红竖条）　(16) 二级放射性物品标志（上黄下白印黑色，附二级红竖条）　(17) 三级放射性物品标志（上黄下白印黑色，附三级红竖条）　(18) 腐蚀性物品标志（上白下黑）

图6－3　危险货物包装标志示例

任务三　商品包装装潢认知

案例导入

一流的产品离不开一流的包装，设计商品包装首先要考虑的还是包装的材料和结构，因为包装材料选用的是否合适，直接影响商品的保存。而在图案、文字等其他造型设计方面，除了要结合商品文化的元素和传统感觉以外，更要强调产品的形象性。1915年的巴拿马国际博览会上，我国名酒茅台酒，因为包装粗糙，使外国人瞧不起，没能进入预选行列。在这“紧要”关头，我国参展的一个商人急中生智，“不慎”将一瓶茅台酒打烂在地，顿时香气四溢，吸引了所有的人，征服了评审官的心，才使茅台酒“金榜题名”“笑傲国际市场”。

问题：

1. 什么是包装装潢？
2. 设计商品的包装装潢需要考虑哪些因素？

学习目标

明确销售包装的造型结构设计的种类；了解图案、文字和色彩在商品包装装潢设计的应用。

基础知识与技术

商品包装装潢是传递商品信息、宣传商品、促进商品销售的重要手段。各类商品均需根据属性、特点、功能、用途、质量、价格水平、销售市场及销售对象等因素，进行商品包装装潢。装潢要求采用多种有效的艺术手段，使包装能迅速、准确地显示商品各方面的情况。使之能激发消费者购买兴趣，达到占领市场、扩大销售的目的。

一、商品销售包装造型结构设计

运输包装和销售包装在商品流通中所起的主要作用不同，造型结构设计要求也不一样。销售包装因与消费者直接见面，对商品的销售和生产影响很大，因此，销售包装的装潢就成为包装装潢的主要研究对象和工作重点。

销售包装造型结构的功能，除了保护商品安全外，还要满足商品展销的需要，方便消费者的选购和使用，促进商品销售。因此，销售包装的造型结构要充分体现视觉的美（外形美）和触感的美（指材料选用），还要易开、易关，便于消费者携带。

销售包装的造型结构基本上可分为两大类，一类是便于陈列识别的，另一类是便于携带使用的。

（一）方便商品陈列展销、便于识别的销售包装

1. 堆叠式包装

为了方便商品陈列展销，较少地占用货架，常把同类商品堆叠起来展销。为适应这种陈列展销需要设计的包装造型称为堆叠式包装。如圆柱形罐头或瓶在顶部加一个特别的塑料盖，盖的周围正好能与上面罐和瓶的底部内沿相吻合，或者在冲压金属罐时，使其顶部和底部形成一凹一凸能相互吻合的形状，以便于上下放叠。

2. 可挂式包装

可挂式包装可在货架上悬挂展销。这类包装造型结构的特点是具有吊钩、吊带、挂孔、网兜等装置，便于悬挂，可以充分利用货架的空间。常用的挂式包装有热成型挂式包

装、卡纸型挂式包装及盒、袋、套型挂式包装。热成型挂式包装有贴体包装和泡罩包装。商品的形象，通过透明薄膜清晰可见，有良好的展销效果。纸板上方开有挂孔，以便悬挂。卡纸型挂式包装，是一种较简易的挂式包装，它除了有挂孔之外，根据商品形状，在硬纸板上开若干个卡口，把商品卡在上面，有的还将纸板某处折叠，或辅以其他固定措施。盒、袋、套型挂式包装，一般是用塑料或纸制成盒、袋、套型容器，上方设有挂孔或挂钩，商品装在容器内，容器正面使用透明材料或“开窗”以显示商品的主要形象。

3. 展开式包装

展开式包装是一种造型结构比较特殊的摇盖盒。常见的有在纸盒的摇盖上，根据画面图案压有折叠线。当盒盖关闭时，盒面平整，不影响堆码和装箱，打开盒盖，从折叠线处折转，盒面图案便显示出来，与盒内商品相衬托，具有很好的装饰和陈列效果。

4. 透明包装和开窗包装

透明包装和开窗包装的特点是能够使消费者直接看到商品的形象、颜色和质量。透明包装有全透明和部分透明之分；开窗包装的“窗口”也有形状和大小之别。透明和开窗的部位，应以商品为主，充分显示商品本身的形态美。开窗的面积和位置，还应多考虑到所采用的包装材料的性能和包装容器的结构，保证容器具有必要的挺力和强度，使之牢固。

5. 习惯性包装

有些商品的销售包装已经逐渐形成某种习惯的造型，消费者一见到这种包装造型，就能识别出是哪类商品。例如饮料类罐头的造型，一般是长圆筒型；鱼类罐头往往是扁椭圆形；火腿罐头大多是马蹄形等。对于名牌货，例如贵州茅台酒的瓶造型，沿用已久，在消费者的心目中留下了深刻的印象，造型结构则不宜轻易改动。对于新产品，可以设计新颖别致的异形容器。

（二）方便消费者携带和使用的销售包装

1. 携带式包装

携带式包装造型，长、宽、高度的比例要适当，以便消费者携带。有的包装体积较大，可增加手提的结构。

2. 易开式包装

易开式包装具有密封结构的包装容器如瓶、罐、盒的封口，既要求密封，又要求开启容易，因此需要在容器上设计易开装置，用手撕、拉、拧就能打开，便于消费者使用。

3. 喷雾式包装

喷雾式包装是一种用来盛装液体商品，如香水、空气清洁剂等，采用按钮式喷雾容器。这种包装造型新颖、科学、使用方便，有便于推销的效应。

4. 复用包装

包装容器除用作商品的包装外，还可以给消费者提供其他用途。比如可以作为杯、碗、盆等各种日用品；有的可作为花瓶、灯座之类的装饰品和工艺品；有些儿童食品包装和童装包装本身就是很有趣的玩具。这种包装，能促进商品的销售。

5. 配套包装

商品配套出售的销售包装称为配套包装。可用同类商品搭配成套，也可有密切联系的不同商品进行搭配。有许多商品不是单件使用，采用配套包装可以使消费者节省时间，无需分头购买。为使消费者能迅速了解配套的品种、规格，配套包装多采用开窗形式或透明包装。

6. 礼品包装

专供作为礼物用的销售包装称为礼品包装。礼品包装的容器造型和图案装饰，要美观大方，具有较高的艺术性，往往还饰以精美的吊牌、彩带、花结或装饰衬垫等，以增添华贵感，在流通和消费中给人以美好的心理感受。

7. 适量包装

食品、日用化工、医药用品等的包装主要根据个人、一般家庭或单位使用的情况，进行适量包装，使消费者使用方便，同时也减轻消费者负担，有利于商品销售。

二、商品包装装潢的设计

商品包装装潢的表面设计包括图案设计、文字构思与字体造型设计以及色彩运用。对装潢表面设计最根本的要求是通过各种艺术手段，如色彩运用、装潢画面、文字说明及商标牌子等达到准确地突出商品特性的目的。因此，除了要具备较全面的绘图技巧外，还要认真研究商品的情况、市场情况，把美学、心理学、经济学、市场学等综合起来，表现商品特性和艺术性。

（一）图案设计

包装装潢画面中的照片、绘画、装饰纹样及浮雕等形式，都称为包装画面的图案。透明包装和开窗包装中所显示出来的商品实物，也是装潢画面的一个组成部分。

根据包装装潢画面的图案设计的表现手法，可以分为写实、抽象、夸张和概括的设计手法包装及标志化与系列化的商品包装和广告式包装等。

1. 写实设计手法包装

写实是对商品的主要形象及衬托主要形象的配物、配景、配色等作如实的描绘。写实可用实物照相或写实绘画的方法来表现。

摄影画面的包装，特点是能真实、正确地再现商品的质感、形态和颜色等的一种包装。其中以彩色照片最为理想。造型美观、彩色鲜艳的商品或外结构复杂难以绘画的商品常借用此法来表现。摄影画面的包装有以下几种形式：以逼真的商品实物摄影来突出显示商品，通过摄影表现商品的消费者或消费情况；以产地风景与风土人情摄影，间接地表现商品、宣传商品；商品实物摄影与抽象设计或开窗包装相配合，强化装潢宣传效果；运用特技摄影，丰富包装的表现能力等。

绘画形式的包装，绘画既可以写实，又可以进行艺术加工，使画面更理想。绘画形式包装有以下几种形式：以古典风格的绘画，显示商品的古朴名贵；采用民间风格的装饰性绘画，表示风味食品，土特产品的地方特色；采用趣味性卡通式漫画表现儿童食品及部分玩具包装，运用现代喷笔画，强调产品的质量感和现代感。

2. 抽象设计手法包装

抽象设计手法包装是装潢画面图案不直接而具体地反映商品有关形象的包装设计手

法。抽象设计手法包装注重形式感，并究图案简洁鲜明而富有特性，除给人以美感外，还应含蓄地寓意深刻地把商品内在的实质表现出来，摆脱商品形状，引起人们对某些物态心理上、逻辑上的联想。如以柔和淡雅的图形表达女性化妆品的特点，刚劲厚重的图案传达男性化妆品的信息。以曲线、折线、放射线的构造，表现电、磁、波等电器化产品的神态和内涵。运用抽象手法比写实手法更能体现商品的主题和现代感。

3. 夸张和概括的设计手法包装

夸张和概括的设计手法包装是把商品最有特征的部分，如形象、色彩、牌名、商标和用途等任何一个部分，抓住一点，不计其余地加以夸张、扩大，使商品的特征更加集中概括。如水果、糕点、蔬菜等商品，可夸张其自身形象美，令人见其形，闻其味，产生食欲；如果是玻璃器皿，则夸张它的晶莹透明的材质美；对珍珠膏化妆品，突出珍珠以显示其名贵等。

4. 系列化的商品包装

系列化的商品包装是以一个商标图案，或者以同一色调、同一风格、同一包装造型，来统一不同品种、不同花色、不同规格的商品的装饰，形成统一的视觉形象，使之系列化。多用于名牌商品销售包装的画面设计。

5. 广告式包装

广告式包装是为了强化商品宣传效果和节省广告费用，而出现的一种新型推动销售的包装形式。它无需借助一般的广告媒介（电视、报刊、广告牌等），而是直接在销售点，利用有限的陈列空间，通过包装本身的“广告牌”和商品实物，加强消费者的第一印象，具有强烈的货架冲击力，易于获得比一般大众广告更直接、更生动的宣传效果。

（二）文字设计

文字设计是装潢表面设计的一个组成部分，它不仅起宣传商品、介绍商品的作用，又能在画面中起到装饰作用，甚至还能以文字的组合与变化来装潢整个画面。文字设计应该根据商品的特点和销售意图，采用艺术手法，力求画面美观，文字醒目，文字说明的语言要简练，用词要适当，而且易读，容易记忆。文字说明的内容有以下几个方面。

1. 商标、牌名和品名

商标、牌名和品名是文字说明的重点。文字必须简练鲜明独具风格，布局位置突出，使消费者易于识别、易于记忆。

2. 数量、规格和成分

不同性质的商品有着不同的计量单位、不同规格和不同成分。在数量方面有重量、容量、长度及个、条、件等不同单位。服装、鞋帽等都标明不同的规格、尺码。食品和医药用品上标明原料成分、含量配比等，表示商品的内在质量，这是消费者关心的内容。

3. 用途、用法和功效

商品的用途、用法和功效用文字表达出来，有宣传商品、指导消费的作用。特别是刚投入市场的新产品，更有必要加以文字说明，有时配以图解予以说明，为消费提供方便。

4. 产地、生产和经销单位名称

在装潢画面上，经常用文字标明产地和生产或经销单位的名称，目的是为了维护生产厂的声誉和经营利益。

为了方便顾客、有利于行销各地，装潢画面上运用文字有中文、外文以及中、外文对照并用等几种形式。

（1）关于中文字的运用。装潢画面上的中文字主要有印刷字体、传统书法和美术字三类。印刷字体具有端正、清晰的特点，被广泛用在字数少、字体小的文字说明上。传统书法有隶、楷、行、篆等字体。它们都富有鲜明的民族特色和高雅的艺术风格。篆体历史悠久，能使人对商品产生古朴的感觉；隶体也有古朴感觉，但比篆书稳重、秀丽；楷体端庄清晰和大方；行体比较活泼、流利。传统书法适于书写商品的牌名和品名，一般根据牌名和品名的内容，选用相适应的字体。美术字有宋体、黑体、新魏体及各种变体。运用美术字体艺术效果强，但要注意内容与形式的统一，使美术字的表现形式与商品内容相协调。

（2）关于外文字的运用。出口商品一般多采用外文字，使用英文较多。英文字体常采用罗马体、哥德体、意大利斜体和各种变体。罗马体端正大方、具有庄严优雅的效果；哥德体又叫黑字体，字体粗壮有力，笔划之间空白较少，用来设计牌名、品名效果较好，意大利斜体可以使画面产生动感。外文字还有手写体，字体自由、流畅、形态优美，但对较小画面不宜采用。

（三）色彩的运用

图案、文字、色彩是装潢表面设计的三要素。图案和文字都有赖于色彩来表现，色彩是装潢画面中先声夺人的艺术语言。色彩运用得当，能起到美化商品的作用，增强商品的竞销能力。

1. 色的概念和色彩三要素

色分为原色、次色、复色和冷暖色四种。原色是指红、黄、蓝三种颜色。两种原色互助混合，所得的颜色称为次色。两个次色相混合或三原色相混合，所得的颜色叫复色。冷暖色是指人对色彩的感觉。如红、橙、黄给人以暖和之感，称之为暖色；而青、蓝、绿给人以寒冷之感觉，故称为冷色。

色彩三要素是指色相、明度和纯度。色相是指色彩的名称。如天空的色相是蓝色，树叶的色相是绿色；明度是指色彩的明暗程度或深浅程度。黄色最明，紫色最暗。纯度是指色彩的纯净和浓艳程度。没有经过调配的颜色纯度高，颜色经过混合纯度减弱。混合次数越多，纯度越低。

2. 色彩的对比与调和

在装潢画面中，起决定作用的是画面的主题色，起陪衬作用的是画面的衬托色。要使画面的主题色和衬托色配合得当，应掌握和运用色彩的对比和调合的规律。

色彩的对比是指色彩并列时，因色相、纯度、明度不同互相衬托产生的对比效果。对比分色相对比、明度对比和纯度对比三种形式。色相对比一般是指红与绿、黄与紫、蓝与橙的对比，也包含冷暖的对比；明度对比是指不同明度的对比，如深红与浅红，也有不同色相不同明度的对比，如深红与浅黄的对比。纯度对比是指鲜艳色彩（纯度高的）与不鲜艳的灰色、黑色（纯度低）的对比。色彩对比是扩大和利用了色彩的差异性和对立性，来突出主题色，但要运用适当，滥用对比会使人眼花缭乱，产生色彩跳动，相互抵消。

色彩的调和，则是缩小色彩的差异性，增加色彩之间的共同性。主要方法有同类色的调和、邻近色的调和以及运用中性色的调和深浅的色彩配置在一起，取得调和效果。但深浅差别要适当，两色过于靠近，会模糊一片，距离过远就形成对比色。邻近色的调和是将相邻近的色彩相配合，如红与橙、绿与蓝的配置。运用中性色是指运用金、银、黑、白、灰等五种颜色来调和画面的色彩，中性色往往在画面上起缓冲作用，从而取得调和效果。

3. 基本色和流行色

每一个国家都有它经常选用的喜爱的色彩，即基本色，如中国的红、蓝、黑、灰。伊斯兰教国家喜欢绿色，非洲喜爱鲜明的色彩，中、南美洲喜欢明朗的色彩，日本喜欢红色，欧洲的基本色是牛奶色、咖啡色等。流行色是在某一个时期、某一个地区，为广大群众所喜爱的，带有一定倾向性的色彩。流行色有强烈的时间性，而基本色是不受时间限制的。流行色往往与基本色搭配起来，组合成具有现代感的色彩体系。装潢画面的色彩设计，要注意基本色和流行色的运用，也要考虑商品包装的习惯用色。不同种类的商品，有各自不同的习惯色。如食品包装装潢画面，常用鲜明丰富的色调。用红、黄、橘红等色强调食品的新鲜、美味、富有营养；用蓝、白色表示食品的冷冰、清洁卫生。化妆品类常以黑色表示某些化妆品的庄重大方；以柔和的粉红色、玫瑰色表示某些化妆品的轻快和高贵。在装潢画面上要注意习惯色的运用，但习惯色也不是一成不变的，不要受其局限和束缚。

任务四　商标认知

案例导入

某市工商局某工商所执法人员查扣了一批涉嫌商标侵权的“红牛营养液”，其产品的外包装和商标图案与某知名饮料极其相似，但生产厂家不一样，粗心的消费者一不小心就会混淆。

问题：

1. 什么是商标？商标的作用有哪些？
2. 商标是怎样分类的？

学习目标

理解商标的概念与含义；明确商品标准的作用和分类。

基础知识与技术

一、商标概述

（一）商标的含义

商标是商品的标记。商标是工商企业在其生产和经营的商品上所使用的一种享有专用权的标记。通常由文字、图形、符号或其他组合构成。商标代表商品（或产品）的一定质量，以表示某种商品（产品）同它种商品（产品）的不同。它通常注明在商品、商品包装材料及其他宣传品上面。

（二）商标的作用

商标的重要作用表现在以下诸方面。

1. 标志作用

商标是区别同类商品不同生产者和经营者的标志，也是区别不同生产者产品质量的标记。通过商标可以明确商品的生产者和销售者的责任，有利于消费者对商品质量的监督，对企业的经营起着重大影响。

2. 宣传作用

商标是商品信誉的标志，企业可以利用商标宣传商品的质量，建立企业信誉。商标有广告的作用，有利于消费者选购商品，扩大商品的销售。一个好的商标，能引起人们对其质量、性能产生美好的向往，激起消费者的购买欲望。

3. 商标是一种产权

商标是商品的一定质量的代表，特别是名牌商标，其商品信誉高、质量优、销路好，其价值往往难以估量，一个名牌商标可以比作一棵“摇钱树”。因此，企业在创业初期，往往不惜血本，通过多种媒体和手段宣传自己的商品，宣传的核心便是商标。

二、商标的分类

商标通常按照其购成、用途和使用者进行分类。

（一）按构成分类

按商标构成划分的有文字商标、记号商标、图形商标和组合商标等四种形式。

1. 文字商标

文字商标是指用文字构成的商标。如“福瑞达”药品，“蓝天”牙膏，“六神”花露水等。

2. 记号商标

记号商标是指由简明的具有特点的记号或符号构成的商标。由于此类商标构成单一而缺乏一定的吸引力，故常将其与图形等结合起来使用。

3. 图形商标

图形商标指由图形构成的商标。如：“白猫”洗衣粉的商标，就是一只“猫头”的图形；“雕”牌洗衣粉的商标是用一只“雕头”的图形。

4. 组合商标

组合商标是使用上面三种商标形式中的两种或三种组合而成的。如“泰岳”牌复方大青叶的商标，“国风”牌苦甘冲剂，“三九”牌板蓝根颗粒等。

（二）按使用者分类

一般分为制造商标、销售商标和证明商标三种。

1. 制造商标

制造商标又叫“厂标”，它是以企业名称来命名商标的。如我国素享盛名的“同仁堂”“荣宝斋”；日本的“丰田”；美国的“福特”等。

2. 销售商标

销售商标又叫“商业商标”，它是宣传商业经营者的标记。如日本“三越”百货公司的“三越”、我国“三联”家电公司的“三联”等。

3. 证明商标

证明商标又称保证商标，是指经某一权威机构认证质量而使用的商标。如国际羊毛局的纯羊毛标志就是证明商标，如图6-4所示。

图6-4　纯羊毛标志

习题与训练

一、名词解释

商品包装　销售包装　运输包装　集合包装　商标

二、选择题

1. 单项选择题

（1）易造成环境污染的商品包装材料有（　　）。

A. 纸张　　B. 塑料

C. 纸板　　D. 木材

（2）属于便于识别的销售包装是（　　）。

A. 透明包装　　B. 易开式包装

C. 喷雾包装　　D. 堆叠式包装

（3）下列商标中属于制造商标的是（　　）。

A. “白猫”　　B. “999”

C. “丰田”　　D. “CCC”

2. 多项选择题

（1）满足环保要求的包装材料有（　　）。

A. 纸张　　B. 塑料

C. 纸板　　D. 木材

(2) 适宜缓冲包装的商品有（　　）。

A. 家用电器　　　　B. 精密仪器

C. 纺织服装　　　　D. 玻璃陶瓷

(3) 运输包装标志有（　　）。

A. 收发货标志　　　　B. 储运图示标志

C. 危险品标识　　　　D. 性能指示标志

三、判断题

1. 包装豪华的商品才高档。（　　）
2. 商品的销售包装能起到宣传美化商品的作用。（　　）
3. 注册商标人享有商标专用权，受法律保护。（　　）

四、简答题

1. 商品包装的种类有哪些？各有什么特点？
2. 什么是销售包装？销售包装设计有何要求？
3. 商品运输包装标志有哪些？如何表示？
4. 什么是商标？商标有什么作用？

五、论述题

1. 论述商品包装的功能。
2. 论述商品包装材料的种类，分析其适应性。

六、案例分析

买椟还珠

古代，一个楚国人有一颗漂亮的珍珠，他打算把这颗珍珠卖出去。为了卖个好价钱，他便动脑筋要将珍珠好好包装一下。他觉得如果珍珠有了高贵的包装，那么“身份”就自然会高起来。

这个楚国人找来名贵的木兰，又请来手艺高超的匠人，为珍珠做了一个盒子（即椟），用桂椒香料把盒子熏得香气扑鼻。然后，在盒子的外面精雕细刻了许多好看的花纹，还镶上漂亮的金属花边，看上去闪闪发亮，实在是一件精致美观的工艺品。这样，楚人将珍珠小心翼翼地放进盒子里，拿到市场上去卖。

到市场上不久，很多人都围上来欣赏楚人的盒子。一个郑国人将盒子拿在手里看了半天，爱不释手，终于出高价将楚人的盒子买了下来。郑人交过钱后，便拿着盒子离去。可是没走几步他又回来了。楚人以为郑人后悔了要退货，没等楚人想完，郑人已走到楚人跟前。只见郑人将打开的盒子里的珍珠取出来交给楚人说：“先生，您将一颗珍珠忘在盒子里了，我特意回来还珠子的。”于是郑人将珍珠交给了楚人，然后低着头一边欣赏着木盒子，一边往回走去。

楚人拿着被退回的珍珠，十分尴尬地站在那里。他原本以为别人会欣赏他的珍珠，可是没想到精美的外包装超过了包装盒内的价值，以至于“喧宾夺主”，令楚人哭笑不得。

郑人只重外表而不顾实质，使他做出了舍本求末的不当取舍；而楚人的“过分包装”也有些可笑。

（资料来源：《买椟还珠》，百度知道，http://zhidao.baidu.com/question/279884048.html，2013－05－11。）

问题：

1. 上述故事说明了什么？

2. 分析包装的功能。

分析要求：学生分析案例提出的问题，拟出案例分析提纲；小组讨论，形成小组案例分析报告；班级交流，教师对各小组案例分析报告进行点评。

单元七 商品养护

苹果，果味芳香、甜酸爽口，可以增进食欲、促进消化，有非常好的保健作用。苹果还含有丰富的营养物质，它不仅含糖量高，还含有各种维生素，容易被人体吸收利用。现在，苹果已经成为我们生活中不可缺少的果品。一年四季均有新鲜苹果上市，可以调剂人们的口味。那么，这些苹果是怎样保存的呢？

任务一　商品的质量变化及其因素分析

案例导入

商品从生产到消费的整个流通过程中，或长或短总会有一次至几次停留，即称之为储存。商品在储存期间，表面看起来堆码得整整齐齐，一动不动，它貌似处于静止状态，而实际上是每时每刻处于运动状态。这种运动不仅表现在电子围绕原子核飞速运转的微观运动上，同时表现在本质改变、形态改变的宏观运动上，如食盐结块、糖果变形、肥皂开裂、橡胶发粘、塑料变脆、土豆发芽、水果腐烂等。许多商品在存放过程中，因为这样或那样的原因，都会发生一系列的变化。

问题：

1. 商品为什么会发生这些变化？这些变化在性质上有什么不同？
2. 商品质量变化的原因是什么？

学习目标

理解商品养护的概念；明确商品在储存中容易发生的质量变化；理解商品质量变化的原因。

基础知识与技术

商品养护是商品在储运过程中所进行的保养和维护。从广义来说，商品离开生产领域，在进入消费领域之前，这一段过程的保养与维护都称为商品养护。

商品只能在一定的时期内，一定的条件下，保持其质量的稳定性。商品经过一定的时间，则会发生质量变化，这种情况在运输和储存过程中都会出现。因此，根据商品容易破碎、腐烂和爆炸的相对程度不同，在储运上需要采取不同的防治措施。商品养护是一项非常复杂的技术性工作，在商品养护过程中，应贯彻以防为主，防重于治的方针。

一、储运商品的质量变化

在商品储运过程中，商品可能发生质量变化的类型可以概括为物理变化和化学变化。

（一）储运商品的物理变化

商品的物理变化，是指仅仅改变商品本身的外部形态，不改变商品性质的变化。

1. 储运商品的一般物理变化

商品在储运过程中，由于各种因素的作用，会发生各种形式的物理变化。

（1）挥发。挥发是低沸点的液体商品或经液化的气体商品在空气中经汽化而散发到空气中的现象。具有挥发性的液态商品，一般其表面分子都比较活跃，能不断地散发到空气中。液态商品的挥发，不仅会造成商品数量减少，其商品质量也会降低，例如，各种香水中的香精受热易挥发，结果香水质量降低。而且有些商品挥发出来的气体（如乙醚、丙酮）还会影响人体健康，甚至发生燃烧或爆炸事故。

在一般情况下，商品中易挥发成分的沸点越低，气温越高，空气流速越快，接触空气表面积越大，挥发的速度就越快；反之，则慢。因此，对易挥发的低沸点的液态商品，如汽油、白酒、氨水、松节油、花露水、香水以及文化用品中的涂改液等，应特别注意其包装容器的严密和严格控制仓库温度，保持在低温条件下储存，并要经常检查，防止事故的发生。

（2）溶化。溶化是某些具有较强吸湿性和水溶性的晶体、粉末状或膏状的商品吸收潮湿空气或环境中的水分至一定程度后溶解的现象。常见易溶化的商品有食品中的食盐、食糖、糖果等；化工商品中的明矾、氯化镁、硫代硫酸钠、氯化钙等；化肥中的氮肥及某些医药中的制剂等。

一般情况下，气温和相对湿度越高，这类商品越容易溶化。所以这类商品在储运过程中应避免其防潮包装受损，也不能与含水量大的商品混存，要保持储运环境的干燥凉爽，堆码也不宜过高，以防止压力过大而加速商品溶化流失。对这类商品还可采用密封的方法进行存放保管。

（3）熔化。熔化是指某些低熔点的固体商品在温度较高时，发生变软变形甚至熔融为液体的现象。易发生熔化的商品有：化妆品中的香脂、蛤蜊油、发蜡等；医药商品中的油膏类、胶囊、糖衣片等；化工商品中的松香、石蜡等。商品熔化的结果，有的会造成商品流失；有的会浸入包装，使商品和包装粘连在一起；有的商品产生体积膨胀，胀破包装；有的可能玷污其他商品；有的甚至因商品软化致使货垛倒塌，造成损失。

造成商品熔化的内在因素是商品成分熔点较低和易熔商品中含有某些杂质，其外界因素是日光直射和气温较高。所以这类商品在储运中应控制较低的温度，采用密封和隔热措施，防止日光照射，尽量减少温度的影响，特别是在炎夏季节，还要根据情况，适当采取降温措施。

（4）脆裂、干缩。某些商品在干燥空气中或经风吹过后，会出现脆裂或干缩现象。如纸张、皮革及其制品、木制品、糕点、水果、蔬菜等。商品的脆裂、干缩能导致商品质量严重降低，也会给储存、运输和销售部门带来很大不便，所以存储这类商品，应控制环境的相对湿度，防止日晒、风吹，使其含水量保持在合理范围内。

（5）渗漏。渗漏是指液体商品，特别是易挥发的液体商品，由于包装容器不严密，包装质量不符合商品的性能要求，包装内液体商品或受热或结冰膨胀或因搬运装卸等原因而使包装破损所发生的外漏现象。商品的渗漏不但会造成商品流失，还会造成严重的空气和环境污染。所以对这类商品的储运，应加强交接验收，定期检查以及环境温湿度控制和管理。同时，木质容器要防止干燥干裂，金属容器要注意防潮防锈。另外，还要根据商品的特性，做好防高温或防冻工作。

（6）串味。串味是指吸附性较强的商品吸附其他气味、异味，从而改变商品本来气味的现象。具有吸附性、容易串味的商品主要成分中含有胶体物质以及疏松、多孔性的组织结构。常见的容易串味的商品有：大米、面粉、木耳、食糖、饼干、茶叶、卷烟等。常见的引起其他商品串味的商品有：汽油、煤油、腌鱼、腌肉、樟脑、卫生球、肥皂、化妆品以及农药等。

预防商品的串味，应对易被串味的商品尽量采取密封包装，在储存和运输中不得与有强烈气味的商品同车、船装运或同库储藏，同时还要注意运输工具和仓储环境的清洁卫生。

（7）沉淀。沉淀是指含有胶质和易挥发成分的商品，在低温或高温等因素影响下，引起部分物质的凝固，进而发生沉淀或膏体分离的现象。常见的商品有墨汁、墨水、牙膏、雪花膏等，饮料、酒等在仓储中离析出纤细絮状的物质，而发生混浊沉淀的现象。预防商品的沉淀，应根据不同商品的特点，防止阳光照射，做好商品冬季保温工作和夏季降温工作。

（8）玷污。玷污是指商品外表有其他污物，染有其他污秽的现象。商品玷污，主要是生产、储运中卫生条件差以及包装不严所致。对一些外观质量要求较高的商品，如绸缎呢绒、针织品、服装等要注意防玷污，精密仪器、仪表也要特别注意。

2. 储运商品的机械变化

商品的机械变化是指商品在外力作用下，发生形态变化。商品在搬运、装卸和堆码时，往往受到外力的碰撞、摩擦和挤压等机械作用而发生形态的变化，也叫机械损伤。

商品机械损伤形式，主要有破碎、散落、变形等。例如，玻璃、陶瓷制品等在受到碰、撞、挤、压和抛掷会破碎。搪瓷制品会掉瓷；金属制品会变形或压瘪；皮革制品受压变形后，影响美观；有的商品，由于包装不严，易造成脱落散开等。商品的机械损伤，有时会造成数量损失，有时会使质量发生变化，有时甚至完全失去使用价值。因此，对于容易发生破碎和变形的商品，在储运过程中要轻拿轻放，避免高温、曝晒、撞击、湿度过大、重压，并保持包装完整。

（二）储运商品的化学变化

储运商品的化学变化与物理变化有本质的区别，化学变化是构成商品的物质发生变化后，不仅改变了商品的外表形态，也改变了商品的本质，并且有新物质生成，且不能恢复原状的变化现象。商品化学变化过程即商品质变过程，严重时会使商品失去使用价值。商品在储运过程中的化学变化，主要有一般化学变化、生理生化变化和生物学变化。

1. 储运商品的一般化学变化

储运商品常见的一般化学变化有分解、水解、氧化、聚合、老化、腐蚀等。

（1）分解。分解是指某些化学物质不稳定的商品，在光、热、酸、碱、潮湿空气等作用下，会发生化学分解的现象。分解不仅使商品的数量减少，质量降低，而且还会使其完全失效，有时产生的新物质还有危害性。例如用作漂白剂和杀菌剂的双氧水，在常温下缓慢分解，在高温下则迅速分解，生成氧气和水，此时双氧水失去了效用，氧气若遇到强氧化性物质还会发生燃烧或爆炸。

（2）水解。水解是指某些商品在一定条件下（如酸性或碱性条件）与水作用而发生的分解反应的现象。各种不同的商品，在酸或碱的条件下，发生水解的情况也不一样。例如，棉纤维在酸性溶液中，特别是在强酸的溶液中，易于水解，使纤维的大分子链断裂，分子量降低，从而大大降低了纤维的强度，棉纤维在碱性溶液中却比较稳定。羊毛纤维在碱性溶液中容易分解，而在酸性溶液中却比较稳定。因此，商品在储运中应尽量避免使商品发生变化所需的外部条件，尤其是不能与酸性或碱性商品混存。

（3）氧化。商品与空气中的氧或其他氧化性物质接触会被氧化的现象。商品的氧化，不仅会降低商品质量，有时还会在氧化过程中产生热量，发生自燃，有时甚至发生爆炸事故。易于氧化的商品种类很多，例如，某些化工原料中的亚硝酸钠、亚硫酸钠、硫代硫酸钠、保险粉等，都属于易氧化的商品；棉、麻、丝等纤维织品，如长期与日光接触，会发生变色现象，这也是由于织品的纤维材料被氧化的结果。因此，对于上述这些商品在储运中应选择低温避光的条件，避免与氧接触，同时还要注意通风散热等，如有条件可在包装容器内放入脱氧剂。

（4）金属腐蚀。金属与周围环境（主要是空气）发生化学反应或电化学反应所引起的破坏现象，即为金属腐蚀。习惯上把金属在大气中，由于氧、水及其他物质的作用而引起的变色和各种各样的腐蚀，称为生锈或者锈蚀。

金属锈蚀，与金属自身的特点有密切关系，还与储运的环境因素有关，主要有环境空气湿度、温度及空气中有害物质等。环境空气潮湿，有害物质多，温度升高都会加速金属商品的锈蚀。

（5）老化。老化是某些以高分子化合物为主要成分的商品，如橡胶制品、塑料制品以及纤维（合成纤维）制品等，受日光、热和空气中氧等环境因素作用而失去原有优良性能，以致最后丧失其使用价值的化学变化。

在老化现象中，高分子材料变软、发粘是其降解的结果，变硬、发脆、龟裂、丧失弹性是其交联的结果。例如，橡胶制品在高温或烈日下曝晒，会变得发软、发粘而变质；塑料制品和合成纤维在日光、热和空气中的氧等因素作用下，会发生变色、发脆、强力降低等。因此，在储运这些商品时，要注意防止日光照射和高温，尤其是曝晒。

（6）燃烧和爆炸。一般把能发光发热的剧烈的化学变化过程叫做燃烧。爆炸是指物质自一种状态迅速地转变成另一种状态，并在瞬息间以机械功的形式放出大量能量的现象。

燃烧需要有可燃物质、助燃物质和具有一定的温度，三者缺一不可。多数可燃物质都是由碳、氢、氧组成，助燃物质属于氧化剂，一般指空气中的氧。各种可燃物质的着火点和燃烧时释放的热能不同，因此，可燃物质的燃烧需要维持一定的温度，才能保证燃烧的完全性。

在储运商品中，有磷、汽油、苯、油漆、赛璐珞、金属钠等易燃物品，有黑火药、雷管、导火索、爆竹等易爆物品。

2. 储运商品的生理生化变化

生化变化是指有生命活动的有机商品，在生长发育过程中，为了维持它的生命，本身所进行的一系列生理变化。如粮食、水果、蔬菜、鲜鱼、鲜肉、鲜蛋等有机商品，在储运过程中，受到外界条件的影响和作用，往往会发生这样或那样的变化，这些变化的形式主要有动植物食品商品的呼吸、后熟、发芽和抽苔、僵直、成熟和自溶等。

（1）呼吸。呼吸是活鲜食品最基本的生理活动。其本质是在酶的参与下进行的一种缓慢的生物氧化过程。

呼吸作用具有两种类型：一种是有氧呼吸，是指活鲜食品在储运中，为了维持生命需要，在体内氧化还原酶的作用下，其体内葡萄糖与吸入的氧发生氧化反应；另一种是缺氧呼吸，是指其体内葡萄糖在无氧或缺氧情况下的呼吸。

从上述两种呼吸类型可看出，它们的呼吸实质是一样的，最终都是消耗了有机体内的营养成分并产生热量而降低商品质量。有氧呼吸产生的热量，部分用做活鲜食品生理活动的能量，部分释放到外界环境中，可使储藏环境的温度升高，加速活鲜食品的腐烂变质，同时还会促使霉腐微生物生长繁衍，这对维护储运的植物性活鲜食品如原粮、蔬菜、水果等质量是十分不利的。缺氧呼吸实质是酒精发酵，其最终产物是酒精和中间产物乙醛等，会破坏活鲜食品的组织，使其腐烂，如积累过多，还会引起活鲜食品细胞中毒，其后果比有氧呼吸更为严重。

呼吸作用进行得快慢，受其生物学特性（如种类、品种、成熟度、不同器官和组织以及不同的发育时期等）和外界环境条件（如湿度、空气成分、机械伤害和病虫害等）的因素影响。例如，蔬菜的呼吸强度以叶菜最高，果菜次之，块根菜和块茎最低。果实的呼吸强度以浆果最大，仁果次之，核果再次之，柑桔类较小。

（2）后熟。后熟是指瓜果、蔬菜等食品在脱离母株后继续其成熟过程的现象。瓜果、蔬菜等的后熟作用，能改进其色、香、味以及适口的硬脆度等食用性能。果品、瓜类、有些菜类等商品在脱离母体后，物质的积累被迫停止，但食品中的有机成分的合成—水解平衡更趋向于水解作用方向，呼吸作用更趋向于缺氧呼吸类型，使商品质量和生理特性发生一系列变化，而后逐渐达到使用成熟度。后熟对这类食品在色泽、香气、口味及口感等方面有明显的提高，食用质量也得以改进。香蕉、柿子、西瓜和甜瓜等，只有达到后熟时才具备良好的食用价值。后熟作用完成后，商品则容易发生腐烂变质，难以继续储藏甚至失去食用价值。

（3）发芽和抽苔。发芽和抽苔是两年生的蔬菜（如马铃薯、葱头、大蒜等）在存储时经过休眠期后的一种继续生长的生理活动。发芽是蔬菜短缩茎上的休眠芽开始发芽生长，而抽苔则是短缩茎上生长点部位所形成的花茎生长的结果。发芽和抽苔主要发生在一些变态的根、茎、叶菜储存的后期，如马铃薯芽眼中休眠芽萌发，萝卜顶部抽苔等。发芽和抽苔的蔬菜，因大量的营养成分转向新生的芽或花茎，使这类食品组织细胞变得糠松、粗老或空心，失去原有的鲜嫩品质，并且不耐储存。

造成蔬菜发芽和抽苔的因素主要有高温、高湿、充足的氧气和日光照射等。因此，储存这类蔬菜时，应将温度控制在5℃以下，相对湿度为80%—85%，采用避光以及气调储藏法等措施控制其休眠期，以延缓发芽和抽苔的时间。

（4）僵直。动物死亡之后，呼吸停止，依靠血液循环的肌肉供氧也随之停止，但这时肉中的各种酶仍未失活，一些酶催化的生化反应仍在进行，此时因无氧存在，糖原、葡萄糖的分解只能以无氧酵解的方式进行，其物为乳酸。这样使肉的pH值逐渐下降，原来使肌肉呈柔软状态的成分减少，其结果造成肌肉组织收缩，失去原有弹性和柔软性，肉质变得僵硬。处于僵直阶段的肉，弹性差，保水性也差，无鲜肉自然气味，烹饪时不易煮烂，熟肉的风味也差，不宜直接食用。但僵直阶段的肉（鱼）其主要成分尚未分解，基本保持了原有的营养成分，适合直接冷冻储藏。

（5）成熟。当僵直阶段之后，肉中的水解酶开始活化，肌肉的pH值逐渐回升，适宜的pH使组织蛋白酶开始发挥作用，缓慢地分解肌肉中的蛋白质为小分子肽或氨基酸、核苷酸，这不仅使蛋白质结构松弛，同时也赋予肉一种特殊香味和鲜味。

继僵硬之后，肌肉组织变得比较柔软嫩化，具有弹性，切面富有水分，且有清淡香气和滋味，容易煮烂和咀嚼，食用性质改善的肉称之为“成熟肉”。变化过程称为“肉的成熟（或后熟）”。经过成熟的肉有下列特征：肉尸表面形成一层干膜，此干膜既可以防止其下层肉质干燥，又可防止外界微生物的侵入；肉的切面有肉汁流出；肉汤具特异的芳香气味；肉富有弹性；肉呈酸性反应。

（6）自溶。当肉的成熟作用完成后，肉的生物化学变化就转向自溶作用。自溶作用是肉腐坏作用的前奏。在自溶酶的作用下，肌肉中的复杂有机化合物进一步被分解为分子量低的物质过程称自溶。由于空气中的二氧化碳与肉中的肌红蛋白的相互作用，可使肉色泽变暗，弹性降低，处于自溶阶段的肉，虽尚可食用，但气味和滋味已大为逊色。而且，随着自溶作用的进行，肉的pH值逐渐向中性发展，这就为各种细菌的繁衍创造了适宜的条件。实际上，肉在自溶阶段的后期，常伴随有细菌的活动，而且处于自溶阶段的肉，已不适合长期保存。

肉的自溶与外界温度条件有密切关系。当温度低时，自溶作用缓慢，当温度高时，自溶作用则加速进行。这主要是由于温度可以影响自溶酶的活性所致。所以，生鲜肉类、禽类和水产品，都需要在低温下存储。

3. 储运商品的生物学变化

储运商品的生物学变化是指有生命活动的有机商品，受到其他生物的作用而发生的化学变化。生物学变化的形式有霉变、发酵、腐败、虫蛀、鼠咬等。

（1）霉变。商品霉变是由于霉菌在商品上生长繁殖而导致的商品变质现象。霉菌是一种低等植物，无叶绿素，菌体呈丝状，主要靠孢子进行无性繁殖。空气中含有很多的肉眼看不到的霉菌孢子，商品在生产、储运过程中，它们落到商品表面，一旦外界温度、湿度适合其生长时，商品上又有它们需要的营养物质，就会生长菌丝。其中部分伏在商品表面或深入商品内部，有吸取营养物质排泄代谢产物的功能，称为营养菌丝；另一部分菌丝竖立于商品表面，在顶端形成子实体或产生孢子，称之为气生菌丝。菌丝集合体的形成过程，就是商品出现“长毛”或有霉味的变质现象。

在生产实践中，对霉菌的应用也很广泛。例如，毛霉是制腐乳、豆豉等食品的重要菌种，也是药材、肉类、粮食、水果、蔬菜、糕点、香烟、鞋帽商品上经常发生的霉腐微生物，对商品的破坏性也很大。霉菌中对商品危害较大的除毛霉外，还有根霉、曲霉和青霉。

商品霉变的实质是霉菌在商品上吸取营养物质与排泄废物的结果。这是因为霉菌吸收营养时必然要分解商品体原有的成分，由此使商品内在质量受到不同程度的破坏；而霉菌代谢产物如色素、有机酸和其他有机物，又使商品污染上色，破坏其外观，产生难闻的霉味及毒素；同时，商品的组织结构由于其成分被分解和有机酸等代谢产物的作用，商品还会出现变糟、发脆或强度降低等变质现象。

微生物的生长繁殖，除需必要的营养物质外，还需要适宜的环境条件，主要受温度、湿度的影响，其次有渗透压、辐射、酸、碱、盐类的影响。

（2）发酵。发酵是某些酵母（尤其是野生酵母）和细菌所分泌的酶，作用于食品中的糖类、蛋白质而发生的分解反应。发酵分为两种，一种是正常发酵，它广泛应用于食品酿造业。例如，我国白酒的生产工艺概括起来有固态发酵工艺、半固态发酵工艺和液态发酵工艺。另一种是非正常发酵，即空气中的这些微生物在适宜环境条件下作用于食品而进行的发酵。常见的这类发酵有酒精发酵、醋酸发酵、乳酸发酵和酪酸发酵等，这些微生物能在酱油、醋、葡萄酒等商品表面形成一层薄膜，不但破坏了食品中的有益成分，失去原有的品质，还会出现不良气味；影响这类食品的风味和质量，有的还会产生有害人体健康的物质。所以防止食品在储运中发酵的方法是，除了注意卫生外，密封和控制较低温度也是十分重要的。

（3）腐败。腐败主要是腐败细菌作用于食品中的蛋白质而发生的分解反应。尤其对含水量大和含蛋白质较多的生鲜食品最容易出现腐败。例如，植物性食品中的豆制品，动物性食品中的肉、乳、鱼、蛋等。腐败的基本原理是，食品中的蛋白质通过细菌自身分泌出的蛋白酶，先把蛋白质分解成氨基酸，除吸收一部分外，余下的将被进一步分解成多种有酸臭味和有毒的低分子化合物，同时还放出硫化氢、氨等有臭味的气体。

（4）虫蛀、鼠咬。商品在存储过程中，经常遭受仓库害虫的蛀食和老鼠的咬损，使商品体及其包装受到损失，它们排泄的各种代谢废物还玷污了商品，有的使商品甚至完全丧失使用价值。害虫和老鼠在生长发育和其他生命活动中，需要蛋白质、脂肪、糖类、维生素、水分及无机盐等营养物质。因此，含有这类营养物质的商品容易被蛀咬而受到破坏。老鼠的生活习性又决定它啃咬物品，即使不是食物，也要被咬损，使受害商品的范围更广，同时，它们的粪便还玷污了商品，传染疾病。一般情况下，皮毛、毛制品、皮革制品、竹木制品、纸张、纺织品、烟草、中药材、粮油、豆类、肉品等，都会受到虫鼠的蛀咬。

二、引起储运商品质量变化的因素

引起商品质量变化的原因有内因和外因两个方面。商品质量变化的内因是指商品自身的自然属性，包括商品的化学成分、结构、性质等，这些属性使商品具有某种变化的可能。商品质量变化的外因是指商品所处的外部环境。商品储运期间的质量变化，主要是商品内部运动或生理活动的结果，但与储运的外界因素有密切关系。在商品养护过程中，商品的自然属性不可能改变，只能通过控制商品所处的外部环境来控制商品质量的各种变化。这些外界因素主要包括：空气中的氧、日光、温度、湿度、微生物和昆虫等。

（一）日光和空气中的氧

日光中含有热量、紫外线、红外线等，它对商品起着正反两个方面的作用：一方面，日光能够加速受潮物品的水分蒸发，杀死杀伤微生物和商品害虫，在一定的条件下，有利于商品的保护；但是另一方面，某些商品在日光的直接照射下，又发生破坏作用。如日光能使酒类挥发、油脂加速酸败、橡胶塑料制品迅速老化、纸张发黄变脆、色布褪色、药品变质、照相胶卷感光等。因此，要根据各种不同商品的特性，注意避免或减少日光的照射。

空气中的氧非常活泼，能和许多商品发生作用，对商品质量变化影响很大。比如氧可以加速金属商品锈蚀；氧是好氧性微生物活动的必备条件，使有机体商品发生霉腐；氧是害虫赖以生存的基础，是仓库害虫发育的必要条件；氧是助燃剂，不利于危险品的安全储存；在油脂的酸败、鲜活商品的分解、变质中，氧都是积极参与者。因此，在养护中，对于受氧气影响比较大的商品，要采取各种方法（如浸泡、密封、充氮等）隔绝氧气对商品的影响。

（二）空气的温度和湿度

1. 温、湿度的概念

要做好仓库温、湿度管理工作，首先要掌握空气温度与湿度的基本概念以及有关的基本知识。

（1）空气温度。空气温度是指大气冷热的程度，简称气温。衡量空气温度高低的尺度称为温标，常用的温标有摄氏和华氏两种。

摄氏温标，是以纯水在标准大气压下的冰点为0度，沸点为100度，中间分为100等份，每等份代表一度，用℃表示。

华氏温标，是以纯水在标准大气压下的冰点为32度，沸点为212度，中间分为180等份，每等份代表一度，用℉表示。

摄氏温度（℃）和华氏温度（℉）之间换算公式为：

$$℃=(℉-32)\times\frac{5}{9}\qquad ℉=℃\times\frac{9}{5}+32$$

空气温度主要从两个方面影响商品的质量变化：一是气温的高低影响着商品质量变化的速度，即一般商品在气温降低时，质量比较稳定，气温升高时，商品容易变质；二是温差变化大时某些商品容易引起干缩、结块、熔化等。

（2）空气湿度。空气湿度通常是指大气的相对湿度，也可以说是空气的干湿程度。空气湿度的变化对商品质量影响很大。湿度适宜，可保持商品的正常含水量，也可以维持商品的形态、重量等的正常状态。湿度增大或减小，可使商品发生潮解、膨胀、溶化或导致萎缩、干瘪、脆裂等。另外，空气湿度的增加，也会给附着在商品上的微生物繁殖提供条件。空气湿度的表示方法有以下几种：

空气湿度，指空气中含水汽的多少即潮湿的程度。

绝对湿度，是指单位体积的空气中实际所含的水汽量，单位为克/米^3。空气中的绝对湿度与温度的变化成正比关系。

饱和湿度，是指一定温度下，单位体积空气中所能容纳水汽的最大限量，也用克/米^{3}表示。如果空气中的水汽量超过此限量，多余的水汽就会凝结成液态水。

相对湿度，表示空气中实际所含水汽量距离饱和状态的程度。即同一温度下，空气的绝对湿度与饱和湿度的百分比。其计算公式为：

$$相对湿度（\%）=\frac{绝对湿度}{饱和湿度}\times 100\%$$

相对湿度越大，表示空气越潮湿，相对湿度越小，表示空气越干燥。

空气的绝对湿度、饱和湿度、相对湿度与温度之间有着相应的关系。温度如发生变化，则各种湿度也随之发生变化。仓储环境的湿度常用相对湿度表示，相对湿度在70%以上称为高气湿，低于30%称为低气湿。相对湿度可用通风干湿表或干湿球温度计测量。

露点，是指含有一定量水蒸气（绝对湿度）的空气，当温度下降到一定程度时所含的水蒸气就会达到饱和状态（饱和湿度）并开始液化成水，这种现象叫做结露。水蒸气开始液化成水时的温度叫做“露点温度”，简称“露点”。如果温度继续下降到露点以下，空气中超饱和的水蒸气，就会在商品或其他物料的表面上凝结成水滴，此现象称为“水淞”，俗称商品“出汗”。

此外，风与空气中的温、湿度有密切关系，也是影响空气温、湿度变化的重要因素之一。

2. 温度对商品质量变化的影响

气温是影响商品质量变化的重要因素。温度能直接影响物质微粒的运动速度。一般商品在常温或常温以下，都比较稳定，高温能够促进商品的挥发、渗漏、熔化等物理变化和化学变化；而低温又容易引起某些商品的冻结、沉淀等变化，温度忽高忽低，会影响到商品的稳定性；此外，温度适宜时会给微生物和仓虫的生长繁殖创造有利条件，加速商品的腐败变质和虫蛀。因此，控制和调节储运商品的温度是商品养护的重要工作内容之一。

3. 湿度对商品质量变化的影响

空气湿度的改变，能引起商品的含水量、化学成分、外形或体态结构发生变化。湿度下降，将使商品因放出水分而降低含水量，减轻重量。如水果、蔬菜、肥皂等会发生萎蔫或干缩变形，纸张、皮革制品等失水过多，会发生干裂或脆损；湿度增高，商品含水量和重量相应增加，如食盐、食糖、化肥、硝酸铵等易溶性商品结块、膨胀或进一步溶化，钢铁制品生锈，纺织品、竹木制品、卷烟等发生霉变或被虫蛀等；湿度适宜，可保持商品的正常含水量、外形或体态结构和重量。所以，在商品养护中，必须掌握各种商品的适宜湿度要求，按其具体商品及设备，尽量创造商品适宜的空气湿度。

（三）微生物

微生物的存在是商品霉腐的前提条件。微生物在生命活动过程中分泌一种酶，它把商品中的蛋白质、糖类、脂肪、有机酸等物质，分解为简单的物质加以吸收，从而使商品受到破坏、变质、丧失其使用价值。同时，微生物异化作用中，在细胞内分解氧化营养物质，产生各种腐败性物质排出体外，使商品产生腐臭味、色斑霉点，影响商品的外观，加速高分子商品的老化。

霉腐微生物的生存必须有一定的外界条件，否则就不能生存。

（四）光线

日光对于多数微生物的生长都有影响。多数霉腐微生物在日光直射下经 1—4 小时即大部分死亡。所以商品大都是在阴暗的地方才容易霉腐。日光的杀菌作用，主要是日光中的紫外线能强烈破坏菌细胞和酶。一般微生物在紫外线灯下照射 3—5 分钟就会死亡。

（五）溶液浓度

多数微生物不能在浓度很高的溶液中生长。因为浓度很高的溶液能使菌细胞脱水，造成质壁分离，使其失去活动能力甚至死亡。例如能使蛋白质腐败的细菌，在 10%—15% 的食盐溶液中多数不能生长；能引起食物中毒的霉腐微生物，在 6%—9% 食盐溶液中也不能生存。另外，多数霉腐微生物在 60%—80% 的糖溶液中也不能生存。因此，盐腌和蜜饯食品一般不易腐烂。但也有少数微生物对浓度高的溶液有抵抗能力，如蜜酵母能引起蜜饯食品的变质；嗜盐杆菌能使盐腌食品腐败。

（六）空气成分

多数霉腐微生物特别是霉菌，需要在有氧条件下才能正常生长，在无氧条件下不形成孢子。二氧化碳浓度的增加不利于微生物生长，如果改变商品储存环境的空气成分，使二氧化碳逐渐增加，使氧气减少，那么微生物的生命活动就要受到限制，甚至导致死亡。霉菌中的某些青霉和毛霉，当空气中的二氧化碳浓度达到 20% 时，死亡率就能达到 50%—70%，二氧化碳在空气中浓度达 50% 时将全部死亡。

（七）仓库害虫

商品害虫的存在是商品虫蛀的前提条件。仓虫在仓库里，不仅蛀食动植物性商品和包装，有些仓虫还能危害塑料、化纤等化工合成商品，此外，白蚁还会蛀蚀仓库建筑物和纤维质商品。仓虫在危害商品过程中，吐丝结茧，排泄各种代谢废物玷污商品，影响商品的质量和外观。

（八）卫生条件和有害气体

卫生条件是保证商品免于变质腐败的重要条件之一。卫生条件不良，不仅使灰尘、油垢、垃圾、腥臭等污染商品造成某些外观疵点和感染异味，还为微生物、仓虫等创造了活动场所。因此，商品在储运过程中，一定要搞好环境的卫生，保持商品本身的卫生，防止商品之间的感染。

任务二　商品储存期间的养护

案例导入

香蕉的储存方法

采收后的香蕉，由于其本身产生乙烯，自我催化而成熟，在成熟过程中，产生更大量的乙烯而刺激周围的香蕉成熟，这样连锁反应以致大量成熟，成熟的香蕉不能继续存放很久。对青绿硬实（未熟）的香蕉，人们采用冷藏的方法，可降低其呼吸高峰的到来，延迟乙烯的大量产生，从而达到延长贮藏寿命的目的。据试验，75%—80%饱满度的香蕉，在11℃—12℃温度下贮藏，效果较好。温度低于10℃，则发生冷害。

问题：

1. 什么是商品储存？商品储存的作用是什么？
2. 商品在储存过程中的保养和维护的基本方法是什么？

学习目标

理解商品储存的概念；掌握商品在储存过程中的保养和维护的基本方法。

基础知识与技术

一、商品储存的概念与作用

商品储存是在商品严格检验的前提下，由分散汇集到流通领域，并通过妥善保管，然后投入市场销售的物流活动。储存对于弥合商品产、需在时间上的背离，保证市场供应不致中断，促进生产、满足消费、维护消费者的利益有着积极的作用。在市场经济条件下，商品生产与商品消费之间，需要由商品流通充当媒介，但商品生产与商品消费之间不仅情况复杂，而且两者之间又充满矛盾。

首先，由于产、需双方处于不同地位，存在着利益上的矛盾，前者希望在销售中获得高利，后者希望购买到经济实惠、物美价廉的商品。其次，由于生产相对集中，消费分散多样，存在着产销方式上的矛盾。如一地生产多地消费，一种产品多种用途。再次，由于生产的周期性、季节性与消费习惯性、季节性又存在着产、销时间上的矛盾。如季节性生产的商品常年消费，或者常年生产的商品季节性消费等，这些矛盾必须在流通过程中加以解决。商品储存正是适应这种需要而存在，为统一或协调这些矛盾而发挥其独特作用。

商品储存在发展生产、做好收购的基础上，及时地收储商品，成为商品流通的“蓄水池”，通过保管，以完好的商品保证市场供应。商品储存在接纳商品进入流通领域时，通过严格的商品检验，对商品的规格、质量、花色、品种进行监督，使商品保质保量、质价相称，防止伪劣商品混入流通领域，以维护消费者的利益和促进生产工艺的不断改进。

二、商品储存的基本要求

商品储存是一项综合性的技术工作。在储存管理中应做好以下几点。

（一）严格入库验收

商品入库验收，主要包括数量验收、包装验收和商品质量验收三个方面。必须严格认真、一丝不苟地检验，以保证入库商品数量准确，质量完好，包装符合要求。

（二）选择适当场所

商品储存场所主要包括货场、货棚和库房。选择适当的储存场所是商品安全储存的基础。在选择商品储存场所中，要根据商品的性能和保管要求，安排适宜的存放地点。对怕潮易霉、易潮解和易生锈的商品，应存放在干燥通风的库房里；怕热和易挥发的商品，应存放在温度较低的阴凉处；鲜活易腐商品，应存放在低温库内；各种危险品要专库存放，符合防毒、防爆、防燃、防蚀的要求。同时要做到分区分类，科学存放，即品种分开，干湿分开，新陈分开，好次分开，尤其对性质相抵和消防方法不同的商品，不可同库混放，以免互相影响，发生事故。

（三）科学堆码

商品堆码是指商品的堆放形式和方法。堆码应当符合安全、方便、多储的原则。堆码形式要根据商品的种类、性能、数量、储存季节等条件决定。不同的商品，堆码方法也应有所不同。例如，对含水量高、易霉变，又需要通风的商品，在雨季应堆码通风垛，对小五金、小百货、交电零件等可在货架上堆码，对易弯曲变形的商品，应堆成平直交叉式实心垛等。

（四）做好商品在库检查

对在库储存的商品管理，要建立健全定期和不定期、定点和不定点、重点和一般相结合的检查制度。检查方法以感官检查为主，充分利用检测设备，必要时要进行理化检验。对检查中发现的问题，应立即分析原因，采取相应的补救措施，以保证商品的安全。

在库检查工作中，除检查商品外，还应检查库内各种仪器设备运转情况，确保设备处于良好状态。同时还要认真检查仓库的清洁卫生和消防设备，并做好防虫、防火、防霉等工作。

三、仓储商品的养护

（一）仓库温湿度的控制与调节

在商品储存中，绝大多数商品质量的变化是由仓库的温湿度变化引起的。因此，在仓储工作中温湿度的管理十分重要。保持必要的稳定的温度和适宜的湿度，是维护商品质量的重要措施之一。

控制与调节仓库温湿度的方法很多，有密封、通风、吸湿和加湿、升温和降温等。将几种方法合理地结合使用，效果更好。

1. 密封

密封是温湿度管理的基础，它是利用一些不透气、能隔热、隔潮的材料，把商品严密地封闭起来，以隔绝空气，降低或减小空气温湿度变化对商品的影响。密封也是进行通风、吸湿等方法的有效保证。

2. 通风

通风是根据空气流动的规律，有计划地使库内外的空气交换，以达到调节库内温湿度的目的。通风一般用于仓库的散热及散湿。其特点是简便易行，经济节约，收效大。通风方法有自然通风和机械通风。

3. 吸湿和加湿

在不能采用通风来调节湿度或需要迅速改变湿度的情况下，可采用吸湿剂、空气去湿机吸湿或用洒水、湿擦、盛水等方法增湿。在仓库储存中多数日用化工商品和纺织品要降低湿度，多数生鲜商品和鲜活商品需要增加湿度。

4. 升温和降温

在不能用通风来调节温度时，可用暖气设备来提高库房温度，也可用空调设备来升温或降温。

商品发生质量变化有一个从量变到质变的过程。因此，商品养护工作必须坚持以防为主，从加强仓储温湿度管理入手，同时针对不同商品的不同性质、特点，采取相应的技术措施。

（二）霉腐的防治

商品防霉变、腐败就是针对商品霉腐的原因所采取的有效措施。在仓库储存中，主要是针对商品霉腐的外因，用化学药剂抑制或杀死寄生在商品上的微生物，或控制商品的储存环境条件。

具体地说，商品防霉腐的方法有：化学药剂防霉腐、气相、气调、低温冷藏、干燥以及其他的方法防霉腐。

（三）虫蛀的防治

仓库害虫的预防，就是采取有效措施，将害虫消灭在危害之前。通过杜绝害虫的来源，抑制或消除害虫适宜生长繁殖的条件，防止仓库害虫发生。一旦发生虫害，还可以用其他手段来消灭害虫。害虫的防治方法有物理防治和化学防治。

物理防治有高温杀虫、低温杀虫、电离辐射杀虫、灯光诱杀和微波、远红外线杀虫方法。化学防治按杀虫作用性质可分为熏蒸杀虫、胃毒杀虫和触杀虫三类。

（四）锈蚀的防治

金属的防锈蚀就是防止金属与周围介质发生化学作用或电化学作用，使金属免受破坏。在仓储中，一般采用改善仓储条件，涂油防锈。气相防锈，可剥性塑料封存，干燥空气和充氮封存等方法来防锈。

一旦出现锈蚀，可以分别采用手工、机械或化学方法除锈，然后上油防锈。

（五）老化的防护

防老化是根据高分子材料的变化规律，采取各种有效措施，以减缓其老化速度，达到延长其使用寿命的目的。防老化要从两方面进行，首先从老化内因着手，在生产中采用改进聚合和成型加工工艺或改性的方法，提高商品本身的稳定性，其次，可采用添加抗氧剂、紫外光稳定剂和热稳定剂等防老剂、抑制光、氧、热等外因的作用，也可用物理防护的方法，如涂漆、涂蜡、涂油、复合材料、浸渍或涂布防老剂等，使商品免受外因的作用。

（六）防燃爆

易燃易爆商品在储存中，发生火灾与爆炸通常是在明火、摩擦和冲击、电火花、化学能或曝晒等外界因素作用下发生的。所以，库内绝对禁止吸烟和明火，禁止带入火种；禁止使用易因机械作用而产生火花的工具，禁止穿带铁钉的鞋入库，防止搬运中相互撞击、摩擦；必须将搬运用的电瓶车等装配防爆或封式闭马达，平时应切断库内电器设备的电源；禁止使用能产生大量热量的吸湿剂吸潮；禁止聚集的日光照射，避免日光曝晒。

一旦发生火灾，要根据燃烧物品的性质采取相应措施进行灭火。

（七）防生理生化变化

为了尽量延缓食品商品的生理生化作用以利于长期储存，必须破坏或抑制其酶的活性。通常采用低温、加热干燥、气调、辐射等储藏方法。

任务三　商品运输的安全管理

案例导入

货车载一级危险品欲冒充香料过三峡被查获。10月8日，一货车载312桶危险品，冒充香料乘载滚装船欲经水路从四川运至江西，在三峡大坝上游处被长航公安局宜昌分局民警查获。

警方查实，货单注明的“香料”实为总重达7.076吨、共计312桶的一级危险品，包括易燃液体乳酸乙酯170桶、乙酸乙酯125桶、乙缩醛7桶，酸性腐蚀品丁酸10桶，按规定这些货物均不得从水上运输，民警遂扣留该车。

（资料来源：《货车载一级危险品欲冒充香料过三峡被查获》，四川在线，http：//www.scol.com.cn，2009-10-10。）

问题：

1. 什么是商品运输？商品运输安全管理的意义是什么？
2. 什么是特种商品？特种商品运输有什么要求？

学习目标

理解商品运输及特种商品的概念；明确特种商品的运输要求。

基础知识与技术

商品运输是指商品空间上的位移，以解决产、需在空间上的矛盾。安全管理工作是商品运输工作的重要一环。保证商品运输的安全，是从事商品运输工作的人员必须十分重视和努力完成的一项任务。商品运输质量的好坏将直接关系到社会生产和人民生活的需要，关系到人民生命和国家财产的安危，关系到企业的经济效益等重大问题。因此，要经常加强对有关运输人员的安全教育，并加强管理。商品运输保险也是商品运输安全防损的重要保障，应当重视并大力推广。

一、商品运输安全管理的内容和重要意义

商品运输安全管理的内容，主要包括两方面：一是防止商品运输事故；二是减少商品运输损耗。前者是防止商品在运输或装卸过程中，发生人身伤亡、商品毁损、短缺、残损、变质、水湿、盗窃、包装破漏以及单货不符、单货不同行造成的损失或差错事故等。后者是指减少商品在运输或装卸过程中，由于商品的物理、化学或生物学变化等自然原因所引起的商品减量和变质。例如，蔬菜、水果的水分蒸发、霉烂变质，油料及化工产品的挥发，食盐的走卤、食糖的受潮结块或溶化等等。

商品运输安全管理，是关系到保护人民生命和国家财产的大问题。商品能否安全地运达目的地，对于增加国家财富，促进生产发展有着重要意义。流通部门有大量的商品需要通过运输环节，其中既有生产资料又有生活资料，这都是广大劳动人民辛勤劳动的成果，是我国进行社会主义现代化建设、保障人民生活需要必不可少的物质基础。只有及时、准确、安全、经济地把商品从产地运达销地，才能满足工农业生产和人民生活的需要，促进社会再生产过程的加快进行，更好地为社会主义现代化服务。

商品在运输过程中，都要经过发货、收货或中转以及装卸、搬运等环节。有的商品要经过长途运输，多次变换运输工具，有的商品要经过短途搬运，多次的收发手续。为保证商品在运输过程中的安全，有关部门都制定了相应的规章制度和安全操作规程，并要求严

格执行。商品运输如果不注意安全管理工作，不遵守交通运输部门的规章和流通部门内部的规定，就必然导致各种货损、货差等事故的发生，浪费国家资财，增加运杂费用，甚至会人为地造成火灾、翻车、沉船等重大事故，使人民生命和国家财产造成不应有的损失，并且在政治上造成不良的影响。因此，搞好商品运输安全管理工作，是商业运输部门的一项严肃的政治和经济任务。

二、特种商品运输的安全要求

特种商品是指理化上具有某些特殊性质的商品，如化工危险品、鲜活易腐商品、易碎流汁商品等。这些特种商品的运输必须采取相应的防护措施，才能使之完整无损地运达目的地，所以称为特种商品运输。由于这些商品的性质特殊，如危险品具有爆炸、着火、腐蚀、毒害、放射等特性；鲜活易腐商品具有容易变质霉烂特性；易碎流汁商品性脆易渗漏污染等等。在运输过程中，一旦发生事故，轻则影响人民的日常生活，重则危害人民生命财产的安全。

（一）特种商品在运输中的分类

1. 危险商品

危险商品是指在运输或使用过程中，稍不注意或处理不当，就会引起人身伤亡和国家财产毁损的商品。这些商品，根据不同的特性、形态以及受外界各项因素的影响和危险性的强弱分为九类。

大多数危险品同时具有多种危险性。如有些化工产品，既有强烈的氧化性，同时又具有爆炸性，分类则是按其主要危险性来区分类别。

在商贸部门经营的商品中，化工商品、石油类商品、日用工业品中的火柴、赛璐珞制品以及某些化妆用品等，节日用的各种花炮，均属于具有危险性的商品。

2. 鲜活易腐商品

所谓鲜活易腐商品，就是指那些在运输过程中，需要采取特殊防护措施和保持一定温度，以防止腐坏变质、死亡掉膘的产品。如家禽、家畜、活鱼、鲜鱼类、肉类、动物油脂、鲜蛋、鲜奶、鲜蔬菜、鲜水果、冰、鲜活植物以及要采取防护措施，保持一定温度，才能保证质量的商品（如某些西药、疫苗）。这类商品有很大一部分是属于商贸部门收购的农副产品，是城乡人民日常生活必不可少的物资。

鲜活易腐商品，大致可分为活禽畜、冻结易腐商品和非冻结易腐商品三大类。

（1）活禽畜。是指活鸡、鸭、鹅、猪、牛、羊、马、骡、驴、兔等。

（2）冻结易腐商品。它的基本特性是在于它的温度保持在－8℃以下，否则就会腐坏变质。商贸部门经营管理的冻结易腐商品有冻猪肉、冻羊肉、冻牛肉、冻兔肉、冻家禽、冻蛋、冻鱼等。

（3）非冻结易腐商品。主要有鲜蔬菜、水果、鲜蛋等。

3. 易碎流汁商品

易碎商品是指那些在运输、搬运过程中，受外力撞击、摔碰、受压或行车（行船）震动等外力作用时容易破碎损坏的商品，如玻璃及其制品、玻璃器皿、保温瓶（胆）、电灯泡、电视机、收音（录音）机、照相机和精密仪器等。

流汁商品是指那些包装破损后能污染其他货物的液体流汁商品，如墨水、墨汁、打印油、酒、饮料、生发油、乳等。

（二）特种商品在运输中的要求

（1）在发运时，首先要检查运输工具的技术状况，按照商品的特性来选择和调配适用的运输工具，对与商品性质相抵触或影响运输安全的因素，要及时研究提出改进措施。同时商品的外部状况要符合运输的要求。如不合要求时，要督促有关部门按规定办理，严禁不适合运输要求的商品进行运输。

（2）商品装卸时，要本着轻拿轻放，重不压轻的原则，严禁野蛮装卸。因为这些特种商品特性各异，如装卸不慎，易于发生运输事故或留有隐患。

（3）在装卸机具堆装这些商品时，除了与承运部门认真交接外，并要注意加固工作，以防意外。

（4）在运输过程中，派有押运人员的要明确其职责，押运人员要负责经常检查；未派有押运人员的应与有关部门讲明情况，以期引起重视。

（5）接运时，要认真检查运输工具的有关部位，如窗、门、钩、扣及铅封有无异状。有关货物运输凭证是否与商品相符，是否齐全，商品的包装有无破漏等等现象。如有问题，要及时向有关部门索取货运记录或普通记录，同时协同有关部门采取措施进行抢救，以免扩大损失。

由于特种商品性质特异，在发运、途中和到达时各有不同要求。

习题与训练

一、名词解释

商品储存　商品运输　商品养护

二、选择题

1. 单项选择题

（1）储运商品的物理变化不包括（　　）。

A. 挥发　　B. 溶解

C. 串味　　D. 水解

（2）易发生老化的商品是以下商品中的（　　）。

A. 食品　　B. 塑料

C. 五金　　D. 陶瓷

（3）鲜活易腐商品是指是以下商品中的（　　）。

A. 蔬菜　　B. 橡胶

C. 白酒　　D. 发乳

E. 香水

2. 多项选择题

(1) 属于生理生化变化的有（　　）。

A. 老化　　B. 呼吸

C. 后熟　　D. 风化

(2) 空气湿度的表示方法有（　　）等。

A. 相对湿度　　B. 露点

C. 饱和湿度　　D. 华氏温标

(3) 控制与调节仓库温度的方法有（　　）。

A. 吸潮　　B. 通风

C. 加湿　　D. 升温和降温

三、判断题

1. 空气的绝对湿度与温度的变化成正比关系。（　）
2. 在绝对湿度一定的条件下，空气的相对湿度与温度成正比。（　）
3. 呼吸作用不利于水果的储藏。（　）

四、简答题

1. 商品在储存期间容易发生哪些质量变化？
2. 仓储商品发生质量变化的原因是什么？
3. 仓储商品养护的主要措施有哪些？

五、论述题

1. 分析贮存商品的质量变化及其因素。
2. 试述特种商品的安全运输要求。

六、案例分析

绿色物流

绿色物流是指以降低对环境的污染、减少资源消耗目标，利用先进物流技术，规划和实施的运输、储存、包装、装卸、流通加工等物流活动。现代绿色物流强调了全局和长远的利益，强调了全方位对环境的关注，体现了企业的绿色形象，是一种全新的物流形态。

绿色物流又称环保物流，是指为了达到顾客满意，连接绿色供给主体和绿色需求主体，克服空间和时间阻碍的快速有效的绿色商品和服务流动的经济管理活动过程。绿色物流从环境的角度对物流体系进行改进，形成了与环境共生型的物流管理系统。

（资料来源：《绿色物流发展中存在的问题及对策》，《绿色物流：21世纪物流发展新趋势》，中国仓库网，http：//www. china - ao. com/Info/30100_80913781. html，2007/10/24）

问题：

1. 什么是绿色物流？为什么要发展绿色物流？
2. 怎样才能更好的发展绿色物流？

分析要求：学生分析案例提出的问题，拟出案例分析提纲；小组讨论，形成小组案例分析报告；班级交流，教师对各小组案例分析报告进行点评。

模块二

商品知识案例

单元八 食品商品

《中华人民共和国食品安全法》第二十八条　禁止生产经营下列食品：

（一）用非食品原料生产的食品或者添加食品添加剂以外的化学物质和其他可能危害人体健康物质的食品，或者用回收食品作为原料生产的食品；

（二）致病性微生物、农药残留、兽药残留、重金属、污染物质以及其他危害人体健康的物质含量超过食品安全标准限量的食品；

（三）营养成分不符合食品安全标准的专供婴幼儿和其他特定人群的主辅食品；

（四）腐败变质、油脂酸败、霉变生虫、污秽不洁、混有异物、掺假掺杂或者感官性状异常的食品；

（五）病死、毒死或者死因不明的禽、畜、兽、水产动物肉类及其制品；

（六）未经动物卫生监督机构检疫或者检疫不合格的肉类，或者未经检验或者检验不合格的肉类制品；

（七）被包装材料、容器、运输工具等污染的食品；

（八）超过保质期的食品；

（九）无标签的预包装食品；

（十）国家为防病等特殊需要明令禁止生产经营的食品；

（十一）其他不符合食品安全标准或者要求的食品。

任务一　食品商品认知

案例导入

中国人是很重视“吃”，而且对吃法很有讲究。“民以食为天”这句谚语就说明我们把“吃”看得与天一样重要。由于自然的和阶级的原因，在中华人民共和国成立以前，大多数人总是吃不饱，所以才会有一种独特的把“吃”看得重于一切的饮食文化。如果一种文化把吃看成首要的事，那么就会出现两种现象：一方面会把这种吃的功能发挥到极致，不仅维持生存，也利用它维持健康，这也就是“药补不如食补”的文化基础；另一方面，对吃的过分重视，会使人推崇对美味的追求。

因此，在中国的烹调术中，对美味追求几乎达到极致，以至中国人到海外谋生，相当多的人以开餐馆为业，成了我们在全世界安身立命的根本！但是，当人们把追求美味作为第一要求时，却忽略了食物最根本的营养价值，我们的很多传统食品都要经过热油炸和长时间的文火炖煮，使菜肴的营养成分受到破坏，许多营养成分都损失在加工过程中了。民间有一句俗话：“民以食为天，食以味为先。”就是这种对美味的追求，反而使我们忽略了吃饭的真正意义。

问题：

1. 什么是食品？
2. 食品是如何分类的？

学习目标

理解食品的概念；明确食品的分类。

基础知识与技术

一、食品的概念

食品中含有维持人体生存和延续所需的物质和能量，所以它是人类赖以生存的最基本的生活资料。

食品是保证人体发育和健康不可缺少的生活资料，食品的质量要求应以我国《食品安全法》规定的“为保证食品安全，保障公众身体健康和生命安全”为前提。

按照我国《食品安全法》的规定，食品，指各种供人食用或者饮用的成品和原料以及按照传统既是食品又是药品的物品，但是不包括以治疗为目的的物品。

随着时代的发展和科技的进步，新型食品不断涌现，食品的种类和品种越来越多。

二、食品的分类

食品的种类繁多，分类方法不尽统一，常见的分类方法有：

（一）按照食品的来源分类

按照来源食品分为动物性食品、植物性食品和矿物性食品。

动物性食品：来源于动物界，主要包括：畜类、禽类、蛋类、鱼虾类、奶类等以及它们的各种加工产品。

植物性食品：来源于植物界，主要包括：谷类、杂粮，豆类、薯类、植物油、蔬菜、果品、茶叶、可可、咖啡、糖类、海产植物等以及它们的各种加工产品。

矿物性食品：来源于非生物界，主要有食盐、矿泉水等。

（二）根据食品是否经过加工分类

1．原料食品

原料食品是由各生产部门（农、林、牧、渔业等）所提供的未经再加工的产品。主要包括：

（1）鲜活食品。如水果、蔬菜、鲜蛋、水产活品等具有生命活动的产品。

（2）生鲜食品。如畜、禽肉、鲜乳、水产鲜品等。

鲜活食品和生鲜食品，含水分多，易腐烂变质，故称为易腐食品。

（3）粮谷类食品。主要包括小麦、稻谷、大豆、玉米、高粱、小米等。含水量少，性质稳定，比较耐贮藏。

2．加工食品

加工食品是以原料食品的基础再经过进一步加工处理所得到的各种产品。

（三）根据食品在饮食中的比重分类

根据在饮食中的比重食品分为主食和副食。

主食：我国的食物结构以提供热能为主的植物性食品为主食。如米、面等。

副食：主食以外的食品一般通称为副食。在我国习惯上把肉、鱼、蛋、奶、蔬菜、水果、糖、茶、调味品等作为副食。

随着经济的发展，人民生活水平的提高，饮食结构的改变，主食和副食两者的比重将会发生变化。

（四）根据食品的食用功能分类

1．普通食品

这类食品用量大且面广，属一般性食品。

2．强化食品

这类是指对食品中的一种或几种营养成分，人为地给予提高改性的食品。如强化维生素的饼干，强化铁的蛋制品等。

3．保健食品

这类是指能促进和改善人体健康的食品。食品中含有特定营养成分，有突出的营养功能，对人体有保健作用。

4．绿色食品

这类是指无污染、安全、营养类食品。具体地说是指其原料产地具有良好的生态环境，与原料生产有关的水质、土质、肥料、饲料等，必须符合一定的无公害控制标准，产品的生产、加工、包装等达到有关食品卫生质量标准的食品。

5．功能食品

这类是指具有某种特殊作用的食品，供特殊食用。如高热量食品、低钠食品等。

任务二 识别鉴别方便食品

案例导入

随着中国经济的迅速发展，尤其是生活节奏的加快，促使着人们改变了传统的生活方式，随着人们越来越不愿在厨房里多花时间，新一代的消费群体在不断壮大，使方便食品越来越保持良好的增长势头。方便食品得到发展的主要原因是：方便食品除了便宜、方便之外，卫生、营养、口感也是消费者考虑的重要因素，方便食品正随着人们的需求变化而不断变化着。

目前国内以菜肴为主要内容的新型方便食品，运用中华传统美食的“色、香、味、型”四大要素把其延伸到方便食品，使得方便食品市场已进入一个新的发展阶段，方便食品正随着人们的需求变化而不断变化着。

问题：

1. 方便食品有哪些种类？方便食品有何特点？
2. 方便食品的品质与哪些因素有关？如何对方便食品进行保管？

学习目标

明确方便食品的分类及质量特点；理解方便食品的主要成分及其与品质的关系；掌握方便食品的保管养护。

基础知识与技术

方便食品是指包装完好、卫生安全、便于携带、可直接（或经简单加工）食用的食品。它是伴随着人们生活节奏的加快逐步发展起来的快餐食品，具有许多优点。

一、方便食品的种类

方便食品种类很多，主要有即食食品、速冻食品、干的或粉状方便食品、罐头食品、方便菜肴等。

（一）即食食品

如各种糕点、面包、馒头、油饼、麻花等，这类食品通常买来后就可食用，而且各具特色。

（二）速冻食品

速冻食品（馒头、汤圆、饺子、馄饨等）是把各种食物事先做好或烹调好，然后放入容器中迅速冷冻，稍经加热后就可食用。

（三）干的或粉状方便食品

这些食品像方便面、方便米粉，方便米饭，方便饮料或调料、速溶奶粉等通过加水泡或开水冲调也可立即食用。

（四）罐头食品

罐头食品即指用薄膜代替金属及玻璃瓶装的一种罐头。这种食品较好地保持了食品的原有风味，体积小，重量轻，卫生方便，只是价格稍高。

另外，还有一部分半成品食品，也算是方便食品。

（五）方便菜肴

方便菜肴是指将中式菜品经过工艺改进批量生产，之后定量包装、速冻的方便菜品，水浴加热开袋即食。它继承了传统烹饪工艺的色香味，满足了快节奏生活对美味的需求。

二、面包

面包是用酵母使面团经过发酵制得的食品，其营养丰富、食用方便、经济实惠、风味好，日常生活中日益受到人们的青睐。

（一）面包分类

按面包成分中有无蛋、乳及其他辅料，分为两类。

1. 普通面包

普通面包，指以小麦粉为主体，加适量糖、盐、油脂制成的面包。

2. 花式面包

花式面包，指以小麦粉为主体，加适量糖、盐、油脂并添加蛋品、乳品及果料等制成的面包。

（二）面包的主要原料及化学成分

1. 面粉

面粉专指小麦粉。它是生产面包的基本原料。面粉的主要化学成分有碳水化合物、蛋白质、脂肪、维生素、矿物质、水分和酶等。

2. 酵母

酵母是面包生产的疏松剂，是面包生产不可缺少的基本原料。酵母在面包生产中的主要作用是：

（1）使面包体积膨松。酵母在面团发酵中产生二氧化碳和酒精，能使面包疏松多孔，体积大而膨松。

（2）改善面包的风味。面团在发酵过程中产生的酒精和面团中的有机酸，在烘烤中形成酯类，使面包具有酯香。

（3）增加面包的营养价值。酵母主要是由蛋白质构成的。酵母中（干物质）约含30%—40%的蛋白质和 B 族维生素，每克干酵母中，含有 20—40 微克硫氨素，60—85 微克核黄素，280 微克尼克酸，这些营养成分就提高了发酵食品的营养价值。

3. 食盐

食盐是面包生产的辅助原料。主食面包中加得多些，点心面包加得少些。其作用如下：

（1）改善面筋的物理性质。在面团中加入适量的食盐，可以促进面筋质的吸水能力，增强面筋的韧性和弹性，使面筋质地紧密，提高面团的持气能力。

（2）调节酵母生理机能。食盐也是酵母生长所需营养素。适量的食盐有利于酵母的生长繁殖，对杂菌有抑制作用。特别是对乳酸菌的抑制力更为突出。但用量过高时，由于渗透加大也抑制酵母的生长，同时影响面包的口味。

（3）突出面包风味。

（4）改善面包色泽。在面团中适量的添加食盐，可改变面筋性质，制出的面包组织细密，蜂窝壁薄而透明，面包色白而有光泽。

4. 糖和糖浆

糖和糖浆是面包生产中的主要辅料之一，它是面团的改良剂，可以使面包的孔隙度均匀，增加弹性，助长面包体积膨大；可改善面包的色、香、味、形；有助于酵母的生长繁殖，提高发酵能力。

5. 蛋和蛋制品

蛋和蛋制品也是面包生产中的重要辅料。它对改善面包的色、香、味、形，提高营养价值等都有一定的作用。

6. 乳和乳制品

乳和乳制品（鲜牛奶、奶粉、炼乳等）是面包生产中经常使用的高营养辅助原料，它可改善面团性能，改善面包的色、香、味、形，提高制品的营养价值。

7. 油脂

油脂的营养价值高，产生热量高，能使食品具有良好的风味和光泽，而且在生产工艺中也有重要作用。

8. 果料

面包中常用的果料主要有芝麻、葡萄干、核桃仁、杏仁、花生仁和蜜饯果脯以及苹果酱、山楂酱、枣泥酱等。面包配料中添加适量的果料不仅可提高制品的风味，还能提高营养价值，并能增加面包的花色品种。

9. 添加剂

为改善面包的组织结构，缩短生产周期等，常加入少量的添加剂。

（三）面包的外观质量要求

1. 形态

面包的形态完整，无缺损、裂纹、凹坑、粘边变形等。形状与品种造型相符，表面光洁、无白粉和斑点。

2. 色泽

面包的表面应呈金黄色或棕黄色，色泽均匀一致，无烤焦、发白现象。

3. 气味

面包应具有烘烤和发酵后的面香味及经调配的芳香气味，无异味。

4. 口感

面包的口感松软适口，不粘、不牙碜，无异味，无未溶化的糖、盐粗粒。

5. 内部组织

面包的内部组织细腻，有弹性，切面气孔大小均匀，纹理均匀清晰，呈海绵状，无明显大孔洞和局部过硬现象，切片后不断裂，无明显掉渣。

（四）面包的保管养护

1. 面包在贮存中的变化

（1）面包的老化。面包出炉后经1—2天的贮存，其品质不变，如柔软、皮光滑、有弹性，不易碎、不易掉渣，并具有特有的香味和滋味。老化后的面包失去弹性或弹性小，表皮软，有的起皱纹，干硬、易碎、易掉渣、香味减退等。老化的主要原因是面包中淀粉的变化。

（2）面包的腐败。面包在贮存过程中，由于保管不善，在微生物的作用下，会引起面包发粘、长霉、腐败。引起这些变化的微生物主要有霉菌、细菌等。

2. 面包的贮存条件

（1）面包的储存场所要求清洁、卫生、经常消毒。

（2）面包短期存放以温度15°—20℃，相对湿度75%为宜。长期储存最好在－1℃冷藏。销售或食用前，在常温或经蒸汽复原。老化过度的面包，宜用蒸汽加热复原。

三、方便面

方便面又称速煮面，是伴随着人们生活节奏的加快逐步发展起来的快餐食品，虽然问世时间短，但发展十分迅速。

（一）方便面的分类

1. 根据生产工艺分类

根据生产工艺不同可分为油炸方便面和热风干燥方便面。

油炸方便面，是指经油炸干燥的方便面（简称油炸面）。干燥速度快（10秒），淀粉糊化程度高，面条组织内有微孔，复水性好，一般浸泡3—5分钟即可食用，风味好，生产量大，市场销售情况较好，是目前生产的主要产品。

热风干燥方便面，是指经热风干燥的方便面（简称风干面）。干燥速度较慢（1小时左右），淀粉糊化程度低，复水性较差，食用时沸水浸泡时间长，风味较淡，但由于其含油脂低，不易发生氧化变质，贮存时间长，成本也较低，因此也颇受欢迎。

2. 根据包装方法不同分类

根据包装方法不同，又可分为袋装、杯装和碗装方便面三种。

在上述这些分类中，各地方便面生产企业根据当地市场情况及当地居民消费习惯，又在调料上改变花色品种，满足市场需求。如：中国风味（中国面），有酱油汤面、酱油炒面、咖哩炒面、咖哩汤面、酱油味汤面、酱油味炒面、咖哩炸面、醋味汤面、黄酱汤面、黄酱冷面等；日本风味（和风面），有酱油醋面、酱油荞麦面、酱油粗面、酱油荞麦面、咖哩荞麦面、酱油汤面、酱味荞麦面、掺混面等；欧洲风味（欧风面），有西红柿酱面等。

（二）方便面及方便面调料的原料

1. 方便面的原料

（1）面粉。采用高面筋（或面条专用粉）。

（2）食盐。采用精盐，溶解成一定浓度的食盐水，加入量为1.5%—2.0%。

（3）碱水。加碱的目的是为了改善面团的质量，使面团具有独特的韧性、弹性、滑性及特殊风味，在煮制时不浑汤，食用爽口。热风干燥方便面用碱量为0.3%—0.5%，油炸方便面为0.1%—0.3%。

（4）增粘剂。增粘剂主要是提高面团的粘性和弹性，缩短和面时间，常用的有植物胶、藻元酸钠，也有的用羧甲基纤维素，用量为0.2%—0.4%。

（5）其他。如油脂、乳化剂、淀粉等。

2. 方便面调料的原料

（1）主要原料。有肉类、水产品和蔬菜等，它们向调料提供风味和营养物质。

（2）填充料。调料中使用的填充剂主要是淀粉，能够改变调料的物理性状，同时淀粉还能缓解蛋白质的吸湿问题。

（3）调味料。主要有甜味料（蔗糖、葡萄糖）；鲜味料（味精、酵母提取物、肉类提取物等）；咸味料（食盐）；香辛料（辣椒、生姜、胡椒、大蒜、大葱、茴香、芫荽等）。

（4）调味油脂。有猪油、花生油、牛油、菜油等。

（5）其他食品添加剂。包括香精、色素等。香精能增强调料的主体香气，如鸡肉香精、牛肉香精、鲜虾香精、香菇香精等。色素在调料中一般不使用，极个别的调料，由于色泽较浅，酌情添加少许焦糖粉，增加焦糖色泽。

（三）方便面的外观质量要求

1. 色泽

方便面的色泽呈均匀的乳白色或淡黄色，无焦、生现象，正反两面可稍有深浅差别。

2. 气味和滋味

方便面的气味和滋味正常，无霉变、哈喇味及其他异味。

3. 形状

方便面的外形整齐、花纹均匀。

4. 复水性

面条复水后无明显断条、并条，口感不粘牙、不夹生。

5. 杂质

方便面的无可见杂质。

（四）方便面的保管

方便面应贮藏于阴凉干燥处，避免高温、高湿、阳光直射，不应与有异味的商品存放在一起。保质期，六个月。

任务三 识别鉴别乳制品和饮料

案例导入

夏季天气炎热，宝宝对饮料的渴求更甚于其他季节，大多数宝宝都喜欢喝饮料，有的宝宝甚至养成进餐之前必喝饮料才肯吃饭，因此妈妈不得不买来各种甜饮放在家里。研究人员提醒人们，饮料要适量饮用，酸酸甜甜的饮料喝起来虽然过瘾，如果过量会给宝宝的健康带来不利影响。因此，夏季给宝宝喝饮料一定得注意以下三点：第一，不要以饮料代替白开水；第二，不要用饮料给宝宝解渴；第三，不要饱餐后马上喝饮料。

问题：

1. 乳制品、饮料的主要原料有哪些？乳制品、饮料是如何分类的？各有什么特点？
2. 乳制品、饮料的品质与哪些因素有关？如何对乳制品、饮料进行保管？

学习目标

明确乳制品、饮料的分类及质量特点；理解乳制品、饮料的主要成分及其与品质的关系；掌握乳制品、饮料的保管养护。

基础知识与技术

一、乳制品

乳及乳制品含有丰富的蛋白质、脂肪、矿物质和多种维生素，营养价值高。它是增强体质、哺育婴幼儿童、补充病人、老人、产妇营养的理想补品。随着人民生活水平的不断提高，乳及乳制品的产销量有继续扩大的趋势。

（一）乳的化学成分

各种哺乳类动物的乳汁都有一定特有的化学成分，但总的来看大同小异。以牛乳为例分述其化学成分如下：

1. 乳的水分

牛乳中的水分是由乳腺细胞所分泌的。它和普通的水不同，溶有牛乳中的可溶性物质。随着其他成分含量的变化，水分含量亦会改变。牛乳中的水分含量通常为87%左右，最高为90.69%，最低量为80.32%。

2. 乳脂肪

乳中的脂肪呈微小的球体，均匀地分布在乳汁中。乳中脂肪含量在3%—5%之间。乳脂肪球的平均直径为1.6—10微米。脂肪球的大小与乳脂芳香和消化有密切关系，一般来说，大的脂肪球芳香味浓，但消化不如小的脂肪球。小脂肪球芳香味不如大脂肪球，但比大脂肪球易于消化。脂肪球的大小随牛的品种而异。

乳脂肪是牛乳中最重要的组成部分，赋予乳与乳制品较高的营养价值和独特的风味，其营养价值主要表现在四个方面：①它是脂溶性维生素的含有者和传递者；②它是丰富的能源；③它与其他脂肪相比易于消化吸收；④它含有较多的人体所需要的脂肪酸。

3. 乳中蛋白质

乳中蛋白质按其存在状态可分为溶解的和悬浮的两大类。乳中蛋白质含量为3%—4%，其中干酪素占2.8%左右，白蛋白占0.5%左右，球蛋白占0.1%左右。

（1）干酪素。又称为酪蛋白，为乳蛋白的主要成分，约占乳蛋白的80%左右。干酪素在牛乳中呈悬浮状态，不溶于水，加热时不凝固，但可被酸和皱胃酶所凝固。纯干酪素为白色，无味无臭，不定形的粉状，除供食用外，也可供制造人造琥珀、人造象牙、人造珊瑚和硬玉制品等，此外在防水胶、油漆、皮革上光等方面也有比较广泛的用途。

（2）白蛋白。又名清蛋白，与干酪素的区别是白蛋白组成中不含磷，能溶于水，不能被稀酸和皱胃酶所凝固，但加热至70℃以上，即开始凝固。白蛋白是乳中天然免疫体的重要组成部分，在初乳中白蛋白的含量可达4%，平常乳中含量只有0.5%左右。白蛋白具有重要的生理作用，特别是对幼小动物或婴幼儿尤为重要。

（3）球蛋白。在平常乳中含量很少，一般不超过0.1%，而在初乳中含量可达12%。根据研究材料表明，球蛋白是乳中天然免疫体的载体。球蛋白在酸性条件下，加热时可以凝固。

4. 乳糖

乳糖是乳汁中特有的成分，在普通牛乳中含量通常为4%—6%。乳糖属双糖，甜味不如蔗糖，其甜度只有蔗糖1/6。可溶于乳汁的水分中。乳糖可调节胃酸，促进胃、肠的蠕动，促进消化腺的分泌，并能助长肠道中某些乳酸菌的繁殖和抑制腐败菌的生长。

5. 无机盐类

乳汁中含的各种无机盐类，主要有K、Ca、Na、Mg、P、CI、S，还有Cu、Mg、Zn、Co、F、Br、I等，其含量约占0.7%—0.75%。虽然含量不多，但对乳制品的加工和人体的作用是非常重要的。幼儿缺钙易得软骨病；人体缺铁，易患贫血病等。

6. 乳中的维生素

乳中含有人体所需要的各种维生素。主要有两类：一是脂溶性维生素，如V_A、V_D、V_E；另一类是水溶性维生素，如V_B族、V_C等。人体内如果缺乏维生素可以引起各种疾病。如缺乏V_A易得夜盲病；缺乏V_E易得不育症；缺乏V_C易得坏血病。因此，乳中的维生素是人体所必须的。

7. 乳中的酶

乳中含有多种酶类，由于各种酶的特性不同，在乳中所起的作用也不同。

乳中常见的酶类有：过氧化氢酶、过氧化物酶、还原酶、乳糖酶、脂肪酶等。如过氧化物酶在鲜乳中活性较强，随着乳的新鲜度降低，其活性逐渐减弱。还原酶是随着细菌在乳中的繁殖，活性才逐渐明显，所以检查还原酶的活性程度就可测知乳的新鲜度。

8. 乳中的其他物质

乳中除上述成分外，还含有一些其他物质，主要有磷脂、胆固醇、色素、免疫体等，虽然数量不多，但对乳的质量、理化性质、食用品质等均有一定的影响。

（二）乳制品的分类

乳制品因加工方法及原料的处理不同，其分类方法亦不尽相同。现将主要品种的分类分述如下：

1. 乳粉的种类

乳粉是鲜乳经杀菌、浓缩、干燥而制成的粉末状乳制品。其重量为鲜牛乳的八分之一左右，溶化后基本与牛乳一样。

根据加工及原料处理的方法不同，乳粉可以分为以下几种：

（1）全脂乳粉。全脂乳粉以鲜乳为原料直接加工而成，含有牛乳的主要成分，保持鲜乳的风味，营养价值高。全脂乳粉分加糖和不加糖两种，加糖全脂乳粉称为全脂甜乳粉，不加糖的称为全脂淡乳粉。

（2）脱脂乳粉。脱脂乳粉是把鲜乳中的脂肪分离出去之后，用脱脂乳加工而成。含脂肪很少，可供特殊需要，还可供糖果、糕点等食品工业部门使用。脱脂乳粉可分为全脱脂乳粉和半脱脂乳粉。

（3）速溶乳粉。速溶乳粉是用特殊的加工方法制成的。这种乳粉可在温度较低的水中迅速溶解。其品种有脱脂速溶乳粉、全脂速溶乳粉等。速溶乳粉由于含水量高，不利于保藏。

（4）强化乳粉。强化乳粉是在鲜乳或者乳粉中添加部分维生素、矿物质及其他一些营养成分而制成。

乳粉的主要化学成分是脂肪、蛋白质、乳糖、水分、矿物质等。

2. 炼乳的种类

炼乳是鲜乳的浓缩制品，也叫浓缩乳。炼乳较鲜乳缩小了体积，便于携带，用开水稀释后即可饮用。

炼乳分甜炼乳（含糖炼乳）和淡炼乳（不含糖炼乳）两种，以甜炼乳的销量为最大。所谓甜炼乳，即在经净化的原料牛乳中加入15%—16%的食糖，然后浓缩至鲜奶原体积的三分之一左右，即为甜炼乳。浓缩至鲜奶原体积的三分之二且不加糖的为淡炼乳。

炼乳所含的化学成分主要有蛋白质、脂肪、乳糖、维生素、矿物质等营养成分。

3. 奶油的分类

奶油，又称黄油，是将鲜乳经分离后所得的稀奶油进行加工而制得的产品。其脂肪含量在80%—83%，含水量低于16%。

我国生产的奶油分为以下四种：

（1）鲜制奶油，是指用高温杀菌的稀奶油制成的无盐和加盐奶油。

（2）酸制奶油，是指用高温杀菌的稀奶油经过添加纯乳酸菌发酵剂制成的无盐和加盐奶油。

（3）重制奶油，是指用稀奶油和奶油经过加热熔融，除去蛋白质和水分而制成的奶油。脂肪含量在 98% 以上。

（4）连续式机制奶油，是指用杀菌的稀释奶油不添加纯乳酸菌发酵剂发酵，在连续制造机中制成的奶油。

奶油是制作某些糕点和糖果的原料，是西餐中伴同面包而食的配料。奶油在西藏、内蒙古和西北牧区称为酥油，在烙饼、调茶和制作各种细点时一般都放奶油，是当地人民主要食品之一。

奶油的主要化学成分因种类不同有很大差异。其成分变化范围是：脂肪 78%—98%，水分 1%—20%，食盐在 2.5% 以下，蛋白质 1% 左右。

4. 酸乳制品

乳经乳酸发酵而制成的产品，称为酸乳制品。酸乳的原料乳一般采用脱脂乳，此外添加蔗糖 8%，香料适当。原料经 90℃ 30 分钟杀菌，然后冷却，加入发酵剂，装瓶发酵而成。酸乳制品的种类，由于所用原料和发酵剂（微生物）不同，种类很多。

（三）乳制品的外观质量要求

1. 乳粉的外观质量要求

（1）气味和滋味。正常牛乳具有消毒牛乳的纯味，无其他杂味。如有饲料余味、不新鲜的滋味、焦臭味、其他油脂味等，均需按标准规定扣分。凡带有苦味、腐败味、霉味、化学药品或石油产品气味等，均按废品处理。

（2）组织状态。正常的乳粉应是干燥的粉末状，无凝块和硬块。

（3）色泽。正常的乳粉应呈淡黄色，而且色泽均匀一致。

（4）冲调性。将乳粉倒入 25℃ 的水中，水面上的乳粉应很快被润湿并下沉，直至完全溶解，无团块和沉淀者为佳品。正常情况下，乳粉经水冲调后，应该复原为鲜乳一样的状态。

2. 炼乳的外观质量要求

（1）气味和滋味。味甜而纯，无外来的气味和滋味。

（2）组织状态。质地均匀，粘度适中（倾倒时可成线或带状流下），口尝时感觉不到炼乳的结晶存在，整个炼乳中不得有气泡存在。

（3）色泽。炼乳整体色泽应均匀一致，白中略带乳脂的色泽。

（4）包装外观。检查包装有无污损，铁桶铁盖有无生锈，封口严密程度是否良好，铁听装的应查看有无鼓听现象，如发现异状应开口观察，看炼乳表面有无霉斑、霉毛以及其他变质症状。

3. 奶油的质量要求

（1）风味。芳香者为最佳。单纯而无香味、平淡而无滋味者不能算为优良的奶油。有微弱的饲料味，或不清爽的异味如酸味、臭腥味、陈腐味等的奶油不能算为合格品。

（2）组织状态。奶油表面及切断口致密均匀者为最好，柔软而呈膏状或脆而疏松者不佳。

（3）稠度。具有一定的稠度和适当的展性者为佳，用舌尖和上颚碾压时应不感觉粗硬或粘软，如果脆硬而无弹性和展性，或者粘软而无塑性者均不佳。

（4）水分。奶油的切断面有显著的大水珠者不佳，水点呈白浊者说明酪乳洗除不充分，易变质，不耐保藏。

（5）色泽。色泽正常均匀一致者为佳，过浓过淡者不佳。

（6）食盐。正常均匀一致者为佳，过量和分布不均匀及发生食盐结晶者不佳。

4. 酸乳的质量要求

质地细嫩，组织均匀，表面无变色、龟裂、产生气泡及乳清分离现象，酸味与风味适当，不得有苦味、异味等。滴定酸度以 0.8—1.0（乳酸度）为宜。酸乳中不仅含有大量的蛋白质、糖类和脂肪等，还含有丰富的维生素 B_2，故有很高的营养价值。此外，由于饮用酸乳，能使肠内 pH 值降低，故可抑制肠内病原微生物的发育。有些菌种还能在肠内继续繁殖，对于预防和治疗肠胃疾病具有良好的效果。

（四）乳制品的保管

1. 乳制品常见的变质现象

（1）乳粉常见的变质现象。①吸湿结块。乳粉化学成分中含有亲水性物质，易吸收空气中的水分而结块。②吸收异味。乳粉与有异味的商品共存，易产生串味，降低质量。③陈腐臭味。乳粉中的乳脂肪氧化分解就会使乳粉产生陈腐臭味。

（2）炼乳易发生的质量变化。①膨听。听装炼乳，生产过程中容器不洁，酵母菌繁殖使蔗糖发酵生成二氧化碳而鼓听。装听过满也易造成假膨听。②表面发霉长毛和发酵变酸。这是由于温度适宜，细菌（霉菌）繁殖所引起的。③发砂、结晶。甜炼乳中出现粉末状和砂粒状的结晶，主要是存放时间较长和储存中温度升降激烈所致。④变稠。炼乳从流体变为浓厚稠粘，叫做变稠。变稠的原因：一是细菌性变稠，二是理化性变稠。⑤脂肪上浮。炼乳表面有脂肪析出，产生的原因是消毒温度太低或浓缩时间过长。⑥油污味。出现油污的原因主要是与空气较长时间的接触，脂肪氧化造成的。

（3）奶油在经营中易发生的质量变化。①易吸收异味。与其成分和结构有关。②易腐败生霉。腐败是由于脂肪氧化所致，生霉则是由于霉菌生长繁殖引起的。

2. 乳制品的保管养护

（1）乳粉。乳粉是容易吸湿结块和吸收异味的商品，在经营中应注意做好以下几点：①应存放在地势高，阴凉、通风条件良好、最好是钢筋水泥或砖木结构、水泥（沥青）地面的库房或中间楼层的库房中。库房内适宜温度应控制在 25℃以下，最高不超过 30℃，相对湿度应保持在 70%—75% 之间。库内应有避光设备，防止阳光直接照射，不得在露天或潮湿库房存放。②不能与其他有异味及易生虫的商品一起存放。③对不同保质期限的乳粉，要分别堆放，并用明显的标记加以隔离，以便检查。超过保质期限的，应经卫生部门检验后方能销售和处理（保质期：罐、瓶装密封乳粉两年；罐、瓶装非密封乳粉一年；塑料袋或散装乳粉三至六个月）。④贮存乳粉的仓库，容易招引老鼠，尤其是散装乳粉和纸盒装的乳粉，必须严防鼠害。

（2）炼乳。①炼乳应存放在阴凉干燥的库房内，温度不宜超过 15℃且保持相对稳定，相对湿度不超过 80%。②仓库内要保持清洁干燥防止水分和尘土附在铁听或铁盖上，以免生锈。③出库时应严格掌握先进先出的原则。

（3）奶油。①奶油应存放在冷藏库中，冬季北方地区可存于一般仓库中，但温度上升至0℃时既应转入冷库储存，零售门市应将奶油存放在冰箱中。②库房温度应根据储存时间长短进行控制，如储存期不超过七天，一般控制在5℃左右。储存一月以上至半年，应控制在0℃—8℃。③奶油不能与有异味的商品混存。④库内应保持清洁，防止污染或生霉。⑤运输时应保持低温和注意卫生条件，在途温度不能超过12℃。长途运输应使用保温车，并应直达冷藏库。

二、饮料

饮料是指以水为基本原料，由不同的配方和制造工艺生产出来，供人们直接饮用的液体食品。饮料除提供水分外，由于在不同品种的饮料中，含有一定等量的糖、酸、乳以及各种氨基酸、维生素、无机盐等营养成分，因此有一定的营养。

随着人民生活水平的不断提高，饮料已由过去的季节性消费品转变为常年性消费品，其品种不断增加，产销量越来越大。

（一）饮料的分类和成分

饮料的种类很多，根据其原料或产品的性状可分为十大类别。

1. 碳酸饮料（汽水）

碳酸饮料是指在一定条件下充入二氧化碳气的制品。不包括由发酵法自身产生的二氧化碳气的饮料。成品中二氧化碳的含量（20℃时体积倍数）不低于2.0倍。包括：

（1）果汁型。果汁型是指原果汁含量不低于2.5%的碳酸饮料。如桔汁汽水、橙汁汽水、菠萝汁汽水或混合果汁汽水等。

（2）果味型。果味型是以果香型食用香精为主要香味剂，原果汁含量低于2.5%的碳酸饮料。如桔子汽水、柠檬汽水等。

（3）可乐型。可乐型是指含有可乐果、白柠檬、月桂、焦糖色或其他类似辛香和果香混和香气的碳酸饮料。如可口可乐、百事可乐等。

（4）低热量型。低热量型是指以甜味剂全部或部分代替糖类的各种碳酸饮料和苏打水。KJ/100ml。

（5）其他型。其他型是指含有植物提取物或非果香型的食用酒精为香味剂以及补充人体运动后失去的电介质、能量等的碳酸饮料。如姜汁汽水、沙示汽水、运动汽水等。

2. 果汁（浆）及果汁饮料类

果汁饮料是指以新鲜或冷藏水果为原料，经加工制成的产品。原果汁含量不少于5%。包括：

（1）果汁。果汁是指直接从水果中获得的，不加入任何添加剂的天然果汁饮料，具有原水果果肉的色泽、风味和可溶性固形物。果汁有澄清果汁、混浊果汁、混合果汁三种。

（2）浓缩果汁。浓缩果汁是指将原果汁用一定方法除去一定比例的天然水分后制得的饮料。

（3）果浆。果浆是指水果或水果的可食部分经一定工艺方法制得的没有除去汁液、未经发酵、不加任何添加剂、具有该种水果原有特征的浆状制品。

（4）浓缩果浆。浓缩果浆是指用一定方法除去一定比例的天然水分具有该种原果浆应有特征的浆状制品。

（5）水果汁。水果汁是指用原果汁或浓缩果汁为原料，加入糖、酸味剂、饮用水等配料调制而成的，且原果汁含量不少于40%（以质量计）的能直接饮用的制品。有浑汁和清汁之分。

（6）果肉果汁饮料。果肉果汁饮料是指在原果浆或浓缩果浆中加入糖液、酸味剂等配料调制而成的，其原果浆含量不少于35%的制品。

（7）高糖果汁饮料。高糖果汁饮料是指在原果汁或浓缩果汁中加入糖液、酸味剂等配料调制而成的，且含糖量一般较高，且稀释后能饮用的制品。

（8）果粒果汁饮料。果粒果汁饮料是指在原果汁或浓缩果汁中加入柑桔类或其他水果经切细的果肉，再加入一定比例的糖液、酸味剂等配料调制而成的，原果汁含量不少于10%、果粒含量不少于5%的制品。

（9）果汁饮料。果汁饮料是指在原果汁或浓缩果汁中加入一定比例的糖液、酸味剂等配料调制而成的，原果汁含量不少于10%的制品。有浑汁、清汁之分。

（10）果汁水。果汁水是指在原果汁或浓缩果汁中加入一定比例的糖液、酸味剂等配料调制而成的，原果汁含量不少于5%的制品。有浑汁和清汁之分。

3．蔬菜汁饮料

蔬菜汁饮料是指用一种或多种蔬菜汁（或冷冻蔬菜汁）、发酵蔬菜汁为原料，加入食盐或糖等配料，经脱气、杀菌等所制得的各种蔬菜汁制品。包括：

（1）蔬菜汁。蔬菜汁是指用新鲜蔬菜汁（或冷冻蔬菜汁）加入食盐或糖等配料调制而成的制品。

（2）蔬菜汁饮料。在蔬菜汁中加入水、糖、酸味剂等调制成的可直接饮用的制品。如番茄汁。

（3）复合果蔬汁。复合果蔬汁是指在蔬菜汁和果汁中加入水、糖液等调制而成的制品。

（4）发酵蔬菜汁饮料。蔬菜或蔬菜汁经乳酸发酵后制成的汁液中加入水、食盐、糖液等调制而成的制品。

（5）食用菌饮料。一种是在食用菌子实体的浸取液或浸取液制品中加入水、糖液、酸味剂等调制而成的制品。另一种是选用无毒可食用的培养基，接种食用菌菌种，经液体发酵制成的发酵液中加入糖液、酸味剂等调制而成的制品。

（6）藻类饮料。将海藻或人工繁殖的藻类，经浸取、发酵或酶解后所制得的液体中加入水、糖液、酸味剂等调制而成的制品，如螺旋藻饮料等。

（7）蕨类饮料。蕨类饮料是指用可食用的蕨类植物（如蕨的叶子），经加工制成的制品。

4．含乳饮料类

含乳饮料类是指以鲜乳或乳制品为原料（经发酵或未经发酵），经加工制成的制品。包括：

（1）配制型含乳饮料。以鲜乳或乳制品为原料，加入水、糖液、酸味剂等调制而成的制品。成品中蛋白质含量不低于 1.0%（m/v）称乳饮料，蛋白质含量不低于 0.7% 称乳酸饮料。

（2）发酵型含乳饮料。发酵型含乳饮料是指以鲜乳或乳制品为原料，经乳酸菌类培养发酵制得的乳液中加入水、糖液等调制而制得的制品，称乳酸菌乳饮料，蛋白质含量不低于 0.7%（m/v），称乳酸菌饮料。

5. 植物蛋白饮料类

植物蛋白饮料类是指用蛋白质含量较多的植物的果实、种子或核果类、坚果类的果仁等为原料，经加工制成的制品。成品中蛋白质的含量不低于 0.5%（m/v）。包括：

（1）豆乳类饮料。豆乳类饮料是指以大豆为主要原料，经磨碎、提浆、脱腥等工艺制得的浆液中加入水、糖液等调制成的制品，如纯豆乳、调制豆乳、豆乳饮料。

（2）椰子乳（汁）饮料。椰子乳（汁）饮料是指以新鲜、成熟适度的椰子为原料，取其果肉加工制得的椰子浆中加入水、糖液等调制而成的制品。

（3）杏仁乳（露）饮料。杏仁乳（露）饮料是指以杏仁为原料，经浸泡、磨碎等工艺制成浆液，并加入水、糖液等调制而成的制品。

（4）其他植物蛋白饮料。其他植物蛋白饮料是指以核桃仁、花生、南瓜籽、葵花籽等为原料经磨碎等工艺制得浆液，并加入水、糖液等调制而成的制品。

6. 瓶装饮用水类

瓶装饮用水是指密封于塑料瓶、玻璃瓶或其他容器中不含任何添加剂，可直接饮用的水。包括：

（1）饮用天然矿泉水。饮用天然矿泉水是指从地下深处自然涌出的或经人工揭露的、未受污染的地下矿泉水。含有一定量的矿物盐、微量元素或二氧化碳气体，在通常情况下，其化学成分、流量、水温等动态在天然波动范围内相对稳定，允许添加二氧化碳。

（2）饮用纯净水。饮用纯净水是指以符合生活饮用水卫生标准的水为水源，采用蒸馏法、电渗析法、离子交换法、反渗透法及其他适当的加工方法，去除水中的矿物质、有机成分、有害物质及微生物等加工制成的水。

（3）其他饮用水。其他饮用水是指由符合生活饮用水卫生标准的，采自地下形成流至地表的泉水或高于自然水位的天然蓄水层喷出的泉水或深井水等为水源加工制得的水。

7. 茶饮料类

茶饮料是指用水浸泡茶叶，经抽提、过滤、澄清等工艺制成的茶汤或在茶汤中加入水、糖液、酸味剂、食用香精、果汁或植（谷）物提取液等调制加工而成的制品。

（1）茶汤饮料。茶汤饮料是指将茶汤（或浓缩液）直接灌装到容器中的制品。

（2）果汁茶饮料。果汁茶饮料是指在茶汤中加入水、食用香精、糖液、酸味剂等调制而成的制品。成品中原果汁含量不低于 5%（m/v）。

（3）果味茶饮料。果味茶饮料是指在茶汤中加入水、食用香精、糖液、酸味剂等调制而成的制品。

（4）其他茶饮料。其他茶饮料是指在茶汤中加入植（谷）物提取液、糖液、酸味剂等调制而成的制品。

8. 固体饮料

固体饮料又称冲泡饮料。是指以糖、食品添加剂、果汁、或植物提取物等为原料，加工制成粉末状、颗粒状或块状的制品。成品水分不高于5%（m/m），经冲溶后饮用的制品。包括：

（1）果香型固体饮料。果香型固体饮料是以糖、果汁、营养强化剂、食用香精和着色剂等为主要原料，加工制成的。用水冲溶后具有该品种应有的色、香、味等感官性状。如橘子粉、菠萝粉等。

（2）蛋白型固体饮料。蛋白型固体饮料是以糖、乳制品、蛋粉、植物蛋白或营养强化剂等为主要原料制成的制品。如麦乳精、桂圆精等。

（3）其他型固体饮料。①以糖为主，添加咖啡、可可、乳制品、香精等加工制成的制品；②以茶叶、菊花及茅根等植物为主要原料，经提取、浓缩、加糖（或不加糖）加工制成的制品；③以食用包埋剂吸收咖啡（或其他植物提取物）及其他食品添加剂等为主要原料制成的制品。

9. 特殊用途饮料类

特殊用途饮料是指通过调整饮料中天然营养素的成分和含量的比例，以适应某些特殊人群营养需要的制品。包括：

（1）运动饮料。运动饮料是指营养素的成分或含量能适应运动员或参加体育锻炼的人群的运动生理特点、特殊营养需要，并能提高运动能力的制品。

（2）营养素饮料。营养素饮料是指添加适量的食品营养强化剂，以补充某些人群特殊营养需要的制品。

（3）其他特殊用途饮料。其他特殊用途饮料是指为适应特殊人群的需要而调制的制品，如低热量饮料等。

10. 其他饮料类

除上述9种类型以外的软饮料统称为其他饮料类。包括：

（1）果味饮料。果味饮料是指在糖液中加入食用香精、植物提取液、酸味剂、甜味剂等调制成的原果汁含量低于5%（m/v）可直接饮用的制品。如橘味饮料、柠檬味饮料等。

（2）非果蔬类植物饮料类。非果蔬类植物饮料是指用非果蔬类植物的根、茎、叶、花、种子以及竹木自身分泌的汁液，经调制加工制成的制品。

（3）其他水饮料。①用符合生活饮用水卫生标准的水为水源，经纯化处理（或未经纯化处理）后，添加或通过一种特定装置，使水中含有一定量的有利于人体健康的微量元素或矿物质的水。②用天然矿泉水调制加工而成的制品。

（4）其他。是指以食药两用或新资源食物为原料，经调制加工而成的制品。

（二）饮料的质量要求

饮料是直接入口的食品，其质量好坏直接关系到人体健康和生命安全，因而应严格要求。

1. 饮料的外观质量要求

以碳酸饮料的外观质量要求为例（见表8-1）。

表 8－1　　　　碳酸饮料外观质量要求

项目	指标			
	果汁型	果味型	可乐型	其他型
色泽	应接近与品名相符的鲜果或果汁的色泽	应接近与品名相符的鲜果或果汁的色泽	具有可乐应有的焦糖色泽或类似焦糖色泽	应具有与品名相符的色泽
香气	具有该品种鲜果的香气，香气较协调柔和	具有近似该品种鲜果的香气，香气尚协调柔和	具有该品种应有的辛香和果香混合香气，香气较协调柔和	具有该品种应有的香气
滋味	具有该品种鲜果汁之滋味、味感协调柔和、酸甜适口、有清凉感	具有近似该品种鲜果汁之滋味、味感协调柔和、酸甜较适口、有清凉感	口味正常、味感尚协调柔和、酸味较适口、有清凉感	具有该品种应有的滋味、无特殊异味、味感尚协调柔和、有清凉感
透明度	清汁型：澄清、透明、无沉淀；浑汁型：浑浊均匀一致、浊度适宜，允许有少量果肉沉淀	清汁型：澄清、透明、无沉淀；浑汁型：浑浊均匀一致、浊度适宜，允许有少量果肉沉淀	澄清透明、无沉淀	清汁型：澄清透明；浑汁型：浑浊均匀一致、浊度适宜
杂质	无肉眼可见的外来杂质			

2. 销售包装容器的质量要求

常见的盛装饮料的包装容器主要有玻璃瓶、金属罐、塑料瓶、复合软塑料包装容器等。其质量要求如下：

（1）玻璃瓶。①应洁净、透明，不允许有明显且又影响使用的不透明砂粒、气泡及炸裂纹。②能耐一定温度差及烯酸液的侵蚀。③瓶口平面平行，在封合面上不允许有影响密封性疵点。④玻璃厚薄均匀、瓶身的质量和容器误差在允许范围之内。⑤同一种类，其颜色必须一致。⑥汽水瓶要符合 QB943 的要求。

（2）金属罐。①金属罐表面应清洁、无锈迹及擦伤，封口结构良好，罐身不应有凹凸等变形现象。②罐内涂料应符合 GB4805 规定。

（3）塑料容器。①用于饮料包装的塑料容器应无毒无味，不与内容物起任何反应。②塑料容器能耐一定的温差，对氧气具有较好的隔绝作用，密封性能良好，具有一定的机械强度。③容器表面应光滑，具有良好的印刷性能。

（4）复合软塑料容器。①容器内层薄膜应无毒无味，不与内容物起任何反应，密封性能良好。②隔绝层应不易折裂，对氧气有较好的隔绝作用。③外层材料应具有一定的机械强度，耐高温、表面光滑，有良好的印刷性能。

（三）饮料标签的内容与要求

1. 饮料标签的内容

饮料标签是指销售包装容器上的文字、图形、符号以及一切说明物。其内容主要包括：名称、配料表、净容量及固形物含量、制造者和经销者的名称、地址和电话号码、批号、生产日期、保质期、产品标准代号、商标、使用方法、贮藏方法以及主体成分的百分含量等。

2. 饮料标签的基本要求

（1）饮料标签不得与包装容器分开。

（2）饮料标签内容必须保证消费者在购买和食用时醒目，易于辨认。

（3）饮料标签内容必须通俗易懂、准确、科学。文字、符号、图形应直观、易懂，背景和底色应采用对比色。

（4）饮料名称必须在标签的醒目位置。饮料名称和净含量必须排在同一视野。

（5）饮料标签所用的名字必须是规范的汉字，当用汉语拼音、少数民族文字或外文时要保持其严密的对应关系，且不得大于相应的汉字。

（6）饮料标签所用计量单位必须以国家法定计量单位为准。如 g 或克，Kg 或千克、公斤、ml 或毫升、l 或升。

（7）饮料标签的所有内容不得以错误的，引起误解的或欺骗性的方式描述或介绍。

（四）饮料质量的鉴别方法

1. 饮料质量优劣的一般鉴别方法

（1）外观。从成品中抽取样品倒入清洁、干燥的烧杯中，放在明亮的白色背景之前观察，应无任何异常颜色和浑浊、沉淀现象（果汁汽水例外）。

（2）味道。将抽取的样品倒入清洁的烧杯中，品尝其味道，应有与本品相宜的独特风味，不应有异味。

（3）气味。将抽取样品倒入杯中，试嗅气味，应有与本品相宜的芳香，不应有异味。

（4）瓶口空间距离。瓶内汽水液面到瓶颈的空间距离应在 4—5 厘米之间。

（5）瓶盖。瓶盖应旋紧，其图案应清晰，无划伤、锈蚀现象。

（6）销售包装上的标签应符合要求。

2. 常见几种饮料优劣的识别方法

（1）碳酸饮料。优质碳酸饮料的特点。①色泽。应接近与品名相宜的色泽。可乐汽水应具有焦糖色。②均匀程度。无分层现象。③瓶盖。不漏气、不带锈迹。④商标。应端正，与瓶中饮料相宜。⑤透明度。澄清透明、无杂质。⑥口味。无异味，应有与本品相宜的芳香口味。⑦泡沫。倒入杯中泡沫高达 2 厘米左右，且能持续 2 分钟以上。

劣质碳酸饮料的特点如下：瓶盖松动有锈迹；对光观察透明饮料可见云雾状或颗粒现象、有明显沉淀物；口感有腐蚀馊饭味，甜味不足，辣味有余。

假碳酸饮料的特点如下：一般是用糖精、香精和非食用色素调制而成；瓶盖有压盖不规则痕迹；标签内容印迹模糊不清晰；口感无果香味；倒入杯中无泡沫升起。

（2）果汁饮料。①优质果汁饮料的特点。以桔子饮料为例：色泽，呈桔黄色；气味，加水 3 倍稀释后应有桔子香味，酸甜适口，无异味；组织状态，含有桔绒纤维，呈悬浮状；杂质，无肉眼可见的杂质存在。②变质果汁饮料的特点。透明果汁饮料出现浑浊、沉淀现象；开瓶后酒味明显；品尝时酸味明显；轻摇瓶子有大量气泡生成，不易消散。假果汁饮料的特点。假果汁饮料多以糖精、香精、色素兑制而成。色泽与其品名不相宜，口感无果香、果味。包装不精致，标签内容不全且不清晰。

（3）固体饮料。①优质固体饮料的特点：色泽，冲溶前不应有色素颗粒，冲溶后应有该品种相宜的色泽；外观形态，颗粒应疏松，均匀一致，无结块现象，粉末状应无颗粒和结块现象；香气和滋味，具有与品名相宜的果香、果味，无其他异味；杂质，无肉眼可见的杂质。②劣质固体饮料的特点：手感有结块现象；温水不易冲溶；有肉眼可见之杂质存在，口感果香、果味不明显，酸味过度；标签内容不全且印刷粗糙。

（五）饮料的保管养护

（1）运输工具必须保持清洁、卫生，搬运时要轻拿轻放，严禁挤压、摔碰。
（2）应贮存于阴凉、干燥、通风的库房，不得露天存放，冬季贮存应做好防冻工作。
（3）贮存过程中必须防止日晒、雨淋，严禁与有毒有异味的物品混贮、混运。
（4）经销过程中应保持其场所干净、卫生，不得经销超过保质期的饮料食品。
（5）商品出库应遵循先进先出的原则。

任务四　识别鉴别酒类

案例导入

小李要请朋友来家做客，特意去超市买葡萄酒。当问及导购员什么样的酒才是好酒时，导购员告诉他好酒一定是果香、酒精、单宁、橡木，所有元素之间的平衡。如果某种元素过于突兀，就失去平衡之道了。还有就是感受香气和口感的复杂度和浓郁度、回味度都很重要。好酒有一些通用的标准，比如：自然的颜色，和谐的香气，复杂或纯净感，适宜的集中和浓郁程度，长而愉悦的余味，典型性及个性等。只要一瓶葡萄酒经过合格的酿造者精心酿造，包括精心筛选原料，精心处理酿造工艺，保存状态也没有问题，那么应该就归于“好酒”的范畴。或者说，一瓶酒在被饮用时是很令人愉悦的，带给人很好享受的，应该说就是一瓶好酒。毕竟世界上有如此众多的葡萄酒生产国家和地区，各种不同的风格和酿造工艺，不同的风土特征和口味。

问题：

1. 酒是如何分类的？白酒、啤酒、葡萄酒、黄酒各有何特点？
2. 酒的品质与哪些因素有关？如何对酒类进行保管？

学习目标

明确酒的分类及质量特点；理解酒的主要成分及其与品质的关系；掌握酒的保管养护。

基础知识与技术

凡含有酒精成分的饮料统称为酒。它是广大人民长期以来习惯性的消费品。适量饮酒，有兴奋神经、舒筋活血、祛湿御寒等作用。许多低度酒，如黄酒、啤酒、果酒等还能给人们提供一定的营养素，有益于身体健康。酒液中加入药材的药酒，饮用有一定治疗和强壮身体的作用。因此，每逢节假日，家人团聚、宴请宾客，人们都乐意以饮酒助兴。但长期过量的饮用高浓度的酒，对人的身体健康是有害的。

一、酒的分类

酒的分类方法很多，常见的是根据酒的生产方法、酒度高低、商业经营习惯进行分类。

（一）根据生产方法不同分类

1．蒸馏酒

蒸馏酒是原料经发酵后用蒸馏方法使酒液和酒糟分离。通过蒸馏获得的酒称之为蒸馏酒。这类酒的酒精含量较高，其他固形物含量较少，刺激性较强。如白酒、白兰地酒等均属此类。

2．发酵原酒

发酵原酒（或称压榨酒），原料经过糖化（或不经过糖化）和酒精发酵后，用压榨或过滤使酒液与酒糟分离，用此法获得的酒称之为发酵原酒。发酵原酒的酒精含量较低，固形物含量较多，刺激性小，具有一定的营养价值。如啤酒、黄酒、果酒等均属此类。

3．配制酒

配制酒是用成品酒或食用酒精与一定比例的糖料、香料、药材等配制而成的酒叫做配制酒。这类酒含有糖分、色素和不同量的固形物，酒精含量因酒的品种不同而有所区别。各种露酒、药酒等都属于配制酒。

（二）按酒精含量分类

（1）高度酒。酒精含量在40度以上者为高度酒，如白酒、白兰地酒等。

（2）中度酒。酒精含量在20—40度之间者为中度酒，如多数配制酒。

（3）低度酒。酒精含量在20度以下者为低度酒，这种酒刺激性较小，如啤酒、黄酒、果酒等。

（三）根据商业经营习惯分类

根据商业经营习惯分类可分为白酒、黄酒、啤酒、葡萄酒、果露酒和药酒等。

二、白酒

以含淀粉等糖类成分的粮谷为原料，通过酒曲、酵母的作用糖化和发酵，再经蒸馏制成的一种无色、透明、含酒精成分较多的酒称之为白酒。我国白酒的原料很多，但不同的原料，酿出的成品酒风味各异，就是同一种原料，因产地和品种不一样，酒的风格也区别很大。

（一）白酒的成分

1. 酒精

酒精是白酒的主要成分，也是衡量酒度高低的标志。白酒的酒度是以20℃时酒精容量百分比表示的。白酒中酒精含量增加，酒的刺激性增强，对人体健康也不利。所以不能以酒度高低来评价酒的质量。我国北方白酒的度数偏高。国外蒸馏酒的酒度均不超过45°。

2. 酸类

酸类是主要有醋酸、丁酸、己酸和少量的乳酸，是原料在发酵过程中受醋酸菌等微生物的作用而产生的。白酒中含有少量的有机酸能缓和酒的刺激性，调剂酒的味道。在白酒储存过程中，酸与醇能酯化形成芳香的酯类。但含酸过多时，也会使酒风味变劣，产生酸涩感。一般白酒中酸类含量不超过0.1克/100毫升（以醋酸计）。

3. 醛类

白酒中所含醛类主要是乙醛，它是酒精发酵过程中的中间产物，具有较强的刺激性和辛辣味，并有害于人体。乙醛沸点低，蒸馏时酒头中含量较多，新蒸出的白酒，含醛较多。所以新酒刺激性强，经过贮存后，乙醛会挥发而减少。一般白酒中醛类的含量不超过0.01克/100毫升。

4. 酯类

酯是醇类和羧酸酯化反应的产物，它是一种芳香成分。在发酵后期酯的形成较多，白酒在贮存中酯的含量也会有所增加。白酒中酯的种类很多，不同的酯具有各自的香气特点，因此，白酒的香型划分主要区别于芳香成分。而酯是其中最重要的芳香成分。优质的白酒酯类含量要求在0.02克/100毫升以上（以醋酸乙酯计）。

5. 杂醇油

杂醇油是指高于酒精碳原子的饱和一元醇的总称。杂醇油大多具有不良的苦涩味，它能使饮酒者头晕不舒服，是恶醉之本。按国家食品卫生标准规定，白酒中杂醇油的总量不得超过0.15克/100毫升（以戊醇计）。杂醇油在贮酒中与羧酸发生酯化反应，能产生酯类。

6. 甲醇

甲醇在人体内氧化生成甲醛，是有毒的成分，尤其对视神经影响较大。甲醇产生的原因是由于原料中果胶质水解的结果。一般白酒中甲醇含量不得超过0.04克/100毫升（薯干酒0.12克/100毫升）。

7. 铅

白酒中含铅能引起积累性中毒，因此白酒中含铅量不得超过1ppm。

（二）白酒的香型及风味特点

1. 酱香型

酱香型的风味特点是，酱香突出，幽雅细致，酒体醇厚，柔和绵长，回味悠长。倒入杯中放置较长时间香气不消失，饮后空杯留香。酱香型酒的主体香成分比较复杂。我国酱香型酒的种类不多，典型代表为茅台酒。

2．浓香型

浓香型的特点是窖香浓郁、绵柔甘冽、香味协调、尾净余长，可以概括为香、甜、浓、净四个字。浓香型白酒可以稍带一点酱香，但不出头。这类酒的主体香成分是己酸乙酯和适量的丁酸乙酯，典型代表为五粮液、泸州老窖特曲。

3．清香型

清香型的风味特点是清香纯正，诸味协调，微甜绵长，余味爽净。其主体香成分是乙酸乙酯和乳酸乙酯相互搭配协调。其典型代表是杏花村汾酒。

4．米香型

其风味特点是蜜香清雅纯正，入口柔绵，落口甘冽，回味怡畅。其主体香成分是乳酸乙酯为主，乙酸乙酯稍低。小曲酒多属于米香型。以广西桂林三花酒为代表。

5．其他香型

其他香型的特点是闻香、口香和回味香各有不同香气，具有一酒多香的风格，所以称为兼香型。有的带有药香，如名酒中的董酒，有的具有芝麻香气，如景芝白干。

（三）白酒的感官鉴定

1．色

白酒的颜色应是无色、透明、无悬浮物和沉淀。将白酒注入杯中，杯壁上不得出现环状污物，置于光线中观察是否有悬浮物和沉淀。

2．香

白酒应有醇香，即特有的酒香，无任何外来的杂香。将白酒注入杯中用鼻子闻，以区别香型和香气的高低。

3．味

白酒的滋味要求纯正，无强烈的刺激性，各味协调。白酒的滋味与香气有密切的关系，香气较好的白酒，其滋味也较好。品尝酒滋味的醇厚，应用舌尖部和喉部仔细品尝，以区别白酒滋味的优劣。

三、啤酒

啤酒是酒类中含酒精最少的低度酒，并含有充沛的 CO_2 和大量的营养成分（如蛋白质、碳水化合物、多种 B 族维生素等），发热量高，营养成分易被人体消化吸收，固有“液体面包”之称。经常适量饮用，可以帮助消化，健脾开胃，增进食欲。所以啤酒是一种有益的低度酒。

（一）啤酒的原料及要求

生产啤酒的原料有大麦、酒花、水、淀粉辅助原料和啤酒酵母。

1．大麦

啤酒采用大麦作为原料，一方面取其淀粉和蛋白质成分，另一方面是大麦发芽，取其淀粉酶作为糖化剂。

2. 酒花

酒花又称舌麻花，其中含有芳香的酒花油，苦味的树脂和鞣质等。这些成分赋予啤酒特殊的香味和爽口的苦味，并能与麦汁中的蛋白质结合成鞣质盐沉淀，以利于麦汁的澄清和啤酒的稳定性。树脂还能防止杂菌的繁殖，因此酒花对啤酒的风味质量和稳定性有重要的作用。

3. 水

酿造啤酒要求用深井水（含杂菌少），而且水的硬度不宜大。水质的好坏会影响啤酒的色泽、风味和稳定性。

4. 淀粉辅助原料

啤酒常用的淀粉辅助原料有碎大米和去胚的碎玉米。加入辅料主要是为了节省大麦芽，有利于降低成本和提高啤酒的质量。

5. 啤酒酵母

用于酿造啤酒的酵母要求纯种培养的耐低温酵母。

（二）啤酒的种类

1. 根据是否杀菌可分为鲜啤酒和熟啤酒

（1）鲜啤酒。鲜啤酒没有经过杀菌，酒中存在活酵母，一般发酵时间较短，稳定性差，如存放温度稍高或时间稍长，酒中活酵母仍会繁殖而出现浑浊，所以其保存期短。鲜啤酒味鲜而爽口，是夏天畅销的清凉饮料，它只适宜地产地销。

（2）熟啤酒。啤酒装瓶或装罐后，经过杀菌工序即为熟啤酒。这种啤酒稳定性好，保存期可达60天以上，有利于远运外销。

2. 根据麦汁浓度不同可分为低浓度、中浓度和高浓度三种

（1）低浓度啤酒。发酵前其麦汁的浓度为6—8度（巴林糖度计），酒精含量约为2%（重量计），适合于夏天作为清凉饮料，它的稳定性差，要控制保管期和保管条件。

（2）中浓度啤酒。原麦汁浓度在10—12度，以12度啤酒为最普遍，酒精含量为3.1%—3.4%。

（3）高浓度啤酒。原麦汁浓度一般在14—20度，酒精含量为4.9%—5.0%，这种啤酒稳定性较好，适宜贮存和远销。很多高级啤酒和黑啤酒均属这一类。

3. 根据颜色的深浅可分为黄啤酒和黑啤酒

（1）黄啤酒。又称浅色啤酒，呈浅黄色。用短麦芽作为原料，口味鲜爽，是啤酒中最主要的品种。

（2）黑啤酒。又称黑色啤酒，呈咖啡色而有光泽，是用焦香麦芽为原料，麦汁浓度较高，固形物含量高，口味比较醇厚。黑啤酒在我国消费尚不普遍。

（三）啤酒的感官要求和主要成分

1. 啤酒的感官指标

（1）透明度。要求啤酒酒液透明，不能有悬浮的颗粒，更不能有沉淀。啤酒出现失光（即不透明）现象，则质量不符合要求，不允许供应市场。

（2）色泽。啤酒的色泽取决于麦芽的颜色。啤酒的颜色分浅色和深色两种，浅色啤酒呈淡黄色，深色啤酒呈咖啡色。啤酒色泽深浅以色度来表示，鉴定色泽的方法采用比色法。

（3）泡沫。啤酒的泡沫对其质量具有特殊的意义，有清凉爽口和解暑散热的作用。要求啤酒倒入杯中，泡沫能生起较高，细腻洁白，消失较慢，并能挂杯。啤酒泡沫的这些特征与啤酒中含的 CO_2 多少有关，它与啤酒中存在的蛋白质、酒花、酒精等有关。

（4）香气和滋味。正常的啤酒应具有酒花的香气和麦芽香，黄啤酒要求酒花清香突出，而黑啤酒则要求有明显的麦芽香。啤酒的滋味应具有爽口愉快的感觉，不得有酸味或其他异味。

2. 啤酒的主要成分

（1）酒精。啤酒酒精含量的高低与啤酒的保存期有一定关系。麦汁浓度高和发酵度高的啤酒，酒精含量较高，稳定性较好，保存期长。啤酒的酒精含量通常为3%—5%。

（2）二氧化碳。啤酒中的二氧化碳是发酵期间积聚而溶解在酒液中的，它使啤酒具有清凉爽口的口味，饭后帮助体内散发热量。啤酒若缺少二氧化碳，喝到口里感到平淡无味，不杀口，但含量也不宜过高。

（3）浸出物。啤酒中浸出物的主要成分有糖分、蛋白质、矿物质等，其含量多少与啤酒口味的醇厚、泡沫的持久性有关。啤酒中浸出物是用啤酒的实际浓度来表示的。

四、黄酒

黄酒是我国最古老而富有营养的低度酒。黄酒含有多种氨基酸、糖分、维生素等，发热量高，具有滋补健身的作用，也可做烹调时的佐料。

（一）黄酒的原料

黄酒的主要原料有糯米、粳米、籼米和黍米等。黄酒的辅料主要是小麦，它是制曲的原料，有的黄酒厂近年来添加少量麸皮制曲，提高出酒率节约粮食。酿造黄酒的水直接组成黄酒的主要成分，所以对水质要求严格，水的硬度小，不能有有机物或有害微生物存在。有的黄酒（如绍兴酒）除用酒曲外，还要加入酒药小曲，促使淀粉糖化及酵母繁殖，提高黄酒质量。

（二）黄酒的种类

我国黄酒有许多品种，常见的分类方法有以下两种。

1. 根据主要原料、曲药、酿酒方法不同，黄酒大致可划分为四种

用糯米或大米作为主要原料，以酒药和麦曲为糖化发酵剂，主要代表为绍兴酒。绍兴酒酒质醇厚，色、香、味都高于一般黄酒，存放时间越长越好。绍兴酒由于原料配比及酿造工艺不同，形成了具有不同品质和风味的品种，主要有元红酒、加饭酒、善酿酒、香雪酒。

用糯米或大米作为主要原料，以红曲、白曲为糖化发酵剂，以福建黄酒为代表。这类气味芬芳，酒味醇和柔润，是东南各省闻名黄酒。它以风格独特的福州老酒和龙岩沉缸酒最为著名。

用大米作为主要原料，以纯种米曲霉和清酒酵母为糖化发酵剂，主要代表是吉林清酒。

用黍米作为主要原料，以天然发酵的块状麦曲为糖化发酵剂，主要代表是山东黄酒。东北黄酒也属此类。山东黄酒香气浓郁，清香爽口、在黄酒中别具一格，主要品种有即墨老酒和兰陵美酒等。

2. 根据黄酒的含糖量，大体分为四类

干型黄酒、半干型黄酒、半甜型黄酒、甜型黄酒。其含糖量（葡萄糖克/100毫升酒）分别为0.5以下、0.5—3.0、3.0—10、10以上。

五、葡萄酒、果酒类

葡萄酒、果酒就是将果实直接发酵制成的低度原汁酒。具有果实天然的色泽和香甜的滋味，含有较多的糖分和其他营养物质，是一种有益于人体健康的酒。

（一）葡萄酒的分类

（1）按酒的色泽分，可分为红葡萄酒、白葡萄酒。红葡萄酒是用红色或紫红色葡萄为原料，采用皮肉混合发酵方法制成。酒液中溶有葡萄的色素，经氧化而成红色或暗红色。白葡萄酒是用黄绿色葡萄或用红皮白肉的葡萄汁为原料，一般采用皮肉分离发酵而成，葡萄酒的色泽多为麦秆黄色。

（2）按酒中含糖量分，可分为干葡萄酒（每百毫升低于0.4克）、半干葡萄酒（每百毫升0.4—1.2克）、半甜葡萄酒（每百毫升1.2—5.0克）、甜葡萄酒（每百毫升5.0克以上）。

（3）按酒精含量分，可分为低度葡萄酒（酒度在10度以下）、高度葡萄酒（酒度在10度—18度之间）。

（4）按加工方法分，可分为原汁葡萄酒、半汁葡萄酒、加工葡萄酒、起泡葡萄酒、蒸馏葡萄酒等。原汁葡萄酒是全部由葡萄发酵的产品；半汁葡萄酒，一半为原汁葡萄酒，其他是添加食用酒精、糖分和配料混合而成；加工葡萄酒，是在原汁葡萄酒中加入药材、香料、糖分等，如丁香葡萄酒、桂花陈酒、人参葡萄酒等；起泡葡萄酒，一般属于白葡萄酒，酒内含有CO_2，开瓶后有大量泡沫产生，如香槟酒、葡萄汽酒等；蒸馏葡萄酒，用葡萄酒或果渣发酵后蒸馏成原白兰地，经过陈酿调配为白兰地，酒度40℃左右。

（二）果酒的分类

果酒是指以其他水果或野生果实为原料酿造的酒，酿造方法与葡萄酒基本相似。果酒都以果实名称命名。我国的果酒都属于甜香型，主要有山楂酒、橘子酒、苹果酒、海棠酒、草莓酒、杨梅酒、桑椹酒等。

六、配制酒

配制酒是以食用酒精或白酒为原料加入一定比例的色素、糖料、香料、药料等配制而成的饮料酒。其生产过程简单，成本低，不受原料限制，各地均能生产。配制酒通常根据加入的香料和药料分为露酒和药酒两大类。

（一）露酒

它是用白酒、食用酒精、葡萄酒和黄酒为酒基，与一定比例的香料、糖料、食用色素等配制而成。如果配料好、酒基好、配制方法好，可以配制成与发酵原酒相媲美的露酒。酒精含量多在 20 度—40 度，糖分也较高（15% 以上，多的可达 30%），因此露酒的口味浓甜。最常见的有青梅酒、玫瑰酒、橘子酒、红果酒、樱桃酒等。

（二）药酒

它是用白酒、葡萄酒或黄酒为酒基，再配合中药材和糖料等制成。药酒有两类，一类是滋补，配用的中药材多属于滋补性的；另一类药酒主要是以酒精提取药物中的有效成分，以提高药物的疗效，所配合的药物具有防治某种疾病的功效，是由医药商店经销的商品。滋补性的药酒种类很多，如山西杏花村的竹叶青酒、吉林五味子酒、广州五加皮酒、北京莲花白酒等。

七、其他酒类（外来酒）

（一）威士忌

英文名“Whisky”，原产于英国英格兰，是用粮谷为主要原料，以大麦芽为糖化剂经糖化、发酵、蒸馏而制成，在橡木桶内经数年贮存陈酿。酒度 40 度左右，酒色呈琥珀色。威士忌是世界名酒之一。我国青岛生产的威士忌已有 40 年的历史，质量也较高。

（二）白兰地

英文名“Brandy”，原产于法国，是由葡萄酒经过蒸馏和陈酿（橡木桶中）而制成的蒸馏酒，或用葡萄皮渣经过发酵和蒸馏工艺而制成的酒，统称为白兰地。酒度一般 40 度左右，色泽金黄，清香浓郁，口味醇厚。用其他果实为原料则冠以果实名称，如苹果白兰地、樱桃白兰地等。

（三）金酒

又名杜松子酒，英文名“Gin”，原产于荷兰。它是以大麦、玉米为主要原料，经发酵蒸馏制成原酒，在原酒中浸泡杜松子后，再经蒸馏而制成的。酒液无色透明，酒度 40 度左右，有杜松子香气。我国青岛、北京、上海都有金酒的生产，以青岛产的质量较佳。

（四）俄得克（又名伏特加）

俄文名“Boika”，是俄罗斯传统的蒸馏酒。它是以马铃薯或玉米为原料，经发酵和蒸馏成食用酒精，再将酒精精制提纯（用活性炭处理等），用这样精制的食用酒精按酒度不同进行兑制。这种酒生产简便，成本低，口味纯正。许多国家用它与果汁等配制成其他酒精饮料。我国的青岛、东北、北京等地都生产此酒。

（五）老姆酒

英文名“Rum”，它是用甘蔗制糖的废蜜经发酵蒸馏成食用酒精，在橡木桶中陈酿，再加香料兑制而成。酒液为浅金黄色，有独特的香气，酒度40度左右。

八、酒类商品的保管养护

（一）酒在贮存中的变质现象

1. 挥发

酒因外界因素的影响，易产生汽化现象，使其所含的酒精以不同的速度变为气体散发，这种现象称为挥发，俗称“跑度”。在一般情况下，温度愈高，挥发速度愈快。酒的包装是否严密，同酒的挥发有密切的关系。

2. 渗漏

由于酒精的渗透性强，如果包装容器质量较差，有砂眼，或是内壁糊封不严，接口不牢，包装破裂等，均会造成酒的大量渗漏。特别是在装卸搬运过程中，如操作不注意，均易使包装破损、裂口、造成酒的渗漏和外溢。

3. 混浊沉淀

白酒产生混浊沉淀的原因，主要由于加浆前对酒和水的质量检验不够，如杂醇油含量过多，加浆后就容易出现乳白色混浊沉淀，或者加浆用水硬度过大，也会出现同样现象。

黄酒、啤酒、果酒等低度酒，在温度较高的条件下，酒中含有的固形物容易凝固析出，形成沉淀；在过低的温度条件下，低度酒中的胶体物质也容易凝固而析出，形成粉末状的混浊沉淀；污染微生物产生再发酵，也会出现混浊现象。此外过多振动也会使固形物析出，使酒液混浊。

4. 变色变味

白酒变色主要和容器质量有关，如用未经挂蜡的铁桶包装，铁质遇到酒内的酸类即氧化成高铁、低铁两种化合物，这时酒的颜色就会变成黄褐色；使用的铝桶含锌量过高，锌与酒中的酸类作用，使酒的颜色变成粉红色。葡萄酒、果酒、配制酒在强烈日光照射下或在高温下保管，也会促使酒的色素析出，或是酒中含有的单宁氧化，使酒变色。酒类变味的原因，一方面是来自原料，如用糖化酶制酒就有一种苦涩臭味；另一方面是用异味的容器装酒，造成酒味不正。啤酒、黄酒、果酒等保管时温度过高，会引起再发酵而使酒变味。

（二）酒的保管

1. 酒的包装容器的选择

选择合适的包装容器、保证包装容器的质量，是做好酒的保管工作的前提。常用的包装容器有器皿容器、陶瓷容器、金属容器、水泥酒池、瓶类容器等。使用时应因酒的种类不同选择。

2. 仓库条件

贮存白酒的库房不宜太干燥或过于潮湿。温度过高，挥发过快增加损耗，一般不宜超过30℃。最好贮存在地下室。

保管黄酒、果酒最适宜温度20℃左右，不要使温度骤高骤低。特别是北方，冬季要做好防寒工作。

贮酒库要远离火源，并且要有消防设备，库内电灯开关要安在库外。

3. 入库验收

入库前，应详细检查包装情况，发现渗漏或封口不严以及坛装酒的盖头泥巴脱落等情况，应采取更换包装或修补等办法解决。

4. 做好在库管理工作

酒类在库内应分不同品种、容量、生产日期，实行分区分类堆码。在保管期间要定期检查和抽检。

任务五　识别鉴别食糖和糖果

案例导入

尝试食糖变糖果：将白砂糖加少许水，如果需要颜色或水果口味的加入柠檬汁、橘子汁、苹果汁、西瓜汁等等，用小火将上述材料熬至粘稠，待温度稍降一点，盛入冰箱的模具冻冰盒内，再放入冰箱冷冻，这便制成了天然无任何添加剂的糖果。

问题：

1. 食糖与糖果是如何分类的？食糖与糖果各有哪些特点？
2. 食糖与糖果的品质与哪些因素有关？如何对食糖与糖果进行保管？

学习目标

明确食糖与糖果的分类及质量特点；理解食糖与糖果的主要成分及其与品质的关系；掌握食糖与糖果的保管养护。

基础知识与技术

一、食糖

食糖是从甘蔗和甜菜等糖料中提取出来的一种甜味食料，具有滋味甜美，易消化吸收，发热量高等特点，是一种重要的副食品。食糖又是食品工业不可缺少的原料，如生产糖果、糕点、饮料、罐头、果脯、蜜饯、冷饮食品以及各种儿童食品，均需以大量食糖为原料。

（一）食糖的分类和品质特点

1. 食糖的分类

食糖按照不同的分类标志，可分为许多类别，常见的有以下几种分类方法。

（1）按制糖原料分类，分为甘蔗糖和甜菜糖。甘蔗糖的主要产区为广东、广西、福建、四川、云南、台湾等省区。甜菜糖主要产于黑龙江、吉林、内蒙古、新疆等省区。

（2）按制作方法分类，可分为机制糖和土红糖。机制糖是用机械成批生产、产量大，品质纯净；土红糖分散在南方甘蔗产区，是半机械化或手工生产的，杂质较多，含水量也比较大，保管比较困难。

（3）按加工程度分类，可分为粗糖、精糖、再制糖。进口古巴糖和巴西糖等属于粗糖；我国生产的砂糖属于精糖；方糖、冰糖以及用粗糖作原料经过再制的绵白糖属于再制糖。

（4）按颜色分类，可分为白糖、红糖。白砂糖和绵白糖、方糖、冰糖属于白糖；赤砂糖（包括黄砂糖）、土红糖（包括糖粉、片糖、砖糖、条糖、碗糖等）属于红糖。

（5）按外观形态和晶粒大小分类，分为砂糖、绵糖、方糖、冰糖等。由砂糖的晶粒大小不同，又分为细砂、中砂、和粗砂糖。

（6）按商业经营习惯分类，可分为白砂糖、绵白糖、赤砂糖、土红糖、方糖、多晶体冰糖和单晶体冰糖等。

2. 几种主要食糖的品质特点

市场上销售的食糖一般以一级白砂糖为主。白砂糖按技术要求的规定分为精制、优级、一级和二级共四个级别。

（1）白砂糖。白砂糖是食糖中产销量最多的品种。白砂糖的纯度最高，其蔗糖含量在99.5%以上，杂质少、水分低，是糖类中品质最好的一种。

（2）绵白糖。绵白糖颜色洁白，晶粒细小、均匀，在水中溶化快，是我国广大人民较喜爱的一种食糖，特别是长江以北地区销量很大。但绵白糖的蔗糖含量不如白砂糖高，它含有2%左右的水分，还原糖和杂质也高于白砂糖，总糖分约为97.9%以上。容易吸湿熔化，不易保管。绵白糖有的是以粗糖为原料经再制而成的，也有的是用甜菜或甘蔗直接加工而成的。

（3）赤砂糖。它是甘蔗机制糖厂生产的三号含蜜糖。由于不经洗蜜，表面附着糖蜜较多，不仅还原糖含量高，而且非糖成分和色素、胶质等含量也较高。所以赤砂糖的色泽较深暗，晶粒相互粘结在一起，滋味有糖蜜味。有时还有焦苦味。赤砂糖在春秋季节易结块，雨季易出现溶化，需加强管理。

（4）土红糖。土红糖是以甘蔗为原料用土法制成的。土红糖的纯净度低，又没有经过分蜜，所以含水分、还原糖、非糖杂质均较高，色泽深暗，晶粒较细小，易吸湿溶化和风干结块。土红糖有赤红、红褐、黄褐和青褐等颜色，一般以色泽浅而鲜艳者为佳。土红糖按其外形，主要品种有红糖粉、碗糖、条糖、砖糖等。

（5）冰糖。冰糖是由白砂糖再结晶得到的高纯度食糖品种。块状的结晶很像冰块，故称冰糖。冰糖的颜色可分为洁白、微黄等色，洁白而光亮者质量最佳。

冰糖的生产历史悠久，是长期以来我国各族人民喜爱的品种。除食用外，还可供烹调食品和药用。

根据加工方法不同，有盆冰糖和单晶冰糖两种。一种是用手工方法生产的，由于在结晶盆中结晶，因此称之盆冰糖。盆冰糖形状不齐，块状大小不一。它历史悠久，是我国的传统产品。另一种是20世纪70年代新发展起来的用现代方法生产的机制冰糖，其外形为典型的蔗糖单斜晶体形状，故称单晶冰糖。单晶冰糖晶粒大，晶面整齐光亮，纯度高，还原糖和水分含量少，质量高于盆冰糖，表面干燥，容易保管。而盆冰糖口感和风味比单晶冰糖好，价格略低。

（6）方糖。方糖是以细砂糖和绵白糖为原料压制成的正方形糖块。颜色洁白，有光泽，品质纯净，糖体棱角整齐，在水中易溶化，主要用于饮料。

（二）食糖的化学成分

食糖中含有蔗糖、还原糖、水分、灰分等，其含量多少与其质量和保管养护有直接关系。这些成分在食糖中所占的比例，与所用原料、生产设备、技术水平的不同有差异。

1. 蔗糖

蔗糖是食糖的主要成分，含量愈高，食糖的品质愈纯净，营养价值愈高。因此蔗糖的含量是食糖的最基本的质量指标。

蔗糖是由两个单糖分子（葡萄糖和果糖）缩去一分子水所组成的一种双糖。

$$\underset{\text{葡萄糖}}{C_6H_{12}O_6} + \underset{\text{果糖}}{C_6H_{12}O_6} \rightarrow \underset{\text{蔗糖}}{C_{12}H_{22}O_{11}} + \underset{\text{水}}{H_2O}$$

蔗糖分子在常温下比较稳定，吸湿性小，因此蔗糖含量愈高，愈易保管。但蔗糖在转化酶与稀酸的作用下或长时间加热时，容易分解为葡萄糖和果糖，这种变化称为转化作用，生成的等量的葡萄糖和果糖的混合物称为转化糖。

$$C_{12}H_{22}O_{11} + H_2O \rightarrow \underbrace{\underset{\text{葡萄糖}}{C_6H_{12}O_6} + \underset{\text{果糖}}{C_6H_{12}O_6}}_{\text{转化糖}}$$

2. 还原糖

还原糖在绵白糖和红糖中含量较多。食糖中的还原糖主要是转化糖。它的吸湿性强，含量过高不利于食糖的保管。

3. 水分

食糖所含的水分包括结合水和吸附水。但食糖所含水分一般是指吸附水，即附着于食糖晶粒表面的水分。食糖的含水量对食糖的品质和保管有很大影响。各类食糖的安全含水量大体如下：机制绵白糖0.15%—0.5%，机制赤砂糖2%—5%，绵白糖1.5%—3.5%。

4. 灰分

灰分是指食糖中所含的矿物质和其他夹杂物。它能影响食糖的纯度和色泽。

（三）食糖的保管养护

1. 食糖在保存过程中出现的变质现象

（1）吸湿溶化。食糖是一种具有很强吸湿性的商品，当空气的相对湿度高于食糖在储存时的安全相对湿度时，即开始吸湿。由于空气中的相对湿度继续增大或温度骤然降低使糖粒表面的水汽达到饱和状态时，汽态水分子即液化而成水滴凝结在糖粒表面被糖粒所吸附。当糖粒表面的液体水达到一定数量时，糖粒表面便开始溶化。溶化严重时就会形成流浆（又称为流卤）。

空气的湿度、温度、糖的种类，都影响着糖的吸湿和溶化。在相同温度下，空气的相对湿度越大，糖的吸湿性越强，如相对湿度相同时，温度越高，糖的吸湿性也越强；不同种类的糖，其吸湿性不同；含杂质和还原糖较多的食糖其吸湿性越强。

（2）结块与干缩。食糖结块的原因有：受冻结块，这种原因造成的结块是假结块，结块虽硬但不坚实，遇热后仍会变得松散；压实结块，在贮存中糖垛高，重量大，长期不倒垛，日久便会压实结块；干燥结块，每年春秋季节绵白糖、赤砂糖等易发生结块，食糖受潮后在晶体表面形成一层饱和的糖浆膜，使晶粒互相粘结，当食糖干燥时，这层饱和糖浆膜在晶粒间重新形成小的晶体，将晶粒粘固在一起，不易散开，可见，食糖在保管中的溶化和结块是互相联系的。为了防止食糖的结块，首先要防止食糖吸湿溶化。结块后的食糖，失去了松散性，既影响外观又妨碍经营和使用。

食糖因散失水分过多而影响质量的另一种现象是干缩，干缩后的食糖不但质量降低，而且增加了损耗。

（3）变色和变味。经过较长时间贮存的食糖，颜色往往会变黄或变暗，变黄是由于氧化的结果。特别是用亚硫酸法生产的食糖，更容易氧化变黄。变暗是由于食糖受潮后，晶体表面溶化，透明度降低的结果。

食糖变味，是由两种原因造成的。一种原因是食糖与有异味的商品如石油、化妆品等放在一起，或用了包装过其他有异味物品的包装物，使食糖感染异味；另一种原因是潮湿的包装材料沾染微生物，由于微生物分泌的转化酶使蔗糖生成转化糖，而后生成酒精或醋酸使食糖具有酒味或酸味。

2. 食糖在经营中应注意的问题

（1）食糖要专库存放，仓库要干燥、通风、阴凉并有吸潮措施。

（2）不要与含水量大、有异味的商品混和存在一起。

（3）食糖冬春季节可码成实心垛，夏秋季节可码成空心垛。

（4）食糖在贮存期间，仓库温度在30℃以下，相对湿度60%—70%之间为宜。

二、糖果

（一）糖果的种类及其特点

糖果是以砂糖为主要原料，添加香料、果料、乳制品、可可制品及各种胶体物质等辅料制成的风味不同的固体甜食品。

糖果的花色品种繁多，包装艳丽、具有诱人的形状和美好的香气。目前在生产、经营和消费等方面，一般都习惯于按糖果的性质和主要特点进行分类，主要有硬糖类、乳脂糖类、蛋白糖类、奶糖类、软糖类、抛光糖类、泡泡糖类和巧克力糖类。

1. 硬糖

硬糖是一类光亮，质地坚而脆，含水量低，呈透明（或半透明）玻璃状的固体糖果，具有纯净的甜味和各自不同的香气和滋味。平均含水量为3%，含还原糖为12%—18%。

硬糖生产简便，加入辅料较少，价格也较低，是一种产、销量都很大的大众糖果。

（1）因加入辅料不同，硬糖可分为三种类型。

①水果型硬糖。加入适量的有机酸和不同水果香精制成的各种水果糖，其滋味甜酸适口，具有水果的芳香味，较透明、坚硬。如橘子味、柠檬味、菠萝味、荔枝味等水果糖。

②油脂型硬糖。加入适量油脂（主要是奶油）制成的硬糖，滋味香甜，透明度较差，如奶油、椰子、话梅、咖啡等硬糖。

③清凉型硬糖。加入适量的有机酸和清凉型香料制成的硬糖，其滋味甜酸，并有清凉感觉，适宜夏季消费，如薄荷硬糖、留兰香硬糖等。

（2）因工艺处理不同，又可分为四种类型。

①普通硬糖。普通硬糖是使用砂糖、适量葡萄糖浆和有机酸与香料等，先经高温熬制浓缩，再经冷却、成型。一般用玻璃纸和蜡纸包装的各种硬糖等属于此类。

②拉白糖与丝光糖。拉白糖是在生产时，糖坯经反复拉白，使表面形成光亮，剖面有毛细孔，糖体略微膨胀，比重较小的硬糖。丝光糖是拉白糖的一个特殊品种，这类糖果在糖坯中配以色素，经拉白后，在光亮的表面夹彩色光泽，鲜艳美观。

③烤花糖。烤花糖是糖坯内包以各种配色的糖坯，经拉条、成型而成，表面有光泽，断面有长纹和图案，清晰美观。

④拌砂硬糖。它是在成型硬糖表面，拌滚细砂糖的硬糖。

2．乳脂糖

乳脂糖亦称太妃糖，是一类含有脂肪和乳品的糖果。这类糖果组织细腻，色泽淡黄，咀嚼时微带弹性，口感滑润、柔软、香甜可口，具有乳品的香气和滋味。脂肪含量一般为5%—18%，平均含水量为5%—8%，还原糖含量14%—20%。

乳脂糖的种类，按糖体组织状态分为胶性和沙性乳脂糖；按油脂含量不同可分为低脂型、中脂型、高脂型乳脂糖；按加入香料等辅料不同可分为乳香型、果仁型与果干型、水果型、可可型、清凉型乳脂糖。

3．蛋白糖

蛋白糖是一类含有乳品和油脂，并在生产中使用蛋白做起泡剂，食糖体内充满气泡，获得组织松软的糖果，因此也是最轻的一种糖果。蛋白糖组织细腻，结构疏松，质地柔软，断面可见细微而分布均匀的小气孔，入口易于软化，不粘牙，香甜可口。为防止多孔性的糖体变形，多数蛋白糖都加入果仁、果干等填充料。

蛋白糖按其糖体软硬程度可分为软性、半软性、硬性蛋白糖；按辅料不同可分为籽仁填充型、芳香型、水果型蛋白糖。

4．软糖

软糖是一类软韧、富有弹性、含水量高、透明或半透明的糖果，因所用胶体种类、糖分和香料等不同而有不同的特点。

软糖的基本种类有：①琼脂软糖，是以琼脂为基本凝胶剂制成的，糖体透明度好，略有弹性，不粘牙。品种有水果味、清凉味等。②淀粉软糖，是以淀粉为基本凝胶剂制成的，糖体半透明，结构紧密，有咀嚼性，溶化缓慢。不粘牙，表面附有均匀的细砂糖晶粒，品种有水果味，清凉味等。③果胶软糖，是以果胶为基本凝胶剂，糖体柔软，透明度较好，具有水果的天然风味。④明胶软糖，是以明胶为主要凝胶剂制成，糖体半透明，表面平滑细腻，有弹性和咀嚼性。品种有水果味，清凉味。

5. 抛光糖

抛光糖是因生产中使用抛光锅旋转制成的光亮外壳而得名。该糖表面光亮、坚实、形态规则。又分为果仁型、糖心型、其他型。

6. 夹心糖

夹心糖是以不同类型的硬质糖果的糖膏为外皮，内部包入各种不同馅心而制成的一类糖果。有皮馅坚脆、松酥、软润、香甜等风味特点。外皮含水量在3%以下，馅心含水量可达20%。馅心的水分易扩散，外皮易发砂，贮存期不宜过长。

夹心糖按馅心不同可分为酥心糖、酱心糖等。

7. 胶姆糖和泡泡糖

胶姆糖又称口香糖，是以糖分和聚醋酸乙烯酯为基本原料制成的一种耐嚼性糖果。在口内反复咀嚼仍可保持弹性、柔软性。品种有水果味、清凉味等。

泡泡糖经咀嚼后有很强的粘性、弹性和吹泡性。色泽有洁白、淡黄、淡红几种。口味多为各种水果味。

8. 巧克力糖果

巧克力又称朱古力，是以砂糖、可可为主要原料制成的一类糖果。有浓郁甜美的特殊香气和光亮悦目的色泽，细腻、滑润、入口易溶化。耐热性差，当温度超过30℃时会溶化，有纯巧克力和夹心巧克力两类。

纯巧克力，是由可可液块、可可脂和食糖组成，又因三者用量的不同分为苦心巧克力、半甜巧克力、甜巧克力等。

夹心巧克力，是用纯巧克力作外衣，包裹各种馅心制成的夹心巧克力。如果仁、果酱、酒类等巧克力夹心糖等。

（二）糖果的保管

1. 糖果常见的质量变化

（1）发烊。糖果贮存在潮湿环境中，易吸收空气中的水分，使糖体表面溶化发粘，这种现象称为糖果“发烊”。

（2）返砂。糖果吸湿溶化后，当空气干燥时，蔗糖分子重新排列成晶粒，无数细小的晶粒形成不透明的外壳这种现象称为返砂。

（3）酸败。含有较多油脂或带有果仁等辅料的糖果，因贮存温度过高，使糖果表面油脂与空气中氧接触，引起氧化酸败。

（4）走油。走油是由于原料中油脂乳化不完全，制成产品后发生油脂分离，或配料中果仁比例过大，油脂析出的结果。在保管过程中，如温度过高，就会促使走油发生。走油的糖果色泽干枯，风味显著变劣。

（5）巧克力发花。在巧克力棕褐色表面出现一层灰白色的花斑，失去光泽，叫“发花”。

巧克力发花在保管过程有以下情况出现：第一，巧克力含有很多的油脂，贮存遇到高温时，油脂逐渐溶化而浮于表面，然后由于降温，油脂又重新凝结成较大的颗粒，因而出现灰白色的花斑。第二，在库房中遇到高温高湿的环境后而温度急剧下降，表面会发生结露现象，使表层糖分溶解。但巧克力含较多油脂，渗水能力很小，当水分蒸发后，糖分结晶而形成白花斑。第三，巧克力生霉也会发花，特别是夹心巧克力，含水较多，易生霉。前两种发花，影响巧克力的外观，对口味影响不大。第三种发花现象一般较为严重，且深入到内层，使巧克力变质。

（6）虫蛀。含有果仁和酥心型夹心糖果在温度高、湿度大的条件下保管，易发生虫蛀现象。

2. 糖果的保管

糖果入库前要详细检查，质量有问题的糖果不得入库。库房要求清洁卫生，堆码时应做好铺垫工作。库房温度控制在 27℃以下，相对湿度不超过 70% 为宜。

任务六　识别鉴别茶叶

案例导入

小张是一家食品企业客服部的新进员工，主管让她去买几种茶叶回来，以备待客之用。小张来到一家茶叶店铺，看到形状各异、价格不等、颜色不同的茶叶有数十种，一时竟不知买哪几种好了，只好请店员帮忙。在店员的推荐下，她在四个大类的茶叶中，选购了六个品种的中高档茶叶各 500 克。事后主管很满意，并夸她事情办得好。

问题：

1. 茶叶有哪些种类？各有什么特点？如何选购茶叶？
2. 茶叶的品质与哪些因素有关？如何对茶叶进行保管和养护？

学习目标

明确茶叶的分类及质量特点；理解茶叶的主要成分及其与茶叶品质的关系；熟悉茶叶质量的感官审评；掌握茶叶的保管养护。

基础知识与技术

茶叶、咖啡、可可是世界性的三大饮料。而饮茶的历史最久，饮用地区最广，消费者数量最大。我国产茶的历史悠久，产茶地区分布广阔。

一、茶叶的分类及质量特点

目前我国的商品茶可分为红茶、绿茶、乌龙茶、花茶、紧压茶五大类。

（一）红茶类

红茶是采用细嫩芽叶经发酵制成的。产品的质量特点是：干茶色泽乌润，汤色红亮，具有红茶特有的香气和滋味。红茶类的商品茶主要有以下几种。

1. 工夫红茶

工夫红茶是我国特有的传统产品，以做工精细而得名。其特点是：条索紧细，滋味醇后，香气馥郁纯正，汤色红亮。其著名品种有祁红、滇红、川红等。

2. 碎红茶

碎红茶的初制过程与工夫红茶基本相同，但具体操作技术有较大差异。在揉捻中先把鲜叶切碎然后经过发酵、干燥而成。产品分叶茶、碎茶、片茶、末茶四种，以碎茶为主，故称红碎茶。特点是色泽红艳明亮，香高，味"强、浓、鲜"，经一次冲泡能将大部分有效成分浸出，在国际市场上最受欢迎。以云南、广东、广西等地生产的大叶种碎红茶质量最好。

3. 小种红茶

小种红茶是福建省的特产。外形比工夫红茶松散粗大，味烈爽口。初制基本与工夫红茶相同，因烘干采用松木烟熏，所以带有松木烟的香气。

（二）绿茶类

绿茶的特征是在初制时采用高温杀青，制止酶对茶单宁的氧化，所以绿茶具有色绿汤清的特点。其产销量在我国均占首位。绿茶干燥方法不同，可分为炒青、烘青和晒青三类。

1. 炒青绿茶

凡是用锅炒干的均称炒青。其特点是条索紧结，汤色叶底翠绿，香气鲜锐，滋味醇厚，收敛性强，耐冲泡。由于炒制方法不同，外形有圆、扁、曲、直等形状。属炒青绿茶的主要品种有：珍眉、龙井、旗枪、大方、碧螺春、珠茶等。

2. 烘青绿茶

烘青绿茶的特点是：条索尚紧结，色泽翠绿油润，汤色叶底黄绿明亮，香气不及炒青鲜锐，滋味较浓醇后。主要品种有黄山毛峰、太平猴魁、六安瓜片、信阳毛尖等。

3. 晒青绿茶

用太阳晒干或先晒后烘干的均称晒青。品质比炒青和烘青差，一般香气低闷，汤色和叶底乌暗。多作为紧压茶的原料。主要产于湖北、湖南、贵州、云南、四川、福建等省。其中以云南用大叶种制成的晒青品质最好。

（三）乌龙茶（又名青茶）

乌龙茶是半发酵茶，外形松散粗壮，茶汤棕红明净，叶底绿叶红镶边，香气滋味兼有绿茶的鲜浓和红茶的甘醇。乌龙茶的品种约40—50种，主要品种有武夷岩茶、安溪铁观音、凤凰水仙等。

（四）花茶类

花茶是我国特有的茶类，属再制茶，它是在成品茶的基础上，加入鲜花窨制而成。茶叶经鲜花窨制后，不仅香气增加，并且茶叶吸收鲜花的香桂油，有助消化和兴奋作用。花茶的品种很多，都是以鲜花的名称来命名的，主要有茉莉花茶、珠兰花茶、玉兰花茶、玳玳花茶等。花茶主要产于福建、浙江、江苏、安徽等省。

（五）紧压茶

紧压茶是用黑茶（用粗老的鲜叶经杀青、揉捻、渥堆、干燥等过程制成，色泽黑褐油润，汤色橙黄或橙红，香味纯正不苦涩，叶底黄褐粗大）、晒青和红茶的副茶为原料，经蒸茶、装模压制而成的再制茶。其特点是保持原茶类的品质，便于携带、运输和储存。主要品种有砖茶（包括青砖、黑砖、伏砖、花砖等）、饼茶、紧茶、沱茶、普洱茶等。

二、茶叶的主要成分及其与品质的关系

（一）茶叶的主要成分

茶叶中主要的化学成分有茶单宁、咖啡碱和芳香油等，这些成分是形成茶叶质量的重要因素，也是饮之有益的成分。

1．茶单宁

茶单宁（又名茶多酚、茶鞣质），是一类多酚类的混合物。它不仅与茶叶的色香味质量密切相关，而且饮茶的许多功效也与茶单宁有关。它能杀菌消炎，强心降压，增强人体血管的抗压能力，促进人体维生素的积累。茶单宁略呈酸性，具有收敛性的涩味。

茶单宁在氧化酶的作用下容易氧化。在酶作用下引起的氧化，制茶的术语称为“发酵”。经过“发酵”的茶叶茶多酚含量相应有所降低。

2．咖啡碱

咖啡碱是茶叶中的生物碱，又称可可碱、茶叶碱、黄嘌呤等。咖啡碱对茶叶的色香味虽无直接关系，但有生理功效，具有兴奋中枢神经、消除疲劳、强心利尿等功能。咖啡碱是白色针状结晶，120℃开始升华，在冷水中微溶，随水温增高，其溶解度逐渐增加。在茶叶中咖啡碱多与部分茶多酚结合成络合物（配位化合物）。这种络合物（配位化合物）只能溶于热水，当茶汤冷却后，往往出现混浊现象，这叫茶汤的“冷浑浊”。一般幼芽嫩叶中咖啡碱的含量多，老叶含量少。

3．芳香油

芳香油是形成茶叶香气的最主要成分，是一种很复杂的混合物，它包括醇类、酯类、醛类、酸类、酚类、酮类等。芳香油在茶叶中含量虽然很少，但它决定茶叶的香气。嫩茶、高山茶含量多，品质好，香气高。

（二）茶叶的主要化学成分与成品茶质量的关系

茶叶的色、香、味、形是决定茶叶质量的主要因素，这些因素都与其成分有密切的关系，是各种成分的综合反映。

茶叶的色泽（干茶的色泽、叶底的色泽、茶汤的色泽）是由不同的化学成分决定的。红茶干茶叶底的色泽主要是茶单宁的氧化产物。茶汤色泽主要是由水溶性的茶红素、茶黄素和少量的茶褐素形成的。

与茶叶香气有关的成分，主要取决于芳香油的含量和组成。鲜叶中的芳香油以醇类、

醛类为主，还有部分酸类，其气味特征以青草气味占主导地位，经过初制后，这些芳香油的含量和组成都发生了变化，不同的茶叶香气不同。

与茶叶滋味有关的化学成分主要是儿茶素，其含量决定着茶汤的滋味和涩味。蛋白质分解产物氨基酸的存在，使茶汤滋味鲜爽。再制茶过程中淀粉水解后，产生的糖使茶汤味甜。茶汤的苦味是由咖啡碱产生的，花青素也具有苦味，所以茶汤的滋味是多种成分综合的反映。

三、茶叶质量的感官审评

茶叶的鉴定习惯上称为审评。对茶叶质量采用感官审评，是目前国内外普遍采用的方法。茶叶质量的感官审评分为外形审评和内质审评两方面。

（一）茶叶的外形审评

外形审评包括外形、嫩度、色泽和净度四项指标，主要反映了原料鲜叶的老嫩程度和制茶工艺是否恰当。审评所采取的方法是将茶叶放入审茶盘中，双手转动审茶盘，由于茶叶的轻重程度不同，形成上、中、下不同层次的茶叶，一般粗大的茶叶多浮于上层，重实较细小的茶叶或碎末多分布在下层，中层多为较均整的茶叶。用这种方法可以检查下脚茶、粗老茶叶占的比例，观察茶叶外形匀度。

（二）茶叶的内质审评

内质审评包括香气、汤色、滋味和叶底四项指标。

1. 茶叶香气的审评

茶叶的香气干闻不及湿闻明显。闻香时不要把杯盖完全掀开，只需稍稍掀开杯盖，一般热时香气高，区别比较明显。但冷时闻香，可以闻其特殊的香气和香气的持久性。每次闻香不能过久。香气的审评主要审评香气的高低、持续时间的长短，是否纯正、有无异味等。高山茶的香气高而持久，春茶的香气高于夏、秋茶。

2. 茶叶汤色的审评

审评汤色应趁热进行，茶汤冷却后，不仅色泽转深，会出现“冷浑浊”。红茶的汤色以红艳明亮者优，绿茶的汤色以碧绿清澈者优，乌龙茶以橙黄或金黄明亮者优，花茶以浅黄明亮者优。

3. 茶叶滋味的审评

茶叶的滋味是由多种成分形成的，其中最主要的是茶单宁和咖啡碱，氨基酸和糖分也起着一定的作用。另外茶叶的香气也与滋味密切相关。品尝茶汤的滋味，不要直接咽下，用舌头在口腔内打转 2—3 次后，再吐出来。质量好的茶叶，其滋味入口后稍有苦涩之感，但很快就有回甜清爽的感觉。

4. 茶叶叶底的审评

从茶叶叶底的色泽和软硬，可以反映鲜叶原料的老嫩。茶叶叶底柔软者说明鲜叶比较细嫩，粗老的鲜叶，其叶底比较硬。

四、茶叶的保管养护

（一）茶叶的特性

茶叶具有较强的吸湿性、陈化性和吸附异味性。

1．吸湿性

茶叶中含的主要是有机成分，如糖类、蛋白质、茶多酚、果胶质等都是一些亲水性的成分以及干燥后形成的多孔性组织结构，因此具有很强的吸湿性。贮存时如果湿度过高，吸收空气中的水分超过10%，就会影响茶叶的质量，水分超过12%以上时，茶叶就会发软长毛，茶叶的色香味降低，严重时会发生潮霉变质甚至失去饮用价值。

2．陈化性

茶叶在存放过程中，新茶的香气会慢慢消失，色泽变暗，变深，茶味淡薄，收敛性降低，这种现象叫茶叶陈化。存期越长，陈化的程度越厉害。陈化会使茶叶的品质不断降低。影响茶叶陈化的因素是温度、相对湿度和包装条件。

3．吸收异味性

茶叶的多孔性组织结构以及含有吸附性的高分子化合物，使茶叶具有吸收其他异味的特性。茶叶吸收异味后，香气和滋味大大减退，严重时还会失去饮用价值。

（二）茶叶的保管与养护

（1）贮存茶叶的仓库要求清洁、干燥、阴凉、无虫无鼠、门窗要严密，防止日光直接照射。茶叶最好专库存放，防止与其他商品串味和水分转移。库房相对湿度应控制在70%以下，温度不应超过30度。

（2）茶叶入库时要严格检查，如有包装不完善，或受潮霉变、串味、含水量过大的茶叶，均不得入库。茶叶搬运和入库码垛，要特别注意包装不受损坏，并注意卫生防止污染。

（3）掌握先进先出的原则，不要积压时间过长，以防止茶叶陈化。

（4）对贮存的茶叶必须定期抽样检查，一般每月检查一次，雨季要增加检查次数，发现受潮霉变时，要及时进行处理。

习题与训练

一、名词解释

食品　方便食品　饮料　食糖

二、选择题

1．单项选择题

（1）下列茶叶中属于青茶的是（　　）。

A．大红袍　　B．日照青

C．龙井　　D．普洱茶

(2) 下列酒中属于蒸馏酒的是（ ）。

A. 黄酒　　B. 啤酒

C. 白兰地　　D. 葡萄酒

(3) 茶汤冷却后出现冷浑浊是由于（ ）结晶的缘故。

A. 茶多酚　　B. 咖啡碱

C. 芳香油　　D. 维生素

2. 多项选择题

(1) 乳制品的外观质量要求有（ ）。

A. 气味和滋味　　B. 组织状态

C. 色泽　　D. 冲调性

(2) 按照生产方法，酒分为（ ）。

A. 蒸馏酒　　B. 发酵原酒

C. 配制酒　　D. 白酒

(3) 下列茶叶中属于绿茶的是（ ）。

A. 龙井　　B. 碧螺春

C. 铁观音　　D. 乌龙茶

三、判断题

1. 脱脂奶粉是把鲜乳中的脂肪分离出去之后，用脱脂乳加工而成的。（ ）
2. 果汁饮料是指以新鲜或冷藏水果为原料，经加工制成的产品。（ ）
3. 发酵原酒的酒精含量较低，固形物含量较多，具有一定的营养价值。（ ）
4. 食糖与糖果的主要化学成分都是蔗糖。（ ）
5. 绿茶能够保持其鲜叶原有的绿色是因为鲜叶采摘后首先经过杀青的工序。（ ）

四、简答题

1. 方便食品有何特点？面包、方便面、速冻食品如何分类、各有何特点？
2. 乳粉常见的变质现象有哪些？说明原因？
3. 说明饮料的分类及特点？
4. 葡萄酒是如何分类的？

五、论述题

1. 分析食品安全的重要性。
2. 白酒的主要化学成分有哪些？分析白酒的质量因素。
3. 我国的商品茶怎样分类？分析各类茶的质量特点。

六、实训题

实训目的：训练学生识别、鉴别商品的能力。

实训内容：

1. 感官鉴别茶叶、白酒的种类；
2. 感官鉴别面包、啤酒、炼乳、茶叶的质量。

操作步骤：

1. 学生分小组进行实验，并进行记录；
2. 编写出实验报告；
3. 教师点评。

单元九
纺织商品

人会为了功能性或社会性理由而穿戴衣物。衣物能够保护身体，也可以传递社会信息给其他人。

衣物的功能是保护身体，来抵抗强烈的日晒、高温与低温、冲撞、蚊虫、有毒化学物、武器、与粗糙物质的接触，总而言之，就是抵抗任何可能会伤害未经保护的人体的东西。人类在设计衣物以解决某些实际的问题上已经展现了高度的创造力。

衣物、配件与饰品传达的社会信息则包含了社会地位、职业、道德与宗教连结、婚姻状态以及性暗示等。人类必须知道这些符码以辨认出传递出来的信息。如果不同的团体对于同一件衣物或装饰解读出不同的含义，那么穿衣者可能会激发出一些自己所没有预期到的反应。

服饰是人类文化的显性表征，在民族识别和民族研究中，服饰也就是重要的依据和应该予以注意的对象之一，占据着一个不可或缺的地位。

任务一　纺织纤维材料认知

案例导入

由于李女士的孩子升入高中后需要住在学校，李女士便来到纺织品市场打算为孩子买床单和被罩。店家告诉她这里有各种纤维材料、花色各异的纺织面料，还可以按照顾客要求的尺寸大小，为顾客免费加工成成品。李女士在店员的推荐下选择了一块纯棉材料的蓝白色色织面料，让店家当场缝制成所需规格的床单和被罩。李女士很满意，认为棉织品用着舒适，而且价廉物美，比从商店里购买成品更划算。

问题：

1. 什么是纺织纤维？纺织纤维是如何分类的？
2. 纺织纤维主要有哪几种？各有什么性质？

学习目标

理解纺织纤维的概念；明确纺织纤维的分类；掌握纺织纤维的种类及特点。

基础知识与技术

一、纺织纤维及其分类

纤维是指直径为几微米到几十微米，而长度比其直径大许多倍的物体。通常指长度达到数十毫米以上，具有一定柔软性和弹性的纤细物质。纤维的种类很多，通常把用来制造纺织品的纤维称为纺织纤维。纺织纤维除具有普通纤维的特征外，还应具备如下要求：有一定的强度；一定的长度、细度；有较好的吸湿性、保温性、饱和性、染色性能等。纺织品所用的原料可以分为天然纤维和化学纤维两大类。

（一）天然纤维

天然纤维是人类直接从自然界取得的一类纤维材料，有植物纤维、动物纤维和矿物纤维。植物纤维因其主要组成物质是纤维素，又称天然纤维素纤维，包括棉纤维和麻纤维两类；动物纤维因其主要组成物质是蛋白质，又称天然蛋白质纤维，包括毛纤维和蚕丝两类；矿物纤维因其主要组成物质是无机的金属硅酸盐类，又称天然无机纤维，包括各类石棉。

天然纤维和化学纤维中的粘胶纤维、富强纤维等纤维都具有吸湿、透气性好，易染色，其织品没有熔孔性（遇热不会发软、发粘、熔融，而是先分解后炭化），穿着舒服等特点，但由于这些纤维强力较低，不耐磨，因此，这些纤维织品一般耐用性较差，尤其是普通粘胶纤维织品表现明显。这类纤维织品在保管中要注意防霉防蛀。

（二）化学纤维

化学纤维是利用天然的高分子物质或合成的高分子物质，经化学工艺加工而取得的纺织纤维总称，有人造纤维和合成纤维两类。

人造纤维又称再生纤维，它是利用有纤维素或蛋白质的天然高分子物质如木材、蔗渣、芦苇、大豆、乳酪等为原料，经化学和机械加工而成。包括人造纤维素纤维（如粘胶纤维）、人造蛋白质纤维（如酪素纤维）等。

合成纤维是采用石油化工工业和炼焦工业中的低分子物，经聚合和机械加工而成。包括聚酯纤维（涤纶）、聚酰胺纤维（锦纶）、聚丙烯腈纤维（腈纶）、聚乙烯醇缩甲醛纤维（维纶）、聚丙烯纤维（丙纶）、聚氯乙烯纤维（氯纶）等。

合成纤维具有强力大、弹性好、耐磨、耐蚀性好，不容易霉、蛀等优点。因而用合成纤维加工的织品具有耐用性好、保形性好等特征。但由于这种纤维的吸湿性小，耐热性差（遇热收缩变形），因而其织品透气性差，在穿着过程中易起毛，起球，吸附灰尘（静电作用）。

具体分类如图9－1所示。

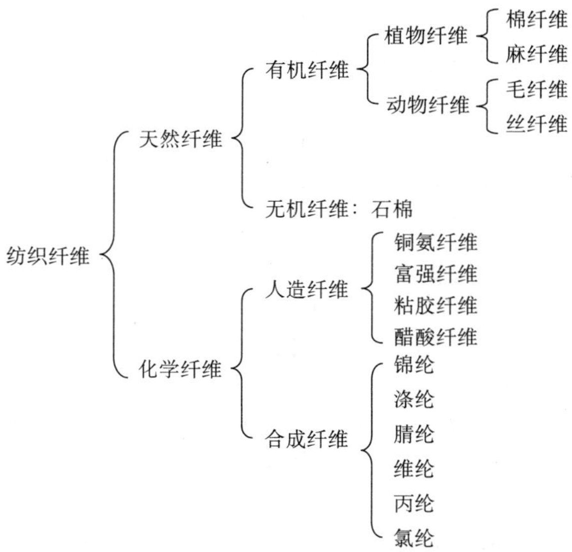

图 9－1　纺织纤维的分类

二、纺织纤维的种类及性质

（一）棉纤维的主要成分及性质

棉纤维的主要成分是纤维素。成熟的棉纤维在正常状态下含有 6%—8% 的水分。完全失去水分的棉纤维的成分组成见表 9－1。

表 9－1　　棉纤维的主要成分

成分	含量（%）	成分	含量（%）
纤维素	94.5	含氮物	1—1.2
蜡质	0.5—0.6	矿物质	1.14
果胶质	1.2	其他（糖类、有机酸类）	1.36

由以上成分可以看出，棉纤维是一种近于纯纤维素的纺织纤维。所以，纤维素的性质也就决定了棉纤维的理化性质。棉纤维的重要理化性质如下：

（1）吸湿性。棉纤维的吸湿性主要取决于纤维素的结构。因为在棉纤维中线性大分子的排列是不规则的，这样就使得棉纤维成为一种多孔性的物质，它不仅具有中腔，而且在纤维素填充层之间也存在很多孔隙，使棉纤维具有吸湿性。同时，由于纤维素的分子结构中存在亲水基因，也使棉纤维具有较强的吸水性。

（2）保温性。纤维素本身是热的不良导体，而棉纤维又是多孔性物质，内有中腔，这样就使纤维间存在大量的空气，使棉纤维及其制品具有良好的保温性能。

（3）导电性。棉纤维为电的不良导体，故可作为电线的包皮原料，但在潮湿状态下导电程度会增加。

（4）日光的作用。如果棉纤维长时间与日光接触，纤维素便会逐渐氧化而受到破坏，强力降低，发硬变脆。实验表明，棉纤维经日光露天照射940小时后，强力下降50%；若把棉纤维置于暗室中，可减缓氧化作用。

（5）热的作用。棉纤维在受热后的显著表现是，湿润力减低，吸附能力减弱。棉纤维在110℃以下不受损坏，当温度达150℃时引起棉纤维分解，温度高达250℃时开始变色，温度再升高时则会引起燃烧。

（6）碱的作用。棉纤维对碱的抵抗力较强，即使沸碱液对棉纤维的破坏也比较缓慢，所以棉织品可用碱性较大的洗涤剂洗涤。在常温下，将棉纤维浸在18%—25%苛性钠溶液中，则能引起特殊变化，使其膨胀，纤维长度缩短，直径变粗，强力增大，易于染色漂白，产生强烈光泽。棉纤维的这种性质称为“丝光”。

（7）酸的作用。棉纤维抗无机酸的能力较弱，在无机酸的作用下，纤维素水解的速度视无机酸的种类、浓度及作用时间不同而异。所以，棉织物在使用过程中要避免与酸接触。

棉纤维的成分与性质是决定纺织品质量的最基本因素。良好的吸湿性和保温性是反映纺织品服用性能的重要指标。棉纤维具有一定的化学稳定性。

（二）麻纤维的主要成分及性质

我国种植的麻纤维有很多种，作为纺织纤维主要是苎麻和亚麻。麻纤维的化学成分主要是纤维素，以苎麻为例，其成分含量见表9-2。

表9-2　麻纤维的主要成分

成分	含量（%）	成分	含量（%）
纤维素	78.79	脂肪和腊质	1—1.5
果胶和木质素	6.0	灰分	0.6
水溶性物质	6.9	水分	6.0

纤维素含量愈多，麻纤维品质愈好。胶质含量愈多，则麻纤维粗糙发硬，又易于折断。木质素含量愈多，在日光照射下受潮时容易变色。因此麻纤维的成分对其品质和性质有较大的影响。麻纤维的重要性质如下：

（1）强度。麻纤维在天然纤维中强度最大，其中，苎麻强度为麻纤维之首，其次为亚麻。麻纤维的湿态强度是干态强度的110%—130%。麻纤维的强度使麻织品具有耐穿的特性。

（2）吸湿性。麻纤维是空隙性纤维，具有毛细管效应，其吸湿性比棉纤维还要强，散湿速度快，有手感干燥的感觉。

（3）电性能及热性能。麻纤维是电的不良导体，有很好的电绝缘性。麻纤维散热很快，较棉纤维快25%左右，穿着麻织品有凉爽感，在湿热的情况下，以苎麻耐热性最好。

（4）耐酸、碱性。麻纤维不耐酸，若经碱处理则可增加柔软和洁白，亦可与棉或化学纤维混纺。用苎麻制成的衣服穿着凉爽，吸湿透气、挺括。苎麻纤维与涤纶混纺是目前市场上最受欢迎的涤/麻衣料，它具有挺括、不皱的特点。

（三）羊毛纤维的主要成分及性质

羊毛纤维的化学成分主要是由角质蛋白质组成。角质蛋白质在羊毛纤维中的平均含量在97%以上，组成角质蛋白质的元素是碳、氢、氧、氮、硫。在羊毛中硫的含量愈多，其强度和弹性也愈高。

羊毛分为无髓毛和有髓毛。无髓毛是由鳞片层和皮质层组成。有髓毛是由鳞片层、皮质层和髓质层三部分组成。无髓毛和有髓毛对羊毛纤维性质及其特点有着直接影响。羊毛纤维的主要性能如下：

（1）吸湿性。羊毛是吸湿性较强的纤维材料，在标准状态下，羊毛纤维的回潮率为16%，如相对湿度增大，细羊毛最大吸湿能力可达40%。羊毛纤维吸湿量达到一定范围时，微生物很容易繁殖，不利于保管。

（2）缩绒性。羊毛在机械力（摩擦、揉搓等到）作用下，经一定温度（40℃—50℃）和缩绒剂（皂液或碱液）的处理，羊毛纤维互相穿插纠缠，逐渐收缩紧密，交织毡化，这种性质称为缩绒性。粗纺呢绒正是利用这一特性，经缩绒工艺处理后制成绒毛丰满的呢绒织品，如大衣呢、麦乐登、制服呢等。

（3）弹性。羊毛具有较高的回弹性能，用毛料制成的服装不易发生皱折或变形，就是由于羊毛的弹性所起的作用。羊毛的弹性与羊毛的成分和卷曲有关，羊毛愈细毛波数量越多，弹性越大。

（4）耐酸、碱性。羊毛对酸类的抵抗力比棉、麻纤维强，但如果硫酸浓度达到30%，温度高时亦能使羊毛纤维破坏。羊毛纤维对碱的作用抵抗力低，随着碱的浓度、温度处理时间不同，受破坏程度亦不同，弱碱液（碱性肥皂液）长地间作用于羊毛，也有破坏作用。因此，洗涤羊毛织品时，宜选取用中性或偏酸性洗涤剂。

（四）蚕丝的化学成分及性质

蚕丝是一种化学成分复杂的天然蛋白质高分子化合物，每根蚕丝都由两条平行的单丝组成。蚕丝的主要化学成分是丝素或丝胶，在蚕丝中丝素含量约为72%—80%，四周包有丝胶占有18%—25%，还有少量的色素、脂肪和灰分等。丝素和丝胶都是蛋白质，蛋白质水解后最终产物为多种氨基酸。蚕丝的性质如下：

（1）吸湿性。蚕丝是具有较好的吸湿性。蚕丝中有许多微小的空隙和能吸附水分子的亲水性基团，使干燥的蚕丝在潮湿的环境中能吸湿，潮湿的蚕丝在干燥的环境中能放湿。这样，用蚕丝制成服装后，能吸收人体排出的汗水，带走人体热量，减少微生物在皮肤上滋生的机会，故穿着真丝服装使人体具有滑爽、舒适、凉快的感觉。

（2）绝缘性和耐热性。蚕丝是电的不良导体，是电器的绝缘材料，具有较好的耐热性，当温度为110℃时失去水分，150℃时，纤维强力下降，温度达235℃时，立即燃烧并产生烧毛的臭味。

（3）光泽。蚕丝的外观有柔和润亮的光泽，称为珍珠光，是其他纤维材料所不能相比的。这是由它的表面性质和截面形状对光线的综合反射所形成的。生丝经精练脱胶后即为熟丝，外观更为明亮、光洁、滑糯、美观。

（4）与酸碱、盐的作用。蚕丝是一种弱酸性物质，耐酸性较好，稀酸处理可增加丝的光泽，也可进行皱缩加工处理可制成凹凸花纹。蚕丝对碱性比较敏感，使用中不宜用碱性大的肥皂或洗涤剂洗涤。蚕丝受到盐的作用，如丝绸织物受汗水浸蚀，会出现黄褐色的斑点，降低强力，影响其穿用寿命。

另外，蚕丝的比重较小，耐日光性较差。

（五）化学纤维的性质及特点

化学纤维简称“化纤”，是通过化学方法加工制造出来的纤维。可分为两类；一类称为人造纤维，另一类称为合成纤维。

1. 人造纤维

人造纤维是指取自含天然材料的物质，如木材、棉短绒、芦苇、甘蔗渣、大豆等，经过化学处理及机械加工而制成。这类纤维有粘胶纤维、富强纤维、醋酸纤维、铜氨纤维等。其特点是强度较差，吸湿性好，染色容易。

（1）粘胶纤维。粘胶纤维所含纤维素和棉花相似，但它的性质又不完全同于棉纤维，主要有以下几方面：

①光泽。粘胶纤维虽不如蚕丝那样柔和悦目，但是用它织出来的丝绸精致美观，富有耀眼的光泽。

②吸湿性。粘胶纤维在化纤中吸湿性是最强的，约为12%—13%。比棉花高，仅次于羊毛，吸湿性大的纤维，缩水率一般都比较大。粘胶纤维也如此，其缩水率一般在10%左右。纤维吸湿大，从穿着卫生看，衣料排汗畅通，避免汗液刺激皮肤，身感舒适。如与吸湿差的合成纤维混纺，可弥补后者穿着不吸湿、不透气的性能，并且还有利于纺织上的加工。

③染色性。粘胶纤维比棉纤维更容易上色，并且容易获得鲜艳的颜色。一般染棉布用的染料都可用要人造纤维布。

④强力。粘胶纤维是各种常见纤维中强力最差的一种。粘胶纤维在干态时强力接近棉纤维，但在湿态时，强力下降明显。

⑤弹性。粘胶纤维弹性较差，形态稳定性差，织物不挺括，易起皱变形。

（2）富强纤维。富强纤维简称“富纤”，属于纤维素纤维的一个品种，市场上称“虎木棉”。它的原料与粘胶纤维相同，只不过在生产工艺上与普通粘胶纤维有所不同。它的缩水率比较小，挺括不易起皱，易洗易干，耐碱性也较好。

（3）铜氨纤维和醋酸纤维。铜氨纤维是把纤维素溶于铜氨溶液再喷纺成丝，其性质与粘胶纤维相似，可喷特细的丝，纤维光洁润滑，与真纤维相似，抗霉力高于其他纤维素纤维，适宜作高级细、薄的衣料。

醋酸纤维是由纤维素被醋酸酯化而成。醋酸纤维染色后颜色鲜艳，不受虫蛀，比重小于粘胶纤维和铜氨纤维，抗皱性优于粘纤，面料手感柔软富有弹性，与真丝相似，但吸湿性差，易洗快干，不易变形。

2. 合成纤维

合成纤维是用煤、天然气、石油等为原料，经过化学合成及机械加工而制成的纤维。这类纤维有涤纶、锦纶、腈纶、维纶、丙纶、氯纶等。其特点是强度高、弹性好、耐磨、不易霉蛀，但吸湿性差，染色一般比较困难。

（1）涤纶。涤纶为聚酯纤维，学名为聚对苯二甲酸乙二酯，我国命名为涤纶。

涤纶纤维的优点在于抗皱性能好，织品做成的衣物挺括不皱，保形性极佳，强度高，耐热性能好。涤纶纤维吸湿性低，不易吸水，也不缩水，同样也不吸汗，纺织工业常将涤纶纤维和天然纤维或其他化学纤维进行混纺，以提高织品的吸湿能力。涤纶纤维的强度是羊毛的三四倍，耐磨性比羊毛高三倍多，回弹性好，所以，涤纶衣料结实耐穿。

（2）锦纶。锦纶学名为聚酰胺纤维，它是合成纤维中发展最早的一种纤维。由于这种纤维具有很多优良特性，所以发展很快。近年来由于聚酯纤维和改性化纤快速发展，锦纶纤维已退居第二位。

锦纶纤维的优点在于它强力大，耐磨性强。有“强力大王”之称。锦纶纤维的耐腐蚀性好，可用来做腐蚀的工作服和鱼网。锦纶的耐日晒性能很差，长时间在阳光下照晒，会使纤维强度降低，腿色发黄。锦纶的耐热性能也很差，在 170℃ 时开始软化，到 215℃ 就会熔化，因此最高熨烫温度不超过 150℃，否则锦纶衣服就有粘结熔化的危险，同时还要防止火星落到衣服上烧成孔洞。

（3）腈纶。腈纶的学名是聚丙烯腈纤维，1950 年开始工业化生产，在合成纤维中问世较晚。从柔软、保暖、卷曲、蓬松等特性来看，可以和羊毛媲美，但比羊毛轻、牢固、不易虫蛀、又耐洗，有“人造羊毛”之称。

腈纶的主要优点是耐晒。它对日光与气候作用的抵抗力强。它的耐热性较好，在 125℃ 热空气下持续一个月，强度仍不变，还可在 180℃—200℃ 下短时间应用。腈纶纤维蓬松、卷曲、质轻丰满，利用现代染色技术可以染成五颜六色，鲜艳似锦。

（4）维纶。维纶学名叫聚乙烯醇缩甲醛纤维，没有染色的维纶洁白如雪，柔软如棉，有“合成棉花”之称。

维纶的优点是吸湿性能较好，一般条件下，吸湿性可达 5%—6%，维纶的耐磨性较高，若在棉花中掺上一半维纶纤维，它的耐磨牢度要比条件相同的棉布高出两倍以上，不愧称它为耐磨的“棉布”。维纶的耐晒性较好，但它的弹性与耐热性较差，衣服易出现皱折，不易染成漂亮颜色，更不能沸煮。

（5）氯纶、丙纶、氨纶。氯纶学名叫聚氯乙烯纤维，它的优点是：耐化学腐蚀性、保暖性、难燃性、电绝缘性都很好。氯纶的耐热性很差，在 70℃ 左右开始收缩、软化，因此，在洗涤时温度要相当低（不超过 40℃），不宜熨烫。

丙纶学名叫聚丙烯纤维，它是合成纤维中最轻的，比水还轻，放到水里可飘浮起来。市场上销售的主要是丙纶与棉混纺的衣料，用它做的衣服缩水率很小，约在 2%—3%，低于棉/维布，耐磨坚牢度高于棉/维衣料，尺寸稳定易洗快干。不过棉/丙衣料耐热和耐光性都差，所以用它做衣服，熨烫时不能超过 100℃，更不宜在阳光下曝晒，否则易老化，损伤纤维。

氨纶的学名是聚氨基甲酸乙酯纤维。它的最大特点是弹性优良、回弹性高，可与橡皮筋相比。当伸长 50% 时，弹性恢复率达 95%—99%，故穿着舒服、柔软性好。氨纶的化学稳定性、耐磨性、抗虫性良好，但吸湿性较差。氢纶广泛应用于针织品中，同时还大量用于各种服装的松紧部位。

由于各种纺织纤维的化学组成不同，对热和燃烧的反应特征也不同，因此可以利用这一特征对纤维进行鉴别。常用纤维的燃烧情况概述见表 9-3。

表9－3　常用纤维的燃烧情况

纤维种类	接近火焰	火焰中	离开火焰	燃烧时的气味	燃烧后灰分或剩余物质的颜色和形状
棉、麻	在火焰边灼烧	燃烧很快产生黄色火焰有蓝烟	继续燃烧不熔融	烧纸样气味	深灰色细软粉末
蚕丝	在火焰边卷曲灼烧	缓缓燃烧缩成一团，放出火焰	缓缓燃烧有时自动熄火	烧毛发的臭味	形成黑褐色小球，用手指一压就碎
羊毛	同上	缓缓燃烧，冒出蓝灰色烟而起泡	继续燃烧	同上	形成有光泽的不定型黑色块状用手一压就碎
粘纤、富纤	在火焰边灼烧	燃烧快，产生黄色火焰，无烟	继续燃烧	烧纸样的气味	灰烬极少，呈浅灰色或深灰色
锦纶	在火焰边迅速卷缩	熔融而缓缓燃烧，有白烟，但无火焰	时常自动熄灭	稍有芹菜气味	冷却后形成坚韧的浅褐色硬球，不易研碎
涤纶	在火焰边灼烧并收缩	燃烧时有很亮黄色火焰，无烟	同上	有芳香气	同上
腈纶	在火焰边先软化再收缩	熔融而燃烧	熔融并继续燃烧	有辛辣的特殊气味	形成黑色脆性小硬球
维纶	发生很大收缩，稍有熔融	徐徐燃烧，同时出现熔融，纤维顶端有火焰	继续燃烧	有臭味	有黄褐色不定形硬块凝结在纤维顶端用手指强压可压碎

表9－3中所列燃烧情况为单一纤维的燃烧特征，而混纺织品是几种纤维的综合燃烧情况，所以在试验观察单一纤维燃烧时，应仔细观察不同纤维混纺纱的不同燃烧特征。同时还应注意整理剂对纤维燃烧特征的干扰。例如，某些整理剂燃烧时放出的气味往往遮盖了纤维自身的气味。

任务二　识别鉴别针棉织品

案例导入

每年一度的中国针棉织品交易会（中国内衣服饰展览会、中国家纺、家居展览会），在春天如约而至，春季是厂家发布新品、商家选择品牌的绝佳时机，历年以来，“中针会”都引领着家纺品、内衣的春夏潮流风向标。每到展会开展时，都会有大量来自五湖四海的业内专业人士聚集于此，寻找着、品味着、交流着一切最鲜活、最前沿、最时尚的元素及国际主流风韵，纺织文化在这里碰撞出各色火花，或柔和协调，或明媚惊艳。每到此时，“中针会”都将盛情邀请全国家居饰品零售批发企业、家居设计公司到会参观、采购，共同领略当今中国软装饰时尚潮流，共同把握迅猛发展的国内软装饰市场的巨大商机。

问题：

1. 什么是针棉织品？针棉织品是如何分类的？
2. 针棉织品主要有哪几种？各有什么特点？

学习目标

理解针棉织品的概念；明确针棉织品的分类；掌握针棉织品的种类及特点。

基础知识与技术

针棉织品是针织品和棉织品两大类商品的总称，所用的原料与纺织品相同。针织品是用各种不同类型的针织机将纱（线）编成坯布，再经加工缝制成的商品。棉织品是用各种梭织机器将经、纬纱（线）交织而成坯布，再经加工而成的商品。“针棉织品”作为一个计划经济时代的传统定义，其主要涵盖了包括内衣、毛衫、运动衫、泳衣、袜子、手套等针织服装服饰以及包括床品、围巾、毛巾等在内的家用纺织品两大类别。

一、针织内衣

（一）针织内衣的种类和特点

1. 针织内衣的品种

针织内衣的品种主要有：汗衫、背心、针织短裤、绒衫裤、睡衣裤等。

2. 针织内衣的原料

针织内衣的原料主要有纯纺和混纺两种。纯纺针织内衣的原料主要有棉、蚕丝、粘胶、腈纶纱线、涤纶、锦纶长丝；混纺针织内衣的原料的有棉/腈、棉/涤、涤/棉、粘/棉纱线。

3. 针织内衣的特性

针织内衣具有很多优良特性，概括起来说具有手感柔软、弹性好、不易变形、松紧自如、吸湿透气、穿着保暖舒适的优点，但容易脱散。

（二）针织内衣的质量、使用和保管

1. 针织内衣的质量

针织内衣的质量，主要是从外观、形态稳定性、色泽、缝工、尺寸规格等方面加以鉴别。

2. 针织内衣使用注意事项

针织内衣在使用时应注意不要与锐物接触，轻洗、晾晒均宜直向进行，不能用力绞拧，特别防止肩、领或袖口撑大。对于化纤和有色内衣不可用沸水浸泡以免起皱、变形、褪色。收藏时要保持洁净干燥，以免霉变。

二、袜子

（一）袜子的种类和特点

1. 棉纱线袜子

棉纱线袜的主要原料是棉纱线或丝光棉纱线，袜头、袜跟及夹底等部位采用锦纶丝加固，袜口用氨纶丝增加弹性。棉纱线袜具有吸湿性好、透气性好、穿着舒适等优点，但耐磨牢度较差。厚型棉纱线袜的表面较粗、保暖性好；薄型丝光棉纱线袜的表面纹路清晰、细洁光滑。

2. 锦纶丝袜子

锦纶丝袜的原料是锦纶长丝，袜口部分采用氨纶丝增加弹性。锦纶丝袜具有质地轻薄、坚牢、耐磨性好、透明度强、光泽足、易洗快干的优点。不足之处是：耐热性差、吸湿性和透气性略差。

3. 弹力锦纶袜子

弹力锦纶袜子通常称为尼龙袜，是用弹力锦纶丝编织成的袜子。弹力锦纶袜的优点是蓬松柔软、富有弹性、坚牢耐磨、穿着舒适，缺点是吸湿和透气性比较差。

4. 锦纶短纤维袜子

锦纶短纤维袜又称锦纶袜，它采用的原料是棉型锦纶短纤维纺成的锦纶线织制成的，在外观上与棉纱线袜相似。锦纶短纤维袜的优点是不易抽丝脱散、厚实耐磨，不足之处是穿后经摩擦容易起毛起球、透气性差。

5. 锦/棉袜子

锦/棉袜是采用70%锦纶、30%棉混纺纱编制成的袜子。外观与纯棉线袜相似，但比纯棉线袜坚牢耐磨，穿着也较舒适，吸湿性和透气性比纯锦纶袜好。但没有长丝袜美观，耐穿用性低于同规格的锦纶丝袜，容易起毛结球。

6. 毛巾袜子

袜子表面有毛巾圈的称为毛巾袜。其主要特点是：质地厚实、手感柔软、表面有蓬松而整齐的环状毛巾圈，保暖性好，穿着舒适。

7. 羊毛袜子

羊毛袜是袜子中的高档品，采用羊毛针织绒线编织而成。主要特点是：质地丰厚、手感柔软、保暖性强，有良好的弹性、吸湿性和透气性，但耐磨牢度差。

（二）袜子的质量、使用养护

1. 袜子的质量

袜子的质量，可以从外观、色泽、尺寸、规格等方面加以鉴别。

2. 棉纱线袜洗涤

棉纱线袜洗涤时不宜用热水浸泡或在日光下暴晒，以保持原有色泽和鲜艳度，防止袜口松弛和老化。锦纶丝袜切忌握住袜口往上猛拉，以免袜口连接处线圈散落，避免锐物摩擦，火星沾灼、热水浸泡，如有加固丝头外露，不可剪去或拉伸，以免抽丝或破损，洗涤毛巾袜时，不可横向揉搓袜口的部位，洗后阴干。

三、手套

（一）手套的种类与特点

1. 棉制手套

棉制手套有四个品种：纱制手套，采用棉纱编织而成的；线制手套，采用单纱捻合成股线编织而成；汗布手套，采用汗布经剪裁缝制而成，具有质轻滑爽、透气活动自如等特点，适宜做劳动防护用品；绒布手套，手套里层有疏松的短绒毛，手感松软、保暖、质地丰厚，它比以上三种的保暖性好。

2. 羊毛手套

羊毛手套是一种高档手套，具有戴着舒适、保暖性强的特点。

3. 腈纶手套

腈纶手套具有较好的保暖性，色泽鲜艳、毛型感强、色牢度好、质地轻盈、易洗快干。

4. 尼龙手套

尼龙手套采用低弹锦纶丝编织而成，具有弹性好、延伸性强，保暖性好、坚牢耐磨等优点；不足之处是容易抽丝、起毛、结球。

（二）手套的质量和使用养护

1. 手套的质量

手套的质量主要从外观、色泽、尺寸规格等方面进行鉴别。

2. 手套在使用时的注意事项

手套在使用时应注意要勤洗，以利于恢复织品的弹性，防止手套戴用时松弛脱落；洗涤时应选用中性洗涤剂；储藏保管时应加放纸包樟脑丸，置于干燥处存放。

四、围巾

（一）围巾的种类与特点

1. 羊毛围巾

羊毛围巾是采用针织绒线编织而成，具有手感柔软、保暖性强、花型美观等特点。

2. 羊绒围巾

羊绒围巾属精纺羊毛围巾品种，是围巾中的高档品，选用羊绒单纱或85%羊绒和15%锦纶混纺编织而成。具有手感柔软滑糯、轻盈舒适、外观美丽、保暖性强等特点。

3. 真丝印花丝巾

真丝印花丝巾是采用桑蚕丝织制而成，特点是：具有艺术美，装饰性好，使用方便，适用性强。

（二）围巾的质量、使用养护

围巾的质量鉴别可以从外观、色泽、尺寸规格和缝边等方面加以鉴别。

羊毛、羊绒围巾比较耐脏不需经常洗涤，如果洗涤水温不易过高，防止产生收缩现象，不易暴晒以保持原有色泽，收藏时应放置纸包樟脑丸，以防虫蛀。

洗涤丝绸围巾时，应选择无碱性洗涤剂，忌用热水泡洗和日光中暴晒，以免褪色和皱缩。

五、毛巾类

（一）毛巾的种类和特点

毛巾又称面巾、枕巾、浴巾、方巾、沙发巾、毛巾被等。毛巾都直接与人体皮肤接触，在湿态和干态下均有良好的使用性能，吸水性、储水性、保暖性均好，具有较高的耐磨擦性，扭曲性强，是盥洗、保暖、装饰、防护用品。

（二）毛巾的质量、使用养护

毛巾的质量可以从外观、手感、色泽、缝边等方面加以鉴别。

毛巾使用时应保持干燥，以防霉烂。纯棉毛巾可用肥皂煮洗，然后用清水漂洗干净，以保持毛巾的洁净柔软和良好的吸水、储水性。对暂时不使用的毛巾应先洗去上面的漂白粉，可以保持较长的时间。

六、毯子

（一）毯子的种类和特点

毯子的品种主要有：棉毯、绒毯、线毯、人造毛毯、腈纶毯、簇绒毛毯、拉舍而经编毛毯等。其共同特点是：质地厚实、手感柔软、保暖性好、花型美观、耐磨耐脏。

（二）毯子的质量、使用养护

毯子的质量主要是从外观、手感、色泽、毯子边缘等几方面来鉴别。

一般情况下，棉毯为保持绒面毛绒丰满和保暖，不易多洗，储藏时要保持清洁干燥，以防止织物生霉变质。毛毯应干洗，使用时宜常在阳光下晾晒以保持清洁，储藏时要保持干净、干燥、并放入纸包樟脑丸防止虫蛀。

七、毛衫裤

（一）毛衫裤的种类和特点

1. 精纺毛衫裤

精纺毛衫裤的特点是：平整、挺括、针路清晰、光洁、手感好、款式大方、强力高、弹性强、色泽艳美、服用性能优良，深受消费者喜爱。

2. 粗纺毛衫裤

粗纺毛衫裤的特点是：毛绒感强、保暖，但纱支较粗、抗拉伸强度低。

3. 兔毛衫

兔毛衫的特点是：纤维细度细、光泽柔和，产品表面毛端簇起，且有枪毛，质轻、蓬松、滑爽，保暖性可与羊毛媲美。

4. 马海毛制品

马海毛制品具有绒毛长、光泽亮、有柔韧性的特点。

5. 化纤类织品

化纤类织品的共同特点是：比重较轻，强度较高，弹性恢复率低于羊毛，保暖性不及纯毛纱，易起毛结球。但不易被虫蛀，蓬松性好。

6. 混纺类织品

混纺类织品具有各种动物毛和化纤的互补特性，外观有毛感，是物美价廉的中档产品。

（二）毛衫裤的质量、使用养护

1. 毛衫裤的质量

毛衫裤的质量可以从外观、手感、色泽、缝工、尺寸规格等方面鉴别。

2. 毛衫裤的洗涤

毛衫裤洗涤后有一定的收缩，选购时应大一档为宜；毛衫裤不易多洗，否则会造成毡缩的现象，洗涤时应忌用碱性洗涤剂；储藏时不易长期挂放，应保持清洁干燥，注意防虫蛀，防虫剂不能与羊毛衫直接接触。

八、针织运动服装

针织运动服装适宜各类体育项目的运动员在比赛和训练时穿着，部分品种也可供人们日常穿着。它所采用的原料有：棉纱、腈纶纱、涤/棉纱、棉/涤纱、涤纶丝、锦纶丝、氨纶丝等。其共同特点是：弹性好、透气性好、手感柔软、伸展自如，负荷较轻，服装的阻力小，活力感强，款式繁多，外型美观。

任务三 识别鉴别服装

案例导入

服装是穿于人体起保护、防静电和装饰作用的制品，其同义词有“衣服”和“衣裳”。中国古代称“上衣下裳”。最广义的衣物除了躯干与四肢的遮蔽物之外，还包含了手部（手套）、脚部（鞋子、凉鞋、靴子）与头部（帽子）的遮蔽物。服装又是一种带有工艺性的生活必需品，而且在一定生活程度上反映着国家、民族和时代的政治、经济、科学、文化、教育水平以及社会风尚面貌的重要标志，是两个文明建设的必然内涵。

服装御寒，保暖，给您最贴心的呵护，同时让人更加美丽、漂亮、时尚、高雅、大方。熟话说“人是衣，马是鞍”，就是这个道理。

问题：

1. 什么是服装？服装是如何分类的？
2. 服装主要有哪些品种？各有什么特点？
3. 纺织品和服装都有哪些使用说明？

学习目标

理解服装的概念；明确服装的分类；掌握服装的种类及特点。

基础知识与技术

一、服装的分类

（一）按服装经营习惯

按服装经营习惯可分为：男式服装、女式服装、儿童服装、针织服装、裘革服装等。

1. 男式服装

男式服装是选用各种面料制得的高、中档次的男式服装。

品种有：长、短袖衬衫，两用衫、运动衫、短裤；西装、中山装、套装；长、中、短大衣、夹大衣、风雨衣；茄克衫、马甲、羽绒衣；品种多样的西装裤、直筒裤、普通裤等。

2. 女式服装

女式服装是选用各种面料制得的各款服装。

品种有：长、中、短袖衫、无领无袖衫、长中短大衣、羽绒服；茄克衫、马甲；长、短裙、连衣裙、旗袍；套装、西服及各种外衣；各种长、中、短裤等。

3. 儿童服装

儿童服装是选用棉布、丝绸、化纤、粗纺呢绒等面料制得的各款服装。

品种有：粗纺茄克、各种男女童大衣、长短袖衬衫、裤子、裙子、上衣、棉袄、棉裤、羽绒服、马甲等。

4. 针织服装

针织服装是男女老幼都可以穿的服装。

品种有：男女T恤衫、儿童T恤衫、运动服、睡衣、睡裤等。

5. 裘革服装

裘革服装指选用裘革制品和皮革制品制作的男女都可以穿的各种款式服装。

品种有：女式裘皮大衣、外套；男式大衣、茄克；女式套裙、茄克；儿童人造革茄克。

（二）按服装的名称

按服装的名称可分为：大衣类、上装类、下装类、内衣类、男衬衫类等。

1. 大衣类

大衣类是指穿在人体外面的服装，起防寒、防雨及装饰的作用。品种有：长、中、短大衣。

2. 上装类

上装类指遮盖上半身的衣服。品种主要有：衬衫、外衣、上衣等。

3. 下装类

下装类指穿在下半身的服装。品种主要有：裙子、裤子等。

4. 内衣类

内衣类指贴身穿着的衣服。品种主要有：保健性内衣、保暖性内衣、矫形性内衣、装饰性内衣等。

5. 男衬衫类

男衬衫类是指以纯棉织物或混纺织物为面料制得的衬衫可作内衣和外衣穿。品种有礼服衬衫、日常衬衫、运动型衬衫等。

（三）按服装穿着季节

按服装穿着季节可分为：春秋服装类、夏季服装、冬季服装。

1. 春、秋服装

春、秋服装是由冷渐暖、由暖渐凉的季节穿着的服装，所以穿着服装的颜色应是由深变浅、由浅向深色过渡。面料的变化也应是由厚变薄、由薄变厚。品种有男、女西装、套装、茄克、裤子、风衣。

2. 夏季服装

夏季服装夏季炎热，面料的选择主要以吸湿性强、透气性好为主；款式以简单、线条流畅为主；颜色以冷色调为主。主要品种有：男女长、短袖衬衫、T 恤衫、长、短裤、裙子、裙裤等。

3. 冬季服装

冬季服装冬季寒冷，选用的面料是质地较厚、保暖性好的面料；颜色以暖色为主；可以增加一些辅料，使冬季服装既保暖又无臃肿感。主要品种有：呢绒男女长、短大衣、男女羽绒服、裘皮大衣等。

（四）按服装档次

按服装档次可分为：高档服装、中档服装、低档服装。

1. 高档服装

高档服装主要是以呢绒、真丝或改良化纤作面料缝制的服装。在辅料的使用上要求精细，款式上是流行新款，做工精细、色彩搭配恰当。品种有：精纺呢绒为面料的男女西装、套装、风衣、裙子；粗纺呢绒为面料的男女大衣、外套、时装；丝绸为面料男女衬衫、套装、背心、连衣裙；裘革中的裘皮大衣、茄克、裙子、裤子等。

2. 中档服装

中档服装主要以混纺织物作服装的面料缝制而成的。其辅料的使用、工艺、款式、色彩、外观造型等方面均比高档服装要次。由于成本低、带有流行色彩，故受到消费者喜爱。品种与高档服装相似。

3. 低档服装

低档服装主要是以化纤纺织品为原料缝制的服装。价格低廉，做工、款式、色调一般。品种与中、高档服装相似。

（五）按服装用途

按服装用途可分为生活服装、工作服装、运动服装、舞台服装、民族服装。

1. 生活服装

生活服装品种主要有：

（1）日常外出服。适宜外出活动穿着，款式趋于都市化，能表现出很强的流行性。

（2）休闲服。参观、旅游等室外活动时穿着的服装。

（3）家庭服。包括家居服、睡衣、睡袍、浴袍等休息装和进行家务劳动、烹饪时所穿的服装。

2. 工作服装

人们从事工作和劳动时穿用的服装。品种主要有工作服和制服两类。

（1）工作服。具有保健性能，如防寒、防暑、防火、防风和防酸碱等。

（2）制服。制服是表示职业以及团体身份的服装。如：军服、警服、邮电服、护士服、宾馆服务员服等。

3. 运动服装

根据体育运动的种类不同，运动服的款式繁多，面料多数是选用化纤。品种主要有：体操服、击剑服、田径服、滑雪服、裁判服等。

二、服装的主要品种

（一）大衣类

大衣可分为：长大衣、中长大衣和短大衣。长大衣的衣长至膝盖以下，中长大衣的长度一般在膝盖以上3cm左右，短大衣的后身长度以盖过臀部为宜。大衣的具体品种有：呢绒大衣、风雨衣等。

1. 呢绒大衣

呢绒大衣具有选择精细、做工考究、款式新颖、庄重大方、颜色纯正等特征，同时还具有美观潇洒的装饰性和防寒保暖之特性。适宜男女秋冬穿着。

2. 风雨衣

风雨衣也称风衣，是与大衣款式相似，用于挡风、挡雨、遮沙的实用型服装。

根据风雨衣的不同用途，其面料的选择较广，一是以满足风雨衣传统的防风、防雨为目的，通常是采用厚重或织物紧密的面料；二是以满足风雨衣时装化倾向为目的，通常是采用较高档的各种精纺呢绒及新产品中的仿丝绸、水洗丝绸布、化纤中的超细旦纤维为原料制得的高密度织物，配以宽松而飘逸的风格款式，显得格外潇洒美观。男式风雨衣的款式造型简洁、线条鲜明、舒适大方，设计上基本是向大衣靠拢；女式风雨衣的款式更加复杂多样。

风雨衣是实用性很强的服装，故在选购时应根据具体情况，除考虑款式因素外，还应对风雨衣的防雨、防风功能加以考虑。如北方宜选购防风、防寒性能较好的精纺织物和涤棉卡其，南方适宜选购防雨作用好的塔夫绸、纯化纤绸或混纺等织物。

（二）上装类

1. 衬衫

衬衫是一年四季都能穿用的常用服装，可做内衣和外衣穿用。品种有男衬衫、女衬衫和 T 恤衫。其共同特点是：结构简洁、造型轻盈活泼、穿着得体、活动方便。

（1）男衬衫。男衬衫是服装经营的大类品种，按档次分为高档、中档；按时间和场所的不同分礼服用、工作用、会客用和旅游用。

高、中档的男衬衫外观包装考究、做工精细、面料和辅料质量高，外观折叠端正，平挺、领型高雅美观，礼服、日常工作及会客用衬衫一般均属此范畴。运动型衬衫主要适用于旅行、家庭穿用。面料的色彩明亮，适宜范围广，棉、麻、毛、丝均可作为此款式的面料。

（2）女衬衫。女衬衫的款式已趋向时装化，由于这类产品不需要用特殊的专用设备，故对于外观的包装要求区别于男衬衫。女衬衫选用的面料多数是适宜女式穿着的轻柔面料，颜色鲜艳、色谱齐全、款式多变。

（3）T 恤衫。T 恤衫在夏季深受消费者的喜爱，适宜男、女、老、少及各行业的人穿着。其前身是人们作为内衣穿的背心，款式简单，面料、造型、色泽单一。后来发展为外衣，打破了以往的种种局限，无论是在造型、面料、及色彩上可称之为千姿百态，变化无穷。它是从简单的内衣发展为时装的一个新潮品种。

T 恤衫大多是选用针织面料、平针面料、丝织品、毛织物、绒线编织、钩织、细旦、超细旦丙纶织物和牛奶纤维、甘蔗纤维制成的织物。但以纯棉为主。

T 恤衫的款式造型变化随意，主要有各种领型、袖型、无领、无袖，身长可过臀，也可齐腰。

T 恤衫的色彩更是千变万化，较常见的是印花和电脑绣花。

T 恤衫的特点是：舒适、简洁、素净、实用、时髦、浪漫。

2. 套装

常见的套装有：衬衫/裙子、外套/内衣/裙子、外套/衬衫/裤子、上衣/裤子等。套装很注意整体效果，上衣可长可短，胸围可紧可松。套装最主要的品种是女式套装和男式套装两类。

（1）女式套装。女式套装是妇女上班、上街和一般社交活动中穿着的服装，是女性中的一种定型装束。其原料和辅料的选用主要是纯毛、丝绸及化纤面料，做工精湛，具有庄重与轻松、华贵与简洁、时髦与实用的特点。

（2）男式套装。西服是男式套装中的主要品种，其用途、适用范围广，是社交、办公、日常生活中必须的服装。品种以高、中档居多，式样变化较大。选用的面料多是精纺毛料。

套装的质量鉴别方法是：第一，看商品上的标签判断套装的原料；第二，看面料是否平整，内衬是否符合标准，织纹是否清晰，光泽自然柔和无陈旧感，表面无疵，做工是否合格；第三，手感触摸应是滋润、柔软、丰厚，有温暖感，不硬不糙，弹性优良，不褶不皱。

3．裤子

裤子是容人体中最复杂的腰至脚的下肢部位的衣服。它比裙子更容易显出体型，可分为长裤、中裤和短裤三种。

（1）长裤。长裤是非常实用、轻便的日常下装，款式基本固定。部分式样受流行的影响，轮廓线条有所不同，有贴身的、宽松的，裤脚也有大、小、束口等变化，腰部和裤兜部位也可设计多种款式。

（2）中裤。裤子在膝盖以下10cm，便于活动，适宜外出旅游穿用。在款式上基本与长裤相同，有宽松和底边束起等款式。

（3）短裤。裤长在膝盖以上的裤子，适用于体育活动穿着。最为流行的品种有：淑女型的宽松裤、高腰裤；较为随意的休闲裤；新潮的牛仔裤；优雅的西装裤。

4．裙子

裙子是妇女服装中最古老的衣服之一，是最富有女性化的服装。典型的品种有：

（1）衬衫裙。衬衫裙上部形式与衬衫相似，其特点是上身造型细长，肩袖处能衬托出身体的轮廓，衣身宽大，腰部略有收缩，袖口处打褶。根据使用场所的不同，在面料、款式及色彩上也有所不同。

（2）背带裙。背带裙是一种没有腰节变化、造型简练、无领无袖、四季相宜的连衣裙，可以与毛衣或上装组合穿用，它的领口和袖窿都开的较深，使人活动自如，穿脱方便。面料一般选用灯心绒、花格呢、法兰绒、丝绸及棉麻织物等。

（3）春秋裙。春秋裙是春末秋初时穿用的连衣裙或短裙。裙子稍长，过膝略10cm，裙子多纽扣、贴袋、针迹等装饰。用收省和褶裥工艺，或条格面料的不同方向的交错等工艺，使得裙子显得格外生动活泼。面料通常选用比较平挺厚实的织物，如薄呢、中长织物等。

（4）旗袍。旗袍是我国妇女独特的传统服饰，是最富有浓郁民族风格的女装，被世界公认为东方女装的代表。它与西式裙子最显著的区别在于斜襟的使用。旗袍雅致、端庄、娟秀，造型与妇女体态相柔和；它线条简练、优美、款式朴素大方。整体从上至下由整快衣料剪成，任何部位不重叠，也没有不必要的带、绊、带等装饰附件，它紧扣高领、紧束腰部、两旁下摆开衩、设计巧妙、衬托出女性婀娜飘逸风姿，更显出女性的身段美、曲线美和风度美。老少皆易，四季相宜。

旗袍选用的面料是高级的丝绸、呢绒或棉布、化纤。面料的图案和色彩较新颖。

三、纺织品和服装使用说明

纺织品和服装使用说明的内容有：制造者的名称和地址、产品名称、产品号型和规格、采用原料的成分和含量、洗涤方法、使用和贮藏条件的注意事项、产品执行的标准编号、产品质量等级及产品质量检验合格证。下面将几项重要内容进行介绍。

（一）服装号型

1. 服装号型的概念

号是指人体的身高，以厘米为单位表示，是设计和选购服装长度的依据。

型是指人体的上体胸围或下体腰围，以厘米为单位表示，是设计和选购服装肥瘦的依据。

体型是指人体的上体胸围或下体腰围的差数为依据来划分体型，并将体型分为四类。体型分类代号分别为 Y、A、B、C。

（1）男子体型分类代号：

Y 表示胸围与腰围的差数为 17—22cm 之间。

A 表示胸围与腰围的差数为 12—16cm 之间。

B 表示胸围与腰围的差数为 7—11cm 之间。

C 表示胸围与腰围的差数为 2—6cm 之间。

（2）女子体型分类代号：

Y 表示胸围与腰围的差数为 19—24cm 之间。

A 表示胸围与腰围的差数为 14—18cm 之间。

B 表示胸围与腰围的差数为 9—13cm 之间。

C 表示胸围与腰围的差数为 4—8cm 之间。

2. 服装号型要求

（1）号型系列。号型系列以各体型为中心，向两边依次递增或递减组成。身高以 5cm 分档组成系列，女子 145←160→175，男子 155←170→185；胸围以 4cm 分档组成系列，女子 72←84→96，男子 76←88→100；腰围以 4cm、2cm 分档组成系列，女子 50（52）←62（64）→74（76），男子 56（58）←68（70）→80（82）。

身高与胸围搭配成 5.4 号型系列；身高与腰围搭配成 5.4、5.2 号型系列。

儿童号型系列，身高 52—80cm 婴儿，身高以 7cm 分档，胸围以 4cm 分档，腰围以 3cm 分档，分别组成 7.4 和 7.3 系列；身高 80—130cm 儿童，身高以 10cm 分档，胸围以 4cm 分档，腰围以 3cm 分档，分别组成 10.4 和 10.3 系列；身高 135—155cm 女童，135—160cm 男童，身高以 5cm 分档，胸围以 4cm 分档，腰围以 3cm 分档，分别线成 5.4 和 5.3 系列。

（2）服装号型标志。服装上、下分别标明号型。号型表示方法，号与型之间用斜线分开，后接体型分类代号。例上装 160/84A。其中，160 代表号，84 代表型，A 代表体型分类。下装 160/68A，其中，160 代表号，68 代表型，A 代表体型分类。

3. 其他纺织品号型

（1）棉针织品的号型。按标准：GB/T6411 的规定设置号型。以厘米为单位，上装标注“身高/成衣胸围”，下装标注“身高/成衣腰围”；或“胸围×衣长”，“腰围×裤长”。

（2）文胸的号型。按标准：FZ/T73012－2004 的规定设置号型。以下胸围的厘米数表示号、以文胸的罩杯代码标示型进行设置。

下胸围以 75cm 为基准数以 5cm 为档划分不同的号。

文胸的号型是上下胸围之差，以 7.5cm 为基础、以 2.5cm 为档分成 8 个型号（见表 9－4）。

表 9－4　　文胸的号型

型	AA	A	B	C	D	E	F	G
胸围差（cm）	7.5	10.0	12.5	15.0	17.5	20.0	22.5	25.0

（3）袜子的规格号型。按标准：FZ/T73001－2004 的规定，分三种类型。

有跟袜：以 cm 为单位标明袜号；

无跟袜：（短、中、长）以 cm 为单位标明人体身高或袜号；

连裤袜：以 cm 为单位标明人体身高和臀围范围。

（4）羊毛衫的规格。按标准：FZ/T73018－2002 的规定，分两类进行标注。

普通毛针织成衣以 cm 标识主要规格尺寸，上衣标注胸围；裤子标注裤子规格（相当于 4 倍横档）；裙子标注臀围。

紧身或时装款毛针织成衣标注适穿范围。

如上衣标注 95—105，表示适穿范围 95—105cm；裤子标注 100—110，表示适穿范围 100—110cm。

（5）床上用品。

标注规格：长×宽。

（6）毛巾类产品。

按标准：FZ/T62006－2003 的要求标注规格长×宽外，还要标注单件产品重量。

（二）采用原料的成份和含量

1. 由同种纤维加工制成的纺织品和服装

由同一种类型纤维加工制成的纺织品和服装应符合相应产品标准（国家标准、行业标准）的规定。例如“100%棉”或“纯棉”。

2. 由不同纤维加工制成的纺织品和服装

一般情况下，可按照含量比例递减的顺序，列出每种纤维的通用名称，并在每种纤维名称前，列出该种纤维占产品总体含量的百分率。

例如

65%	涤纶
35%	棉花

55%羊毛
35%涤纶
10%粘胶

如果有一种或一种以上纤维的含量不足5%，则按下列方法之一标明其纤维含量：列出该纤维的名称和含量；集中标明为“其他纤维”字样和这些纤维含量的总量；若这些纤维的总量不超过5%，则可不提及。

3. 由底组织和绒毛组成的纺织品和服装

应标明产品所有纤维含量的百分率，或分别标明绒毛和基布的纤维含量。

例如

绒毛	90% 棉
	10% 锦纶
基布	100% 涤纶

4. 有衬里的纺织品和服装含有衬里的产品应标明衬里的纤维含量

例如

面料	纯毛
里料	100% 涤纶

5. 含有填充物的纺织品和服装

含有填充物的产品，应标明填充物的种类和含量。羽绒填充物应标明含绒量和充绒量。

例如

套	65% 涤纶
	35% 棉
填充物	100% 木棉

面料	65% 棉
	35% 涤纶
里料	100% 涤纶
填充物	100% 灰鸭绒
含绒量	80%
充绒量	200g

6. 由不同面料构成单件纺织品和服装

由两种或两种以上不同质地的面料构成单件纺织品和服装，应分别标明每部分面料的纤维名称及含量。

例如

身	100% 丙纶
袖	100% 棉纶

（三）洗涤方法

纺织品洗涤方法包括水洗、氯漂、熨烫、水洗后干燥和干洗等方法。

纺织品和服装使用说明的基本图形符号见表9－5。

纺织品洗涤方法应按GB8586规定的图形符号表述洗涤方法，可同时加注与图形符号相对应的简单说明性文字。干洗符号可分别添加字母A、P、F以说明干洗剂的类型。如A可使用所有常规干洗剂，包括符号P代表的所有溶剂以及三氯乙烯和三氯乙烷。P可使用四氯乙烯、一氟三氯乙烯和符号F代表的所有溶剂，不可使用二氯乙烯和三氯乙烷。F仅可使用三氟二氯乙烷和白酒精（蒸馏温度在150度和210度之间，燃点为38度至60度）。

表9-5　　纺织品和服装使用说明的基本图形符号

序号	名称		图形符号	说　明
	中文	英文		
1	水洗	Washing	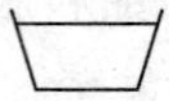	用洗涤槽表示，包括机洗和手洗
2	氯漂	Chlonne-based bleaching	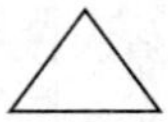	用等边三角形表示
3	熨烫	Ironing and pressing	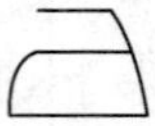	用熨斗表示
4	干洗	Dry cleaning		用圆形表示
5	水洗后干燥	Drying after washing	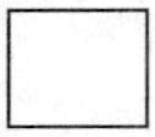 	用正方形或悬挂的衣服表示

（四）使用说明的位置

纺织品和服装的使用说明应附在产品上或包装上的明显部位或相关部位，使用说明应以单件产品或销售单元为单位。耐久性标签应永久性地附在产品本身上，且位置要适当。

1. 服装产品

服装产品的号型标志或规格等标签一般可缝在后衣领居中。其中大衣、西装等也可缝在门襟里口袋的上沿或下沿；裤子、裙子可缝在腰头里子下沿。

衣衫类产品的原料成分和含量、洗涤方法等标签一般可缝在左摆中下部。裙、裤类产品可缝在腰头里子下沿或左边裙缝、裤缝上部。

2. 其他产品

围巾、披巾类产品的标签可缝在边角处；领带的标签可缝在背面宽头接缝或窄头接缝处；家用纺织品（桌布、床单、毯子等）上的标签可缝在边角处。

另外，布匹的使用说明可将标签或吊牌附着在织物卷包末端上或印刷或织在布匹上；绒线和缝纫线可标注在吊牌上或线卷、线球和线束的箍带上；袜子可标注在封口签上。

特殊工艺产品可根据需要设置。

（五）基本要求

纺织品和服装使用说明的内容应清晰、简要、醒目，图形、符号应直观、规范。文字、图形、符号的颜色与背景或底色应为对比色。

使用说明所用文字应为国家规定的规范文字。可同时使用相应的汉语拼音、外文或少数民族文字，但汉语拼音和外文的字体大小应不大于相应的汉字。

使用说明应由适当材料和方式制作，在产品使用寿命期内保持清晰易读。

缝制在产品上的标签，所用材料应具有与基础物接近的缩水性。

任务四 识别鉴别鞋帽商品

案例导入

鞋子与帽子

童话国里的小巫女从童话商店里买了一双闪闪发亮的鞋子和一顶崭新的帽子。小巫女戴着帽子，穿着鞋子，走在那山间的小路上，一蹦一跳的，把鞋子弄得皮开肉绽，伤痕累累，苦不堪言。鞋子偷偷地望了一下头上的帽子，只见他高高在上，鞋子蹦时没有压着他，跳时没有硌着他，这家伙太舒服了！可是他哪里知道，帽子比他还难受。

问题：

1. 鞋帽商品主要有哪些种类？各有什么特点？
2. 鞋帽商品的质量要求与保管方法有哪些？
3. 鞋帽商品有几种规格？

学习目标

明确鞋帽商品的分类、鞋帽商品规格；掌握鞋帽商品的质量要求及保管方法。

基础知识与技术

一、鞋的种类与特点

鞋的种类繁多，有不同的分类方法：按所用原料分为皮鞋、胶鞋、旅游鞋、布鞋和塑料鞋五类；按用途分为民用鞋、劳保用鞋、文体用鞋和军用鞋四类；按穿用对象分为成人鞋、童鞋和婴儿鞋三类；按季节分为棉鞋、夹鞋、单鞋和凉鞋四类。从目前市场来看，民用鞋是各大商场的主营鞋类。其用料范围广、款式变化快、销售人群多。所以，本节以民用鞋为讲授重点。

民用鞋一般按所用原料分为如下几类。

（一）皮鞋

传统皮鞋以天然皮革为原料，以高贵、严谨、庄重为风格特色，现在随着市场的变化，除使用天然皮革外，还大量使用合成材料，款式变化更多样、更新潮和更流行。

1. 天然皮革皮鞋

这类皮鞋以天然皮革为主要原料，有一定的高贵感，并因其具有很好的透气性、吸湿性、柔软性和弹性而穿着舒适，但价格较高。目前市场销售的主要有：

（1）牛皮鞋。牛皮鞋大多数以黄牛皮制成，其质地细密丰满，染色均匀鲜艳，外表美观；并因纤维排列紧密而有较好的耐磨性和耐水性，是皮鞋中的高档品种。

（2）猪皮鞋。和牛皮鞋相比，猪皮鞋更坚韧耐磨，透气舒适，且价格较牛皮的低廉。但因猪皮汗毛穿过真皮层，其耐水性较差，并造成皮革表面粗糙，不够美观。现采用特殊的表皮打磨、印花工艺，可以很好地增加其外表美观性，但这种加工会降低鞋的透气性和强度。

（3）羊皮鞋。羊皮鞋主要以山羊皮制成。羊皮比重小，易染色，制成皮鞋轻便柔软，色泽鲜艳，故尤其适宜生产女鞋和童鞋。但羊皮较薄，强度较差，穿着时容易变形。

2. 仿皮皮鞋

仿皮皮鞋是为了弥补天然皮革的不足，用合成材料制成的一类皮鞋。一种是用聚氯乙烯树脂与纺织纤维合成的仿皮材料，称为“人造革”。这种鞋价格便宜，穿着轻便，色泽鲜艳，耐水性好，但因其透气性差，仿皮感不强，且强度较低，现已基本退出市场。更多的是采用聚氨酯树脂和纺织纤维的结合制成的仿皮材料，称为“合成革”。它具有很好的天然皮革外观，强度较高，并具有一定的透气性（相当于天然皮革的70%），使其成为目前仿皮皮鞋的主要原料。特别是合成革的鞋成本较低，染色性又好，尤其适宜生产各种时装鞋。

（二）旅游鞋

旅游鞋以橡胶为鞋底，且鞋底较厚，前后起翘，并配有海绵，或底部采用中空结构以减少行走和运动时的震动。在鞋底外部刻有较深花纹，以起到防滑作用。因此这类鞋以行走时富有弹性，穿着舒适，既适宜爬山旅游，也适宜日常活动，成为目前深受各个消费群体喜爱的一种鞋类。旅游鞋根据所用鞋面的材料不同分为以下几类。

1. 天然皮革面旅游鞋

这种鞋轻便柔软，吸湿性、透气性好，外表美观，不会因气温高低而改变弹性，穿着最为舒适。但天然皮革耐水性较差，需要较精心的护理，价格也较高。

2. 合成革面旅游鞋

这种鞋以聚氨酯合成革为鞋面，可刷洗，耐水性好，外表美观，价格相对天然皮革鞋要便宜。但因其低温下易发硬，透气性也不如天然皮革，所以，穿着不如天然皮革面的舒适。

3. 尼龙鞋面旅游鞋

这种鞋以针织尼龙布料为面料，搭配合成革或海绵等弹性材料，在透气性、柔软性、耐低温性等方面都优于合成革面的旅游鞋，但耐用性较差，尤其怕高温、怕火、怕勾扯。

（三）布鞋

布鞋是以棉布、丝绸或化纤面料为鞋面和衬里，以塑料或橡胶为鞋底的一类日常民用鞋。这类鞋大多以天然纤维织物为主要原料，吸湿透气，穿着柔软舒适。在我国经济发展初期，因皮鞋价格较高，老百姓主要以各种单布鞋、棉布鞋为主要鞋类，后来随着经济的发展、人们收入的提高，布鞋因其样式传统、单调而一度在市场上遭到冷落。近几年，因人们更多的在衣着方面追求方便舒适以及我国传统服装的重新回潮，使得布鞋又重新获得消费者的喜爱，销量明显上升。特别是我国传统的圆口单布鞋、大舌式夹布鞋和蚌壳式棉布鞋更是受到消费者的青睐，甚至引起外国旅游者的兴趣。我国传统布鞋多采用黑色棉布为鞋面材料，常用的面料主要有平绒、灯芯绒、斜纹布和纯棉贡缎。其中平绒多用于女式布鞋，灯芯绒常经过染色印花，用于童鞋，黑色用于成人鞋；选用贡缎做鞋面，其特点是外表富有光泽，华丽美观，主要用于女鞋，但耐磨性较差。

（四）塑料鞋

塑料鞋是以各种合成树脂为主要原料制成的一类凉鞋、拖鞋等。所用树脂有聚氯乙烯、聚乙烯和聚丙烯三种，按加工方法分为不发泡塑料鞋和泡沫塑料鞋两类。总体特点是价格低廉，色彩鲜艳，晴雨两用，穿着轻便，并且可采用不同工艺生产各种透明、半透明、不透明、珠光、荧光等品种，款式色彩变化多样，深受女士、儿童喜爱。但这类鞋结实程度较差，容易老化。

二、鞋的质量与保管

（一）皮鞋的质量与保管

1. 皮鞋的质量

皮鞋的质量应从皮革质量、成型制作质量和外观三个方面去鉴别。首先，天然皮鞋表面应富有自然光泽，染色均匀一致，手指轻压鞋面出现细小、均匀的辐射状皱纹，手指松开即恢复平整。向皮革表面呵气后，能很快将水汽吸收的为天然革皮鞋，水汽浮在表面的为合成革皮鞋。其次，要仔细观察皮鞋的成型制作质量，鞋帮与鞋底的结合处不能有断线、漏针、裂痕、开胶等缺陷，鞋内应平整整洁，不能存在皱折、钉尖，后帮无内陷。挑选高跟鞋时可用手适当按压鞋的中部，感觉既不前滑也不后倾，而且鞋跟越高，鞋前掌与地面的接触面应当越大，穿着才能舒适。最后，观察鞋的外观，两只鞋光泽、颜色一致，大小、形状对称，无外观疵点。

2. 皮鞋的保管

天然革皮鞋在保管中要注意防潮，防热、防压、防尘和防虫。天然皮鞋吸湿性强，其正常含水量在16%左右，当相对湿度超过80%时，皮鞋吸水过多，容易发霉，所以皮鞋要保存在干燥通风的地方。但保存温度不能超过30℃，并不能让阳光照射，否则皮革会因水分蒸发、油脂分解而变脆干裂。天然皮革虽然有一定的弹性和回弹性，但长时间的重压也会导致鞋的变形，影响穿着的舒适感和美观，所以皮鞋要放在盒内保存，鞋面相对立在盒中，必要时在鞋内加入鞋撑。收存皮鞋时要保持清洁，以防尘土吸收皮革的油脂，使鞋面变得粗糙。最后要注意天然皮革的主要成分是蛋白质，是害虫喜欢的食物，所以，要注意避免这类情况发生，必要时可放驱虫剂进行预防。合成革皮鞋的保管相对比较简单，主要注意避免阳光直射或保存温度过高而引起鞋面老化。另外皮鞋在穿着过程中，每三至五天要清洁、打油一次，以保护皮面、延长穿用时间。

（二）旅游鞋的质量与保管

1. 旅游鞋的质量

旅游鞋是由鞋面、鞋帮、鞋底等部件经胶粘、缝合而成。不论用哪种材料做鞋面，都要求具有一定弹性、耐折性和透气性。鞋帮要有一定的硬度，能很好地支撑住脚跟，鞋帮内侧要有耐磨、耐热、耐湿和一定柔软性的纤维织物或海绵做衬里，以保护脚踝。鞋的表面不能存在划伤、跳线、污渍等缺陷，胶合、缝制牢固，尤其是上翘的部位容易开胶，要注意检查。皮面的旅游鞋大多用几块皮子拼缝而成，更要注意接缝处，看有无跳针、漏针等。

2. 旅游鞋的保管

旅游鞋随所用材料不同，保养方法也有所区别。尼龙鞋面的旅游鞋在穿着中要注意避免刮扯，更要防止烟头、明火等高温物质溅落到鞋面烫出熔孔。尼龙面料的旅游鞋脏后可以刷洗，但刷毛不要太硬，洗后晾干，不要曝晒。皮面旅游鞋不可水洗，脏后要用专门的鞋油擦拭，穿着时注意不要接触锋利物质，以免划伤、割断鞋面或鞋底。

（三）布鞋的质量与保管

1. 布鞋的质量

同一双鞋的长短、肥瘦、鞋口、后跟高低要一致，鞋面花纹要正，无明色差，表面洁净，缝制、粘合紧密，针码均匀，鞋内平贴，各部位吃帮合适，穿着跟脚且不挤脚。鞋底、鞋托、膛底的厚度符合标准要求。

2. 布鞋的保管

布鞋在穿着过程中要保持干燥，防止烟头、火星等溅落到鞋表面形成小洞。橡胶底的布鞋不能与油类物质接触，塑料底布鞋要防止接触锋利物质，以免划伤。穿脏后可用温水刷洗，洗后不要放在烈日下曝晒。长期不穿要刷净晾干，以防止发霉，并放置樟脑驱虫。

三、鞋的型号规格

我国鞋号采用GB/T3293.1《鞋号》国家标准，对鞋的大小、肥瘦有两种表示方法。

（一）用脚长和脚宽的毫米数表示

脚长指最长脚趾的顶端至脚后跟突点间的距离；脚宽是指第一趾至第五趾之间的距离，两个数据间用斜线隔开。如260/94号的鞋适用于脚长260毫米、脚宽94毫米的人穿着。

（二）用脚长的毫米数值和表示鞋肥瘦的“型”表示

如260（2.5）表示该鞋号适用于脚长为260毫米，肥瘦为二型半的人穿着。

四、帽子的种类、质量与保管

（一）帽子的种类与型号

1. 帽子的种类

帽子按戴用对象分为成人帽、儿童帽和婴儿帽；按功能分为民用帽、文娱活动用帽、体育活动用帽、工业用安全帽等；按季节分为单帽、夹帽、棉帽、皮帽等；按所用材料分为布帽、皮帽、革帽、呢帽、线帽等。

从市场上看，民用帽是主营产品，按其主要用途可分为功能帽（具有防晒、保暖、保护等功能的一类用帽）和装饰帽（主要与服装、手袋相配，起装饰作用的用帽）。在销售中，分为成人男帽、成人女帽、儿童帽和婴儿帽四类，各有不同款式。

2. 帽子的型号规格

帽子的大小用“帽号”表示，是指帽口内圈的实际周长，单位为“厘米”。如 58 号帽即为帽中内圈周长为 58 厘米。市场上的成人帽多为 55—65 号；儿童帽为 44—55 号；44 号以下为婴儿帽。对那些弹性较大、尺寸要求不严格的毛线帽等也常用大、中、小三个号粗略表示大小。

在选择帽子的型号时，先用皮尺量出额头周长（从前额经后脑最突出的部位绕头一圈），再加上 0.5—1 厘米的放余量，即为应选的帽子型号。如所量周长为 54 厘米，则可选择 55 号的帽子。放余量的大小与个人习惯和帽子的种类有关，一般厚帽可大些，薄帽小一些；需要加衬里的帽子（如皮帽、棉帽等）要大一些，弹性强的帽子（针织帽）可小一些；纯毛毛线会缩水，放余量不可太小。

（二）帽子的质量

帽子的质量主要从原料和制作两个方面考虑。一般天然材料制成的帽子质量和档次都较高，如天然皮革、纯毛毛线等，这类帽子透气性、吸湿性、保暖性都优于合成材料，戴用舒适，外表美观，但价格较高，护理、保养也比较麻烦。合成材料（如腈纶毛线、涤纶、锦纶等织物）制成的帽子，具有价格便宜、款式变化多、色彩鲜艳、结实耐用、易于保养等优点，但不如天然材料的舒适。帽子的制作应精致，无脱线、断线、漏针，外观良好，无污渍、缺陷，面料无色差、疵点。

（三）帽子的保管

帽子的种类很多，不同材料制成的帽子，其保养方法也不同。

1. 布帽

布帽戴脏后，可在水中刷洗，要注意清洗干净，不可遗留皂液，否则晾干后，帽子上会出现白色或黄色斑迹，影响美观，也损伤织物。晒晾时要尽量将帽子展平，晾干后可熨烫，以恢复帽子的良好外观。

2. 针织帽

针织帽主要使用纯毛毛线和腈纶毛线制成。这两类帽子在洗涤时都要用专用的中性洗涤液，纯毛帽子的洗涤水温不可过高，搓洗时间不可过长，以防止帽子收缩变型。洗后可进行低温熨烫整理。纯毛帽在存放时要注意防虫蛀。

3. 皮帽

皮帽怕水，故雨、雪天戴用或出汗较多时，要尽快放在阴凉通风处晾干再用。存放时要掸尽灰尘，吹干，包好，加入防虫药剂，放在帽盒中，不能重压，以免变形。

习题与训练

一、名词解释

纺织品　天然纤维　化学纤维　合成纤维

二、选择题

1. 单项选择题

(1) 以下物质中不属于天然纤维的是（　　）。

A. 棉　　B. 涤纶

C. 锦纶　　D. 腈纶

(2) 羊毛纤维的主要成分是（　　）。

A. 纤维素　　B. 蛋白质

C. 聚酯　　D. 聚酰胺

(3) 女子服装的体型分类代号Y表示胸围与腰围的差数为（　　）。

A. 19—24cm　　B. 14—18cm

C. 9—13cm　　D. 4—8cm

2. 多项选择题

(1) 服装的体型分类代号有（　　）。

A. Y　　B. A

C. B　　D. C

(2) 服装的号型系列主要有（　　）。

A. 5.4　　B. 5.2

C. 5.3　　D. 5.5

(3) 以下物质中属于天然纤维的是（　　）。

A. 麻　　B. 蚕丝

C. 羊毛　　D. 粘胶纤维

三、判断题

1. 人造纤维属于天然纤维。（　）
2. 羊毛纤维的主要化学成分是蛋白质。（　）
3. 蚕丝织品不能用偏碱性的洗涤剂清洗。（　）
4. 服装的号型指的就是服装的尺寸。（　）

四、简答题

1. 什么是天然纤维、化学纤维和合成纤维？纺织纤维是如何分类的？
2. 什么是服装号型、鞋帽型号？
3. 纺织纤维分几类？各有什么特点？
4. 针棉织品的主要品种有哪些？
5. 鞋的质量要求有哪些？

五、实训题

实训目的：训练学生识别、鉴别商品的能力。

实训内容：

1. 纺织纤维种类的识别与鉴别实训；
2. 纺织品和服装使用说明的识别与鉴别实训。

操作步骤：

1. 学生分小组进行实验，并进行记录；
2. 编写出实验报告；
3. 教师点评。

六、案例分析

纺织产品必须标注基本安全技术类别

国家纺织产品基本安全技术规范 GB18401 标准规定纺织产品的基本安全技术类别分为三类：

A 类：婴幼儿用品，婴幼儿用品必须用文字标明“婴幼儿用品”字样；

B 类：直接接触皮肤的产品；

C 类：非直接接触皮肤的产品。

纺织产品的基本安全技术要求，见表 9－6 所列。

表 9－6

项目		A 类	B 类	C 类
甲醛含量（mg/kg）≤		20	75	300
pH 值		4.0—7.5	4.0—7.5	4.0—9.0
色牢度/级	耐水（变色、沾色）	3—4	3	3
	耐酸汗渍（变色、沾色）	3—4	3	3
	耐碱汗渍（变色、沾色）	3—4	3	3
	耐干摩擦	4	3	3
	耐唾液（变色、沾色）	4	—	—
异味		无		
可分解芳香胺染料		禁用		

问题：

1. 纺织产品基本安全技术类别标记在纺织产品的什么地方？

2. 分析实行国家纺织产品基本安全技术规范的意义。

分析要求：学生分析案例提出的问题，拟出案例分析提纲；小组讨论，形成小组案例分析报告；班级交流，教师对各小组案例分析报告进行点评。

单元十
日用工业品

改革开放，国家富强，中国人民生活质量有了很大提高，富裕起来的消费者开始讲究“吃的营养，穿的漂亮，用的高档”。除了吃和穿，人们的日常生活用品也日益丰富。随着生产技术和设计水平的不断提高，各种日用品从材质造型、花色品种、功能功效等方方面面不断推陈出新，新产品层出不穷。

日用工业品是指供给人们日常使用的工业产品。日用工业品种类繁多，用途广泛，主要包括玻璃、陶瓷、塑料、橡胶、日用化工、文化用品等制品，是关系到千家万户、各行各业，人们生活与工作不可缺少的商品。

玻璃、陶瓷可以制成绚丽多彩的各种器皿和工艺美术品，如陈设具、半陈设具、厨具、餐具、茶具等饮用具及普通容器具。

洗涤用品是日常生活中用以洗涤去垢的重要消费品，它能够使人们过文明生活，可以为自己创造一个清洁、安全和美丽的生活环境。化妆品是人们用涂敷、揉擦、喷洒等不同方式，涂敷于人体各部位，起保护、清洁、美化作用的产品。

塑料可以用来制造多种多样的日用品，其花色品种之多以及用途之广泛，更是其他材料所不及的。人们在吃穿用住行等方面，几乎到处可见塑料的踪迹。

文化用品是现代人生活和工作不可或缺的必需品。

任务一　识别鉴别日用塑料制品

案例导入

国务院办公厅于 2007 年 12 月 31 日发布了关于限制生产、销售、使用塑料购物袋的通知，该通知被群众称为“限塑令”。出台理由是塑料购物袋在为消费者提供便利的同时，由于过量使用及回收处理不到位等原因，也造成了严重的能源、资源浪费和环境污染。

问题：

1. 什么是塑料？塑料有哪些种类和特点？
2. 塑料制品有哪些质量要求？如何选购、使用、维护日用塑料制品？

学习目标

明确日用塑料商品的组成、分类、性能和特点；理解日用塑料的基本质量要求；掌握日用塑料商品的选购、使用、维护的基本知识。

基础知识与技术

塑料制品是采用塑料为主要原料加工而成的生活用品、工业用品的统称。

塑料是指以合成树脂为主要成分，在一定温度、压力等条件下可以塑造成型，在常温下保持形状不变的材料。

塑料具有许多其他材料所没有的优点：与玻璃、陶瓷相比，它不易碎；与铁、锌、铝等金属相比，它不易被腐蚀，且比较轻便；与木材相比，它不怕水，且强度高。此外，它的电绝缘性好，粘附性好，透明性好，色泽鲜艳，既可做成硬质产品，又可制成软而有弹性的制品。塑料原料丰富，加工成型方便生产效率高，具有品种多，性能优越的特点，可以充分适应多种用途对材料性能的要求，所以有人把塑料称之为“万能材料”。

一、塑料的组成

通常塑料是多组分材料，合成树脂是塑料的主要成分，在多数情况下，塑料的组成中除含合成树脂外，还含有增塑剂、着色剂、润滑剂、发泡剂等塑料助剂。

（一）合成树脂

合成树脂是人工合成的有机高分子化合物，这种高分子化合物可以代替天然树脂（虫胶、松香、琥珀等）来生产油漆、涂料和各种塑料制品，故称为合成树脂。它是塑料的主要成分，其含量均为40%—100%，又称塑料的粘结剂，决定着塑料的类型，并且决定塑料的主要性质，如机械强度、硬度、弹性、化学稳定性、导电性能等。

一般塑料可以按其组成成分分为简单型塑料与复杂型塑料。简单型塑料是指以合成树脂为主，仅加少许辅助剂（如着色剂）的塑料，例如聚乙烯、聚苯乙烯等。复杂型塑料是由合成树脂、填充剂、增塑剂、着色剂、润滑剂、稳定剂等成分组成，例如软聚氯乙烯塑料。

（二）塑料助剂

塑料制品一般都是在合成树脂中添加适当助剂经加工而成型。加入助剂后可以改变加工性能，提高使用性能，延长使用寿命及降低制品成本。塑料助剂的种类也很多，其中主要概括为以下几类：

1. 增塑剂

为了增加塑料的可塑性和柔软性，降低塑料的脆性和刚性，往往加入一定量的增塑剂。增塑剂分为主增塑剂和副增塑剂两大类。主增塑剂的特点是树脂相溶性好，塑化效率高，挥发性极低，不被油（或水）溶出，其制品的温柔性好。副增塑剂的相溶性则较差，主要是与主增塑剂一道使用以降低成本，所以也称增量剂。

2. 防老化剂

塑料中加入防老化剂是为了防止它受到光、热和氧的影响，致使高分子发生分解，过早老化，以延长制品的使用寿命。

3. 补强剂

为了提高塑料制品的强度和刚性，可以加入一定量的补强原材料。

4. 填充剂

加入适量的填充剂可以改善塑料的某些性能，降低成本，同时也在一定程度上改善了塑料的某些物理性能。

5. 抗静电剂

大多数塑料具有绝缘性能，由此却使塑料易于产生静电后而不易失去。塑料制品受了静电作用就容易吸附尘埃，使制品失去透明性，加速老化，并能引起放电，造成着火爆炸事故。因此，在塑料中必须加入抗静电剂。

6. 阻燃剂

阻燃剂是指减缓塑料燃烧性能的助剂。

7. 发泡剂

发泡剂是一种在一定温度下受热分解可以汽化的低分子有机物，是制造泡沫塑料的专用配合剂。为使塑料成为具有多孔性泡沫塑料，故加入泡沫剂。

8. 润滑剂

高聚物在热加工过程中，为了制品表面光滑，往往要加入润滑剂才能加工，达到便于脱模的目的。

9. 着色剂

着色剂能够赋予塑料制品各种鲜艳的色泽，分为无机颜料，有机颜料和染料三大类。由于染料耐光性、耐热性、耐有机溶剂性差，故经常使用的是前两种。

10. 交联剂（固化剂）

固化剂是为了对树脂在固化过程中起催化作用或本其身参加交联反应，故在热固性塑料中加入固化剂。

二、塑料的分类

（一）根据塑料的用途分类

塑料根据用途分类，可分为通用塑料、工程塑料及耐烧蚀塑料。

通用塑料又称常用塑料，是指产量大、价格低、应用范围广的塑料。日常生活中用的最广的有：聚氯乙烯、聚乙烯、聚丙烯、聚苯乙烯、ABS 塑料、有机玻璃、赛璐珞、酚醛塑料、密胺塑料等。

工程塑料又称新颖塑料，是指用来做工程和代替金属制造机械零件或设备的塑料。主要品种有：聚碳酸酯、聚甲醛、聚酰胺、聚四氯乙烯塑料等。

耐烧蚀塑料是一类在短时间内能耐上千度高温，适于特殊用途的材料。

（二）根据合成树脂受热后所起的变化分类

塑料根据合成树脂受热后所起的变化分类，可分为热塑性塑料和热固性塑料。

热塑性塑料在加工过程中，一般只起物理变化，即加热变软，冷却变硬，再加热再变软，可以反复加工，而树脂结构不起变化，其废旧物品可以回收利用。常见热塑性塑料有：聚氯乙烯、聚乙烯、聚丙烯等。

热固性塑料在加工过程中起化学变化，受热时开始被软化而具有一定可塑性，随着进一步加热，树脂就硬化定型，若再加热，也不会变软。热固性塑料只有一次可塑性，废旧物品不能再回收利用，仅能粉碎后用于填料。主要热固性塑料有：酚醛塑料（电木）、脲醛塑料（电玉）和三聚氰胺甲醛塑料（密胺）等。

（三）根据塑料的燃烧性能分类

塑料根据其燃烧性能分类，可分为易燃塑料制品、可燃塑料制品、难燃塑料制品。

易燃塑料制品遇明火后可以猛烈燃烧，如硝酸纤维素塑料制品。

可燃塑料制品遇明火可燃烧，不能自熄，如聚乙烯、聚丙烯、聚苯乙烯、有机玻璃、ABS 等塑料制品。

难燃塑料制品在较强的明火中可燃烧，但离开火焰后，自熄，如酚醛、醋酸纤维素、聚氯乙烯等塑料制品。

（四）根据是否会对环境造成污染分类

塑料根据其是否会对环境造成污染分类，可分为绿色塑料和非绿色塑料。

所谓绿色塑料，又称新一代降解塑料，是泛指一切能够自行降解和再利用，不会污染环境的塑料。具体地说，就是指在一定使用期限内具有与普通塑料制品同样的功效，而在完成一定的功效后能迅速自行降解，与自然环境同化的一类聚合物。而不具备以上特征的则称为非绿色塑料。

塑料一经问世，便由于其使用方便、价格便宜等特点被广泛利用，但同时却带来了严重的塑料垃圾即“白色污染”问题。普通塑料普遍存在由于不能自行降解而污染土壤，焚烧又会严重污染大气、回收利用成本相对高等问题，严重影响了人类的生存环境。因而“绿色塑料”的研制生产已成为未来塑料制品行业的必然趋势。

绿色塑料一般分为化学与光分解塑料、生物降解塑料和光与生物双作用降解塑料等三大类。目前，这三大类塑料的研究都已经取得了一定的成果，并已在某些领域得到了推广。但要大范围推广，目前还存在着经济成本和技术条件要求高等多方面因素的制约。

三、日用塑料及其制品

（一）聚乙烯塑料（PE）

聚乙烯塑料是由乙烯聚合而得，根据聚合时压力不同，可以分成高压聚乙烯（1000—2000 大气压）、中压聚乙烯（30—70 大气压）、低压聚乙烯（常压）三种。中压法产品质量高，物理机械性能都比较好，但工艺流程复杂。目前我国生产中常把高压聚乙烯与低压聚乙烯混合使用，其制品有饭碗，热水瓶壳、提桶、面盆、皂盒、水壶等。

聚乙烯制品是无毒、无味、无臭的乳白色固体，比重在0.91—0.96之间，制成的薄膜透明性较好，可以制作餐具、药品的包装及容器。聚乙烯制品的化学性能较好，能耐酸、碱、盐类水溶液的腐蚀。在66℃以下，一般有机溶剂对聚乙烯不起作用。但聚乙烯制品不适宜盛装烃类、植物油、矿物油等物质。

（二）聚氯乙烯塑料（PVC）

聚氯乙烯塑料是一种通用热塑性塑料，由于纯聚氯乙烯树脂是坚硬的热塑性物质，其分解温度与塑化温度极为接近，而且机械强度较差，因此，无法直接用聚氯乙烯树脂来塑制产品，必须加入增塑剂等，以改善性能，生成聚氯乙烯塑料，然后再塑制成各类产品。

聚氯乙烯塑料成品，根据增塑剂加入的多少，分为硬质聚氯乙烯（≤5%）、软质聚氯乙烯（20%—40%）和聚氯乙烯糊制品（80%左右）。聚氯乙烯塑料具有耐化学性、难燃、离火即熄、耐磨、消声消震、强度高、电绝缘性较好、来源广、价廉等特点。根据不同的用途需要，加入不同的添加剂，制出不同的产品，常用的聚氯乙烯制品有压延薄膜、人造革、凉鞋等。

（三）聚苯乙烯塑料（PS）

聚苯乙烯塑料由纯聚苯乙烯加入少量着色剂与稳定剂组成。它是先从煤焦油中提取苯和从石油气中提取乙烯，合成乙基苯，然后乙基苯脱氢，净化后形成苯乙烯，最终聚合形成聚苯乙烯。

聚苯乙烯流动性好，容易加工成型，透明度高，容易着色，硬度好，耐腐蚀，耐碱、酸（如磷酸、硼酸、盐酸等），但不耐氧化性酸（如硝酸等）。其卫生性能良好，耐水，无臭，无毒，无味。常用做餐具、纽扣、刀架、电视机、精密仪器等方面的原料。但聚苯乙烯在80℃以下使用，硬如玻璃，80℃以上逐渐软化，用它制作的餐具不宜蒸煮。耐冲击强度及机械强度较差，易断裂，使用中要注意。

（四）“ABS”塑料

它是由丙烯腈（A）、丁二烯（B）和苯乙烯（S）三种成分共聚而成，是聚苯乙烯塑料改进性能的一个新品种。改性后塑料结实，故又称“抗高压塑料”。

这种塑料具有三种成分的共同性能：丙烯腈使塑料具有一定的表面硬度、耐热性、耐化学腐蚀的物性；丁二烯使塑料具有橡胶状的韧性，提高了耐冲击强度；苯乙烯使塑料保留了优良的电绝缘性能及良好的加工成型性。ABS的缺点是：不能与酒精、醋酸及某些植物油长期接触，否则会引起制品开裂；耐气候性也不好，不能露天长期使用，受日光照射易老化；能燃烧；制品不透明。ABS塑料可制成各种家用电器的外壳和各种日用塑料制品。金属化的“ABS”还可以代替金属制作铭牌、装饰件等。

（五）聚丙烯塑料（PP）

聚丙烯塑料是一种常见的热塑性通用材料。它的成分、结构、性质及其生产技术与聚乙烯塑料极相似，由聚丙烯树脂和极少量的稳定剂、着色剂组成。

聚丙烯是一种无色、无味、无毒的塑料。它与其他塑料相比质轻、机械强度高，耐热性能较聚氯乙烯、聚乙烯、聚苯乙烯都高。吸湿性小，透气性差，耐曲折性好，有较好的电绝缘性和耐化学腐蚀性。用它可以生产纤维、单丝、扁丝、扁条等，制成绳索、包装袋、窗纱、塑料藤椅以及绳织工艺品等。

（六）有机玻璃塑料（PMMA）

有机玻璃是一种透明的热塑性塑料，是用同仁酮、甲醇、氰化钠、硫酸等经过化学方法制成的甲基丙烯酸甲酯单体，再经过聚合制成的一种新型材料。化学名称叫“聚甲基丙烯酸甲酯”塑料，俗称有机玻璃，别名“不碎玻璃”和“塑料玻璃”。它的性能优良，透明度特别好，质轻，光学性质好，可以储存生物标本，能制造多种制品。有机玻璃塑料也存在着缺点，如防热性差、表面硬度较低、受擦伤后制品的透明度变差等。

（七）硝酸纤维素塑料——赛璐珞（CN）

硝酸纤维素塑料俗称“赛璐珞”，是以硝酸纤维素为主体的热塑性塑料。其中有70%—90%的硝酸纤维素，10%—30%的增塑剂，主要是樟脑、润滑剂、着色剂和稳定剂等。它的主要原料是天然纤维（棉短绒或无酸纸浆），经硝酸处理后，其纤维素分子上的羟基被硝酸脂化而形成的。一般先制成片材、管材再进行二次加工制成成品。

赛璐珞机械性能好，质轻，弹韧性优，外观漂亮，加工容易，成本较低，能制成多种日用品。但使用日久或长期在热和光的作用下，会发生老化现象。赛璐珞制品易燃，遇火立即燃烧，当温度升高到170℃左右会起火自燃。

（八）尼龙塑料（DA）

尼龙塑料学名叫聚酰胺，品种很多，性能上稍有差异，其共同点是具有良好的耐磨性；具有一定的机械强度和较好的冲击韧性，可在温度-45℃—100℃的范围内使用；具有耐弱酸、弱碱及醇等溶剂的性能，但对强酸的抗蚀力差，能溶于热的浓硫酸和苯酚、甲醇等化学药品。

尼龙用途甚广，可用来制造齿轮、轴套、泵叶轮、高压油管、密封圈及一般机械配件。而尼龙丝又可用来纺织角网、渔线、绳索等。

（九）酚醛塑料（PF）

酚醛塑料俗称电木或胶木，是一种发明最早（1909年）、用途广泛的热固性塑料。酚醛塑料的主要成分是酚醛树脂，它是由酚（主要是苯酚）、醛（主要是甲醛）及甲酚等原料合成的。

酚醛树脂中加入木粉等可制成模塑粉（电木粉）。这种模塑粉在加热、加压条件下，就可压制成电木制品。电木制品为暗红色或黑色的固体物质，外观光滑，具有光泽，不溶于任何溶剂，不易发生化学变化，具有耐磨、耐热、耐寒、不怕火、加热不熔化、不变形、硬度大和低频绝缘等良好性能。可用来制作一些日用品如纽扣、自来水笔杆、瓶盖、电话机壳、电气开关、灯头和收音机、电视机壳等。电木的缺点是脆性较大，吸水性也较大，其制品不易在空气潮湿环境中或露天保管。酚醛树脂的原料苯酚和甲醛对人体都有一定毒性，制品固化成型后，还有一些游离分子存在，故不宜存放食品或做饮食用具。

（十）脲醛塑料（PF）

脲醛塑料是一种热固性塑料。其制品又称电玉制品，主要成分是脲醛树脂，是用尿素和甲醛在酸性或碱性催化剂作用下，经过复杂反应而制成。电玉制品与电木制品在性质上有很多相似之处。如表面硬度大、光滑、有光泽、低频绝缘性好、耐热、不易燃烧、不易变形而脆性较高。但其耐水性及化学稳定性都比电木制品差。脲醛树脂本身为无色透明体，若加入纤维素作填充材料则为乳白色半透明体，加入二氧化钛为不透明的纯白色。

常见的电玉制品有杯、碟、盘、纽扣、收音机外壳，还可以制造家具、地板、桌面等装饰材料。电玉制品在使用和保管中的注意事项和电木制品基本相似，更不适宜在潮湿空气和露天保管，以防龟裂破碎。电玉制品虽无臭、无味，但如用醋酸在100℃沸水中浸泡会有游离的甲醛析出，对人体有害，不宜用做食具。

（十一）密胺塑料（MF）

密胺塑料是以三聚氰胺甲醛树脂为主要成分的塑料，是氨基塑料中的一个重要品种，是一种多成分的热固性塑料，它的特性是强度大，难于变形，表面硬度好，外观似瓷器，其抗冲击强度比瓷器高三倍，制品在一公尺高度落地，不会破裂。耐热耐水性较好，在110℃水中煮沸消毒也不会破裂褪色。烟头、余火也不会将其烫焦。卫生性好，无臭无味，可用来盛放各种食品，因此密胺塑料常用来制造杯盘、碗筷、烟缸等日用品。

四、塑料制品的质量

（一）外观质量

塑料制品的外观质量是指制品的外形结构、色泽等有无缺陷。一般来说，外形不应有翘曲缺角，尺寸要符合一定的偏差规定，装配制品的部件尺寸要互相配合得当，中空制品要厚薄均匀，色泽鲜艳，光亮平滑。塑料制品的外观质量，概括起来不外是坚固、适用、美观。常见的外观疵点有：裂印、水泡、杂质点、拉毛、起雾、皱裂、肿胀、小孔、麻点、色调不匀、混浊银纹等现象。

（二）物理机械性能

塑料制品的物理机械性能实际就是指它的内在质量，一般注重下述几点：

1. 比重

比重是单位体积的重量，其单位为克/立方厘米。不同类型的塑料，比重不同。酚醛塑料比重为1.3—1.4，脲醛塑料比重为1.45—1.55。测定塑料比重是将塑料压成12×1.5×1立方厘米的标准样片来称量，计算其每1立方厘米的重量。

2. 耐醇性、耐汽油性和耐润滑性

塑料受到酒精、汽油等成分的作用时，如仍能保持它的物理机械性能，即称它具有耐醇性或耐汽油性和耐润滑性。

3. 收缩率

制品从压模中取出后，因冷却而引起尺寸缩小的现象称为收缩。收缩率用百分数表示。

4. 强度

抗张强度是塑料（包括软质和硬质）的重要质量指标。硬质塑料还要考虑其抗弯曲、抗冲击和抗压强度。软质塑料还要考虑其拉断时相对伸长率。

5. 耐寒性和耐热性

多种塑料及制品在高温或过低温度条件下，其机械强度将发生显著变化，致使其降低甚至丧失使用要求。因此，在使用塑料制品时，应考虑其适用环境温度范围。

6. 磨耗

磨耗是塑料制品在磨擦过程中其尺寸不断地改变（主要是变小）的机械性破坏过程。磨耗量的大小表示塑料的耐磨耗程度，常用一定距离体积磨耗指标来表示。

7. 吸水性

塑料吸水性是指规定尺寸的试样浸入一定温度（23℃—27℃）的蒸馏水中，经过一定时间后（24小时）所吸收的水量。吸水量与试样重量之比称吸水率，以百分数表示。塑料吸水性的大小，与塑料制品的稳定性、电绝缘性以及保管都有密切关系。

8. 环境应力开裂

这是指塑料制品抵抗由于外界酸、碱、盐等溶液作用而引起开裂的能力。一般成型时温度控制不好、未经热处理的塑料制品，往往会造成内应力，从而使塑料制品易于产生环境应力开裂。

五、塑料制品的鉴别

塑料制品的鉴别方法很多，见表10－1。

表10－1　　常见塑料制品的鉴别

分类	品名	学名	外观颜色	机械性	沸水	盐水20%	燃烧性		
							速度	火焰色	气味
热固性	电木	酚醛塑料	黑色与深色	硬、脆	不变	沉		无火焰　但变焦	苯酚味
	电玉	脲醛塑料	鲜艳光亮	硬、脆	变色	沉		无火焰　但变焦	无
热塑性	赛璐珞	硝酸纤维	透明、彩色、鱼鳞、石纹	柔韧、有弹性	很软	沉	速烈	白光	樟脑味
	醋酸纤维	醋酸纤维	鲜艳彩色、透明	柔韧、有弹性	很软	沉	慢	黄缘边冒火花	醋味
	硬性塑料	聚苯乙烯	极透明、鲜艳彩色	敲有金属声、硬、脆	软	浮	慢	黄色黑烟	香味

续表

分类	品名	学名	外观颜色	机械性	沸水	盐水20%	燃烧性		
							速度	火焰色	气味
热塑性	聚乙烯	聚乙烯	浑如腊，有彩色、缺光	极柔韧，有弹性	很软	浮	慢	浅蓝色无烟	石蜡味
	聚氯乙烯	聚氯乙烯	透明或彩色	柔软如皮	很软	沉	极慢	慢离火即熄	无
	有机玻璃	聚甲基丙烯酸甲酯	极透明，亦有颜色	软、脆不耐磨	软	沉	极慢	白光	花果香味

六、塑料制品的三角标

每个塑料器皿的底部都有一个数字，它是一个带箭头的三角形，三角形里面有一个数字，如图 10－1 所示，那就是塑料品可循环使用标识。

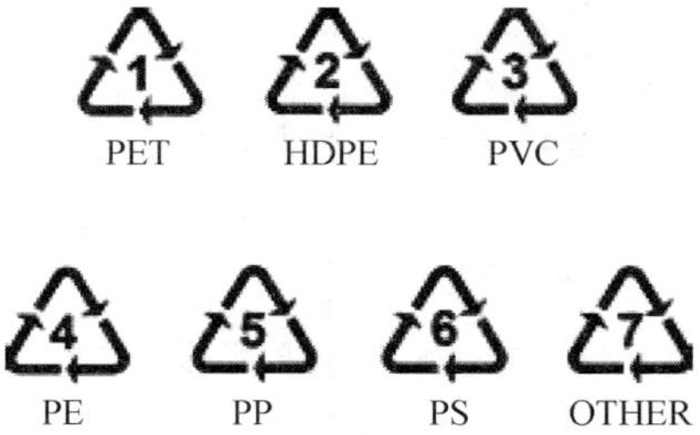

图 10－1

（1）PET 聚对苯二甲酸乙二醇脂：常见矿泉水瓶、碳酸饮料瓶等。热至 70℃ 易变形，有对人体有害的物质溶出。1 号塑料品用了 10 个月后，可能释放出致癌物 DEHP。不能放在汽车内晒太阳；不要装酒、油等物质。

（2）HDPE 高密度聚乙烯：常见白色药瓶、清洁用品、沐浴产品。不要再用来作为水杯，也不要用它来做储物容器来盛装其他物品。清洁不彻底，不要循环使用。

（3）PVC 聚氯乙烯：常见雨衣、建材、塑料膜、塑料盒等。可塑性优良，价钱便宜，故使用很普遍，只能耐热 81℃，高温时容易有不好的物质产生，很少被用于食品包装。难清洗易残留，不要循环使用，若装饮品不要购买。

（4）PE 聚乙烯：常见保鲜膜、塑料膜等。高温时有有害物质产生，有毒物随食物进入人体后，可能引起乳腺癌、新生儿先天缺陷等疾病。保鲜膜别进微波炉。

（5）PP 聚丙烯：常见豆浆瓶、优酪乳瓶、果汁饮料瓶、微波炉餐盒。熔点高达 167℃，是唯一可以放进微波炉的塑料盒，可在小心清洁后重复使用。需要注意，有些微波炉餐盒，盒体以 5 号 PP 制造，但盒盖却以 1 号 PE 制造，由于 PE 不能耐受高温，故不能与盒体一并放进微波炉。

（6）PS 聚苯乙烯：常见碗装泡面盒、快餐盒。不能放进微波炉中，以免因温度过高而释出化学物。装酸（如橙汁）、碱性物质后，会分解出致癌物质。避免用快餐盒打包滚烫的食物。不能用微波炉来煮碗装的方便面。

（7）PC 其他类：常见水壶、太空杯、奶瓶。百货公司常用这样材质的水杯当赠品。很容易释放出有毒的物质双酚 A，对人体有害。使用时不要加热，不要在阳光下直晒。

任务二 识别鉴别洗涤用品

案例导入

产品功效是影响洗涤用品消费行为的最重要的因素之一。不同品种的产品功效不尽相同，消费者关注的程度也有所差异。调查显示，洗涤去污能力是洗涤用品消费者最关注的功效，对于洗衣粉来讲，气味清新也显得尤为重要，另外容易冲洗、不伤皮肤和不伤衣物等功效也被较多消费者所重视；对洗衣皂而言，容易冲洗也被排在重要的位置，味道清新、不伤皮肤和持久耐用等功效也被不同程度地关注；对于洗洁精来说，味道清新被普遍重视，不伤手、无毒性和可洗水果蔬菜等功效也是消费者关注的重要方面。

从消费者对不用功效的关注程度看，消费者对洗涤产品的功效的需求具有多元化的特点，洗涤去污能力、气味清新和不伤皮肤等功效的需求相对更为集中。

问题：

1. 什么是洗涤用品？洗涤用品有哪些种类和特点？
2. 洗涤用品有哪些质量要求？如何选购、使用、维护洗涤用品商品？

学习目标

明确洗涤用品的分类、性能和特点；理解洗涤用品的原料、组成、基本质量要求等。

基础知识与技术

最早出现的洗涤用品是皂角类植物等天然产物，其中含有皂素，即皂角苷，有助于水的洗涤去污作用。此外，草木灰中含有钾碱，用水淋沥出来的水溶液，也有助于去除织物上的油污。这些天然的洗涤用品沿用甚久。

洗涤剂洗涤物体表面上的污垢时，能改变水的表面活性，提高去污效果。包括合成洗涤剂和肥皂，有时也统称为洗涤剂。去污的范围很广，日常生活中的去污主要是指衣物的去污，这是洗涤用品最主要的功能。日用器皿、餐具和水果蔬菜等的洗涤也属去污，但习惯上称为清洗，所用的洗涤用品则称为清洗剂。

一、肥皂

由油脂和碱发生皂化反应后所生成的高级脂肪酸盐称之为肥皂。

肥皂具有洗涤去污的功能，其主要成分表面活性物在水溶液中具有良好的润湿性、乳化性、增溶性、分散性、发泡性，能渗入织物纤维中，使污垢乳化、分散和脱落，从而去除污垢。

肥皂在洗涤过程中具有以下特点：肥皂在软水中洗涤棉织物上的污垢时效果很显著，很适合于人工搓洗衣物时使用，在不便用洗衣机的场合很受欢迎。其原材料为天然原料，废弃物容易处理，对环境无污染。

肥皂的不足之处：肥皂的水溶液呈碱性，对皮肤有刺激作用，不适宜洗涤丝毛织物，在含钙盐和镁盐的硬水中洗涤，易生成不溶性的粘性钙皂和镁皂，并变硬发脆，肥皂在酸性溶液或含盐过多的水中洗涤，会分解成脂肪酸和盐，失去洗涤作用。

（一）肥皂的原料

1．动植物油脂

油脂来源于动物脂肪（如牛油、羊油、猪油、鱼油等）和植物的种籽油（如大豆油、米糠油、棉籽油等）。因其成分不同，有的在室温下呈液态称为油，有的呈固态称为脂。优质油脂常呈白色，优质油呈透明的淡黄色。

2．油脂代用品——松香

松香是一种黄色或褐色的半透明块状体，它的主要成分是树脂酸，可与碱作用生成松香皂和水。

3．碱

碱是油脂以外的另一种主要原料，主要有氢氧化钠、氢氧化钾等。

4．填充原料

加入填充料的目的是为了增加肥皂的体积和重量，以降低成本。有的填料也有一定的助洗作用，并改善肥皂的硬度、耐用性，如水玻璃（泡花碱）碳酸钠等。

5．香料

香料是制皂必需的原料。洗衣皂可以不加香料或者少加些低级香料。香料不仅具有芳香气味，诱发人们精神上的愉快和兴奋，更重要的是香料具有良好的消毒杀菌作用，其杀菌效力比常用的消毒剂——石碳酸强得多。

6．其他原料

色料用以装饰肥皂，增加美观度；药料用在药皂中作为消毒剂；食盐用在制皂中使皂基与水相分离，是一种辅助原料，不构成肥皂成分。

（二）肥皂的质量要求

肥皂品种很多，质量要求也各不相同，下面介绍香皂和全油脂洗衣皂的质量要求。

1．感官指标

（1）香皂的感官要求。皂体图案字迹清晰，光洁端正，组织细腻、色泽均匀，留香持久，无油脂酸败等异味。包装整洁美观。

（2）全油脂洗衣皂感官要求。图案字迹清晰，形状端正，不发粘，无斑点，色泽均匀一致，无油脂酸败等异味。

2．理化指标

（1）总脂肪物。包括肥皂含的脂肪酸、未皂化油脂、不皂化有机物和甘油。脂肪酸含量代表肥皂中的纯肥皂的含量，含量越高，使用价值越大。未皂化油脂会降低肥皂的去垢性，应严加控制。不皂化有机物会使肥皂产生不良的颜色和气味，应加以控制。甘油含量对肥皂使用性能无影响。

（2）脂肪酸凝固点。肥皂中脂肪酸凝固点的高低对肥皂的硬度质量影响很大。一般脂肪酸凝固点高的油脂所制成的肥皂，其硬度高，反之则低。但椰子油中的脂肪酸凝固点不高，所制成的肥皂却极为坚硬。一般香皂中的脂肪酸凝固点在37℃—43℃之间。

（3）游离苛性钠。游离苛性钠是碱析出过程中留存于肥皂中的NaOH，它对去垢性无不良影响，主要是刺激皮肤，因此在香皂中控制较严格。

（4）泡沫。肥皂泡沫量的多少以及是否持久稳定，是皂液分子吸附和胶体吸附的综合性反映，能代表皂液去垢性能的好坏。肥皂的发泡量越大，越稳定持久，去污力越大。

（5）硅酸钠含量。在洗衣皂中硅酸钠是主要填充助洗剂，是必不可少的成分。在总脂肪物合格前提下，规定其不低于某一值。通常在指标中规定硅酸钠含量不少于2%。

（6）硬度。硬度是肥皂耐用与否的一项指标。如果肥皂软烂不耐磨，使用中将造成浪费。因此，洗衣皂规定硬度指标，需要有一定填料的加入，使肥皂的硬度达到指示标准。

（7）香皂糊烂。将香皂浸泡在20℃恒温水中五小时后剖开，测量其糊烂层的深度。易糊烂的香皂不耐用。电解质含量高、皂体组织疏松以及肥皂的含水能力低等都是造成糊烂的原因。

（8）香皂气泡、白芯。将香皂用钢丝刀剖开，观察皂体内部组织是否光滑紧密。如碾磨、压条工艺不良、皂体塑料不良均可造成气泡和组织粗疏（即所谓白芯）。

二、合成洗涤剂

合成洗涤剂是以石油为原料，人工合成的脂肪酸盐以外的洗涤剂，是以合成洗涤剂活性物为主要成分并加入助洗剂和其他辅助材料所配制的产品。合成洗涤剂的应用，是继肥皂以后，人类在洗涤用品上的一次飞跃。

（一）合成洗涤剂的组成及其特点

1. 合成洗涤剂的组成

（1）界面活性物质。合成洗涤剂是一种多组分的混合物，界面活性物质是它的主要成分。它的分子具有两性结构（亲水性和增水性），在低浓度的水溶液中能在两相界面形成分子吸附层，从而降低界面张力。实际上肥皂也是界面活性物质的一种。

（2）助洗剂、辅助剂。助洗剂和辅助剂主要有：聚磷酸盐、硅酸钠、纯碱、硫酸钠、抗再沉积剂、过氧酸盐、酶制剂、荧光增白剂、泡沫稳定性、香料和色料等。

2. 合成洗涤剂的特点

合成洗涤剂和肥皂相比有以下优点：

（1）耐硬水。无论在硬水、碱性、酸性以及含盐多的溶液中都有良好的去污能力。

（2）应用范围广。由于合成洗涤剂良好的性能和商品的多样化，它不仅能洗涤棉、化纤织物，还可以洗涤毛、丝、麻等织物。

（3）稳定性好。在水中不会分解，不会产生游离碱，且可以在酸性溶液中使用。

（4）用量少，去污力强。它具有渗透力强，使用方便，省时、省力、容易去油污等特点。

（5）碱性较弱。不伤衣物，不刺激皮肤。

（6）节省食用油脂。生产 1 万吨合成洗涤剂使用 2000—2500 吨石油，而生产 1 万吨肥皂要消耗 5000 吨食用油。

（7）适用于电气洗涤设备。

（二）合成洗涤剂的分类

1. 按外观形态分类

可分为粉状洗涤剂、空心颗粒洗涤剂、液体洗涤剂、浆状洗涤剂、块状洗涤剂多种。

2. 按洗涤对象分类

（1）通用类。pH 值不大于 10.5，适用于洗涤各种纤维制成的织品。

（2）一般类。pH 值大于 10.5，适用于洗涤一般棉麻品。

（3）丝毛织品用。pH 值为 6.5—8.5，适用于洗涤丝、毛、化学纤维制成的细软织品。

3. 按洗涤难易程度不同分类

（1）轻役型洗涤剂。用于洗涤污垢附着较轻、容易洗涤的物品。这类洗涤剂一般接近中性，大都用来洗涤丝、毛、化纤等精细织品、果品、食器等。状态上有液状和颗粒状等。

（2）重役型洗涤剂。用于污垢附着较重、较难洗涤的织物，呈弱碱性。棉麻织物和一般用品的洗涤大都用这类洗涤剂。

4. 按泡沫多少分类

可分为低泡型和高泡型两种。

（三）合成洗涤剂的主要品种

1. 合成洗衣粉

一般是以一种活性物为主体，含有多种助剂。若加入特殊的助洗剂如酶制剂，就可制成各种专用洗衣粉。合成洗衣粉一般制成空心颗粒状，这种产品较以前生产的细粉状产品，比重小，溶解度好，干爽，具有较好的流动性，有利于包装储存。其中又有加酶洗衣粉、无磷或低磷洗衣粉、彩漂洗衣粉、增白洗衣粉、浓缩洗衣粉等。

2. 液体洗涤剂

液体洗涤剂是合成洗涤剂中仅次于合成洗衣粉的第二大类洗涤剂。使用方便，溶解迅速。棉麻类液体洗涤剂的 pH 值在 10 左右，适合洗涤棉麻织品；通用类液体洗涤剂 pH 值为 7—9，适用于洗涤各种纤维织品。毛织品洗后有柔软感，合成纤维洗后有短期的抗静电能力。

3. 浆状洗涤剂

浆状洗涤剂是一种均匀而粘稠的胶态分散体。洗涤效果与同类洗衣粉相同，因其在成分中降低了填充剂用量，价格较便宜，受到消费者的欢迎。

4．块状洗涤剂

块状洗涤剂是一种含有活性物，助洗剂、粘合剂和填充剂等制成的块状制品，色彩微黄，外观平滑光亮，可以像肥皂那样使用。

5．杀菌洗涤剂

这种洗涤剂含有较强的杀菌剂，广泛用于医院、公共场所、食器皿等的洗涤消毒。止痒洗衣粉也是杀菌洗涤剂加以特定配方的一个品种。

（四）合成洗涤剂的去污机理

衣物上的污垢常是液体和固体的混合物，以物理—化学作用，甚至机械作用，吸附在衣服纤维的表面上或进入纤维组织之间，既有损于衣物的外观，也有损于衣物的组织而缩短其使用寿命。洗涤用品的去污过程，可简单表示为：

织物·污垢＋洗涤剂——→织物＋污垢·洗涤剂

（脏的衣物）　　　　　　（脏的洗涤液）

去污过程的机理，则比较复杂，大致包括下列物理—化学作用：

1．润湿作用

由于洗涤液中的表面活性剂能降低水的表面张力，从而增加了水对织物的润湿能力，使洗涤液充分渗入纤维之间，表面活性剂分子能和被洗织物上的污垢产生亲合作用，使污垢容易从织物上分离。

2．吸附作用

在水和被洗织物之间、在水和污垢之间，都存在着界面，洗涤液中的有效成分被织物和污垢吸附后，改变了界面能与织物对污垢的静电引力，使污垢在水里呈悬浮或乳化状态。

3．增溶作用

污垢被裹夹在洗涤液的胶束层之间，产生增溶现象。

4．机械作用

当污垢和织物吸附表面活性剂时，在人工搓洗或机械搅拌作用下，污垢从织物上分离而分散在溶液中，经反复漂洗，污垢即可除去。

（五）合成洗涤剂的质量要求

1．外观质量要求

（1）色泽和气味。反映原料的纯度和加工质量。粉状洗涤剂要求颜色白净，不得混有深黄和黑褐色粉末。液体洗涤剂要求清澈透明，不应混浊。浆状洗涤剂，浆料应均匀，没有结晶和分层。所有洗涤剂除洗涤固有气味外均应无异味。

（2）颗粒度和视比重。颗粒度是反映空心状洗衣粉颗粒大小和均匀度的指标。颗粒度的大小直接影响洗衣粉的溶解速度。颗粒均匀的洗衣粉，溶解快慢一致，使用方便。视比重是指单位容积内洗衣粉的重量（克/毫升），是反映洗衣粉的颗粒度、空心度和水分含量的一项综合指标。一般要求洗衣粉有固定一致的视比重，否则将直接影响包装满缺的程度，给消费者掌握用量带来困难。空心粉状洗衣粉的视比重在0.3左右。

（3）流动性和吸潮结块性。洗衣粉的流动性表示洗衣粉颗粒在倾斜面上自由流动的程度。吸潮性表示洗衣粉所吸收水分的程度。粉状洗涤剂要求有较好的流动性和较小的吸潮结块性。流动性好、吸潮结块性小的洗衣粉，便于使用、包装和保管。

2. 理化质量要求

（1）稳定性。表示成品在储存过程中因外界条件的影响（如受潮、受热），洗衣粉有无泛红变臭、洗涤液有无失透变稠等变质情况。

（2）活性物和不皂化物含量。活性物是合成洗涤剂的主要成分，它的含量是区别各种型号的依据。比如合成洗衣粉分 20 型、25 型、30 型，就是根据其活性物含量百分数来确定的。不皂化物是指那些没有被磺化的烷基苯等烃类，没有去垢性。因此必须规定它的限量。

（3）沉淀杂质含量。指洗衣粉中不溶于水的物质的含量。其含量规定不得超过 0.1%。

（4）pH 值。表示溶液的酸碱度。pH = 7 为中性，7 以上为碱性，7 以下为酸性。大部分洗涤剂溶液 pH 值应接近中性，重役型洗涤剂的 pH 值可达 9—10.5。

（5）磷酸盐含量。其含量用五氧化二磷（P_2O_5）的百分含量表示，是洗涤剂的主要助洗剂。目前由于污染问题，已由其他助洗剂代替。

（6）发泡量。发泡量可以直观地反映出界面活性物的分子吸附和胶体吸附性是否良好，因此是一项重要的质量指标。一般用罗氏泡沫计测定，其发泡量不得低于 180—190 毫升，五分钟后不得低于 170—180 毫升。

（7）去污力。去污力大小是衡量洗涤剂实际性能的一项重要指标。可用规定的白布浸染于人造污液中，造成人造污布，再经过一定的洗涤程序得出布面白度，并与空白白布的白度进行对比，用百分比表示去污值。

（8）生物降解率。生物降解率指洗衣粉中活性物在一定条件下被微生物分解的程度。生物降解率以活性物在 7—8 天后被微生物分解的百分数表示。分解率在 90% 以上的称为软性洗涤剂。分解率在 90% 以下的称硬性洗涤剂。

三、牙膏

牙膏是一种因能保护牙齿健康为人们所经常使用的商品。因为人们所吃的食物，残渣留存在口腔中，在乳酸菌的作用下，牙齿表面珐琅质中的钙质转化为可溶性的乳酸钙，致使牙齿产生沟痕、穿洞而形成龋齿。因此，我们必须经常刷牙，使用牙膏以清除残存食物和牙垢。

牙膏的主要成分是摩擦剂和洗涤剂。为了校正它的异味，加入甜味剂和香料；为了成型，加入胶着剂等。牙膏就是由这些成分调和，形成的膏状混合物。

（一）牙膏的分类

牙膏的分类方法很多：按牙膏泡沫多少可以分为多泡牙膏和低泡牙膏；按摩擦剂种类不同可以分为高级牙膏与一般牙膏；按牙膏香型不同可以分为留兰香型、水果香型、薄荷香型、茴香香型、豆莞香型和沙士香型等牙膏；按牙膏软管材料不同可以分为铝管牙膏、塑料管牙膏等；按牙膏用途不同可以分为一般口腔卫生牙膏和药物牙膏；按使用者年龄不同划分成人牙膏和儿童牙膏。

（二）牙膏的原料

1. 摩擦剂

摩擦剂多属于粉状的无机盐类，由于它的摩擦作用而清除牙齿表面的牙垢。要求摩擦剂颗粒细腻，不至于划伤牙齿。

2. 洗涤剂

洗涤剂就是各种界面活性物质，协助摩擦剂更好地发挥洁齿作用。

3. 调和剂

调和剂又称赋形剂，它使牙膏成为有一定流动度的膏体。调和剂是液体原料，如水、甘油和酒精等。

4. 胶着剂

胶着剂是为了使牙膏膏体有一定的可塑性并使牙膏在保管中不致产生分离现象而加入。胶着剂有白胶粉、淀粉等。

5. 甜味剂

在牙膏中加入糖精或糖精钠使牙膏具有一定甜味以及掩饰其他原料的气味。

6. 芳香剂

牙膏中加入芳香剂，既能留香口腔，消除口臭，又是一种良好的防腐剂。

（三）牙膏的质量要求

1. 感官指标

（1）牙膏膏体应细腻、不粗糙、不结粒、无气泡、无裂纹，在保管期内牙膏膏体无明显分离现象。

（2）牙膏应洁净无明显杂质。香味应与所标称的香型一致，不得有皂片、摩擦剂等原材料的气味及其他异味。

（3）牙膏软管应端正，管尾封扎应牢固整齐、无磨损、渗漏现象。帽盖螺纹应与软管紧密配合，不得歪斜滑牙。

（4）包装纸盒图案印刷清晰，不得破裂，中包装纸盒及大箱须干燥，尺码须内外大小适宜。

2. 理化指标

（1）pH 值。牙膏的 pH 值以接近中性为宜。$pH=10$ 以上则碱性过大、对口腔有刺激，对唾液酶反应起抑制作用，$pH=5$ 以下酸性过大也不适宜。

（2）室温粘度。这是表示牙膏膏体在室温下稠度是否适宜的指标。粘度过大，使用不方便，粘度太小，过于稀薄会产生渗漏、膏体分离等现象。

（3）挤膏压力。室温下挤压力越大，使用起来越不方便，因此规定挤膏压力不能超过一定数值。

（4）耐热粘度、耐热挤膏压力、耐寒挤膏压力。这些指标是为了测定牙膏经受一定的温度变化后，其膏体粘度、稠度是否仍然稳定。好的牙膏经过一定温度的变化，其稠度和粘度在室温下仍能恢复原来的状态。膏体稳定性不好，在受热以后往往产生胀气、分离出水、变色变味等现象。

（5）泡沫量。牙膏中的洗涤剂含量不宜太多，含量太多降低摩擦力，反而影响洁齿效果，因此，牙膏的发泡量被控制在一定数值以下。

任务三　识别鉴别化妆品

案例导入

化妆品生产是一个产业也是一种文化，在如今的经济环境下，化妆品是市场上的朝阳产品的定位不可撼动。借用犹太人的一句话——“女人和孩子的生意是最好的商机”，化妆品检验包含了这样的商机。

被称为“美丽经济”的中国化妆品市场，已经取得了前所未有的成就。中国的化妆品市场已成为全世界最大的新兴市场，在短短的几十年里，中国化妆品行业从小到大，由弱到强，从简单粗放到科技领先、集团化经营，全行业形成了一个初具规模、极富生机活力的产业大军。化妆品企业如雨后春笋般越来越多，名目繁多的化妆品品牌层出不穷，市场竞争愈演愈烈。

问题：

1. 什么是化妆品？化妆品有哪些种类和特点？
2. 化妆品有哪些质量要求？如何选购、使用、维护化妆品？

学习目标

明确化妆品商品的分类、性能和特点；理解化妆品商品的基本质量要求。

基础知识与技术

一、化妆品的分类

根据我国《化妆品标识管理规定》，化妆品是指以涂抹、喷洒或者其他类似方法，散布于人体表面的任何部位，如皮肤、毛发、指趾甲、唇齿等，以达到清洁、保养、美容、修饰和改变外观，或者修正人体气味，保持良好状态为目的的化学工业品或精细化工产品。

化妆品的种类繁多，分类方法也很多，最常用的分类方法有以下几种：

（1）按其实际用途分为洁肤类化妆品（如香皂、洗面奶等）、护肤类化妆品（如化妆水、冷霜、晚霜等）、发用化妆品（如香波、护发素、发胶、摩丝、啫喱水等）、美容类化妆品（如香粉、胭脂、眉笔、唇膏、眼影、指甲油等）和芳香类化妆品（如香水等）等。

（2）按商品的物理状态分为流质化妆品（如香水、花露水、香波、指甲油等）、膏质化妆品（如雪花膏、香脂、唇膏等）和粉质化妆品（如香粉、爽身粉、胭脂等）三种。

（3）按使用者不同划分为女性化妆品、男性化妆品、婴幼儿化妆品。近几年来随着人们生活水平的提高，男性化妆品和婴幼儿化妆品的需求不断扩大，市场比例不断增加。

（4）按使用者不同的肤质分为干性皮肤用、油性皮肤用、中性皮肤用和敏感性皮肤用等。

二、化妆品的质量要求

第一，配方合理。要求各主要成分比例恰当，成分与成分之间不产生对人体有影响的物质，更不能产生有害物质。

第二，安全性。要求必须有卫生部批准文号及生产许可证，按照国家标准所规定的卫生标准和安全评价程序及评价方法进行安全评价，合乎标准后方可出厂。消费者为保险起见，第一次使用前最好做过敏试验。

第三，适用性。要求具有一定的性能特点，要适应一定的用途。

第四，稳定性。要求在一定时期，如保质期内，商品内部无物理变化，即无分层、絮凝等现象。

第五，耐储性。要求具有一定的化学稳定性，在一定时期内商品成分无化学反应，具有一定的防腐、抗氧化性能。

三、洁肤类化妆品

（一）香皂

香皂使用方便，洁肤力强，能够快速溶解皮肤污垢，达到清洁皮肤的目的。香皂种类较多，被人们广泛使用。但香皂含有一定碱性，洗涤次数过多，会破坏皮肤的酸碱平衡，使皮肤变得干燥、易衰老。香皂可分为以下几种：

1. 普通香皂

普通香皂泡沫丰富，含碱量高，去污力强。

2. 透明美容皂

透明美容皂质地紧密细致，含碱量低，性质温和，并含有保护皮肤的羊毛脂及保湿成分。

3. 护肤药皂

它含有杀菌等药物成分，对暗疮、酒糟鼻等皮肤有良好的治疗作用。

4. 营养性美容皂

营养性美容皂含有牛奶等营养成分，不仅能洁肤，而且还能滋润皮肤，使皮肤保持湿润。

（二）洗面奶

洗面奶的主要成分是表面活性剂和羊毛脂，它既有良好的清洁作用，对皮肤又无刺激，洗后可在皮肤上留有一层油膜，令皮肤爽洁润滑。因其添加剂成分的不同，品种也较多，如有收敛作用的青瓜洗面奶、柠檬洗面奶、芦荟洗面奶等；有营养作用的蛋白洗面奶、人参洗面奶、维生素 E 洗面奶等。

（三）清洁霜和卸妆油

清洁霜用于清洁油性化妆品及油污的能力比香皂强，且对皮肤无刺激，用时在皮肤表面薄薄涂上一层，并轻轻揉擦，污垢即被乳膏溶解，然后用棉花或纸巾擦掉清洁霜，皮肤即被清洁干净。卸妆油对于油彩的清洁效果比清洁霜更为显著，但对皮肤刺激性较强。

（四）磨砂膏

磨砂膏是一种含有细小颗粒的洁肤品。通过按摩能清除掉表皮坏死的角质层细胞，促进表皮深层新生的细胞到达浅层，使表皮洁净光滑。

（五）去死皮膏

去死皮膏是一种依靠化学作用帮助皮肤剥脱老化角质的洁肤产品，作用与磨砂膏相同，但对皮肤的刺激比磨砂膏小。

四、护肤类化妆品

护肤类化妆品的作用是保护皮肤不受刺激，减少外界细菌的侵入和水分的蒸发，促进皮肤的新陈代谢。

（一）化妆水

化妆水能够补给皮肤水分，软化角质层，中和皮肤的酸碱度。化妆水可以分为三大类：

1. 收敛性化妆水

收敛性化妆水也称紧肤水，微酸性，能抑制角质层中的油分外溢，收敛毛孔，使皮肤细腻、绷紧。适用于油性皮肤。

2. 调节性化妆水

调节性化妆水可调节皮肤酸碱度，溶解老化的角质，保持皮肤水分，使皮肤湿润、光滑。适用于干性皮肤。

3. 营养性化妆水

营养性化妆水亦称爽肤液，含有珍珠水解液等营养性成分，细腻而具有滋润作用，能保持皮肤水分，使皮肤滋润，富有生气。适用于任何肤质。

（二）日霜

日霜亦称润肤霜，含有水分、油分和保湿性等物质，能保持皮肤柔软润滑，阻隔皮肤表面与化妆品及外界空气的接触，减少风沙、尘埃、日晒等的直接侵害，起到保护皮肤的作用。宜于白天使用。

（三）晚霜

晚霜含有丰富的营养素，能给予皮肤充分的营养和水分，使皮肤滋润柔软。适合于各种肤质。宜于晚间使用。

（四）按摩膏

按摩膏含有丰富的营养素，可用于皮肤的按摩护理。既能起润滑作用，又能给皮肤补充营养。

（五）精华素

精华素是一种具有疗肤作用的营养性护肤品，分为祛斑精华素、去皱精华素、暗疮精华素、去疤精华素及抗过敏精华素等。精华素有水剂和油剂两种，水剂精华素渗透性强，可运用阴阳电离子仪导入皮肤，使皮肤吸收养分；油剂精华素一般用小粒胶囊包装，使用时可直接涂于面部。

（六）润肤液

润肤液亦称蜜类或奶液类护肤品，属水包油型乳化体。润肤液含水量高，涂后皮肤滋润、清爽。适合各种肤质。

（七）防晒霜

防晒霜（亦包括各种防晒水、乳、粉饼等）主要是防止紫外线照射而引起各种皮肤疾病。其使用各种防晒剂，按作用机理的不同大致分为两类：一类是具有物理散射或反射作用，能够阻止紫外线与皮肤接触，如二氧化钛、氧化锌等无机粉体；另一类是化学吸收剂，通过吸收紫外线保护皮肤免受损伤，如肉桂酸类、对氨基苯甲酸类、二苯甲酮类等。

防晒霜的作用效果以防晒系数SPF（Sun Protection Factor）表示，SPF值是指在相同条件下涂用防晒品和未涂防晒品时，紫外线照射皮肤产生最轻红斑所需的光剂量之比。如：SPF10，是指在同样的阳光照射下，涂上此品种防晒霜可使产生红斑的时间延迟10倍。人体一般可抗紫外线照射20分钟即SPF1，若SPF10则意味着每过200分钟，就要重新使用一次。但必须注意，过高的SPF值会导致痤疮、粉刺、皮肤过敏等不良反应。

另外，还有能抑制黑色素形成的祛斑霜，用于治疗粉刺和痤疮的粉刺霜，收敛汗腺、抑制汗液分泌的抑汗霜、祛臭粉等。

五、毛发用化妆品

毛发用化妆品按用途可分为清洁用、护发用、美发用和营养疗效用四大类。

（一）洗发香波

香波是英文Shampoo（洗发剂）一词的音译，指洗涤头发用品。一般以液体最为普遍。它能清除头发和头皮中的污垢、皮脂以及多油性头发中的过量油分，补充干性头发所需要的油分，使头发光亮，富有弹性，顺服，便于梳理。

理想的香波应具备以下性质：碱性小，对头发无损伤，对皮肤、眼睛无刺激；脱脂力弱，洗发后头发不干燥，易于梳理，富有弹性；可消除或减少头发上的静电荷；泡沫丰富，易于冲洗干净；加入一些其他药物可有洗发、治疗双重作用。

液体洗发香波从外观上来分，分为透明体香波和乳化体香波。从效用上来分，分为单洗香波、“二合一”香波、“三合一”香波等。

（二）护发素

护发素能赋予洗涤后的头发有更好的梳理性能。护发素所采用的活性物为高级脂肪醇，阳离子表面活性剂具有正电荷，而洗后的头发带负电荷，两者结合后，根据表面活性剂的性质，护发素将很薄一层油膜附着于头发的表层，起到了保护作用。经过护发素处理的头发具有光泽、弹性，无脱脂现象，特别是长发、卷发更易于梳理。其品种有透明体护发素和乳化体护发素两种。

（三）发油、发蜡、发乳、发胶、摩丝

1. 发油

发油是一种无色、无味的液态油状，使头发顺滑而有光泽，便于梳理和保持，并可防止头发干枯。缺点是不易定型、易附着污物，并污染衣物。

2. 发蜡

发蜡是专为男士设计的无色、油膏状产品，有较大的粘度和光泽度，易使头发梳理定型，对头发有滋润、养护作用。缺点是易附着污物，并污染衣物。

3. 发乳

发乳白色乳液状产品，可补充头发的水分，增加光泽度，油而不腻，容易清洗，男女适用。

4. 发胶、摩丝

发胶为液态，具有多种颜色、不同硬度。对头发起定型和保型作用。主要成分是胶类物质和溶剂，溶剂具有推进作用，加压时为液体，常温常压下为气体。使用时由液体变为气体，溶剂蒸发后，将胶类物质留于头发表面，从而起到了定型和保型作用。发胶若制成乳化体即成摩丝。可分为保湿摩丝和定型摩丝。发胶和摩丝都是一种易燃易爆的商品，使用和保管时要注意安全。

六、美容类化妆品

美容类化妆品具有较强的修饰性，可用于改善肤色，调整五官轮廓和面部凹凸结构，是专门遮盖瑕疵、美化娇容的化妆品。该类化妆品品种较多，近年来发展很快，主要品种如下：

（一）粉底

粉底是修饰皮肤底色的化妆品，能够掩盖皮肤瑕疵，改善皮肤质感，使皮肤显得光

滑、细腻，有整体感。近年来，修护、保湿成分已成功地渗透到粉底之中。粉底的基本成分是水分、油分和色分。根据水分和油分的不同比例，粉底可分为适合油性肤质使用的粉状粉底、效果自然的液体粉底和遮盖力较强的膏状粉底。另外，抑制色也属于粉底的一种，利用补色来掩盖脸上的不良色彩。使用粉底时，要先清洁皮肤，并涂上润肤霜，然后用潮湿的海绵蘸上粉底敷面。

（二）散粉

散粉是扑在粉底上面，吸收水分和油分，能抑制粉底的过度光泽，使皮肤松软，防止脱妆的化妆品。使用时，用粉扑将散粉扑在皮肤上，再用毛刷扫去多余的浮粉。

（三）眼影色

眼影色是一种强调面部五官轮廓的化妆品，尤其对修饰眼、鼻侧更为有效。搽于眼窝周围、上下眼皮和外眼角、鼻两侧形成阴影，造成立体效果，衬托眼神及突出眼、鼻部美的化妆品。其形状有笔棒状、膏状和块状。其颜色有深棕、浅棕、本白色、橘色、紫色、粉色、红色等色及带金属光泽的。它应具有质地细腻、硬度适宜、色彩鲜明丰富、易于涂敷、不易脱落、易于卸装等特性。

（四）睫毛液

将睫毛液涂于睫毛上，可加强睫毛的密度和长度，使眼睛更具魅力。常用的睫毛液有液状、膏状（带拉长效果）两种，其色彩有黑色、棕色、深蓝色和无色等。

（五）胭脂

胭脂的作用是加强面部轮廓，增强健康色彩。擦于面颊，使之红润美观，有芳香气味，鲜艳色泽，良好的附着力和细微的粉质。

（六）唇彩

唇彩是涂敷于嘴唇，修饰、勾画唇廓，改善唇色，使之呈健康色彩，并有护唇、润唇的作用。色彩以红色为主，也有金色、银色、上光色、亚光色、黑色、棕色等。其形状有棒状、笔状、软膏状三种。棒状唇彩可直接涂用。笔状唇彩有软硬之分，硬芯笔状唇彩适于描画唇线；软芯的适用于涂唇色。要求唇彩对人体必须无害，对皮肤无刺激，味道可口，不能有异味，在嘴唇上易溶解、涂敷。保留时间长，饮食时颜色不易沾在容器上。在一般温度和湿度情况下不易变形，不出油，不干裂，在存放时间内色调无变化，不失去光泽。

（七）化妆笔（眉笔、眼线笔、唇线笔）

化妆笔是用于描眉、画眼线、唇线的美容用品，有黑色、棕色、灰色等多种颜色。外观像铅笔，但笔芯是采用特殊原料配制而成。良好的化妆笔应具有适当硬度、容易涂开、吸附性强等特点。

（八）指甲油

指甲油是一种硝酸纤维素溶于乙酸酯中，呈粘稠状的液体，加少量的颜料便可制得指甲油。涂于指甲上形成一层光亮美观的硝纤薄膜，要求不用化学试剂去除就能剥掉。

（九）染发剂

染发剂是一种美发用品，赋予头发不同的流行色彩，引人注目。但无论是黑色还是彩色，国产还是进口染发剂，其中都不同程度的含有铅、汞等有害金属元素，对人体伤害严重。因此对于年轻一代，最好不要染发，至少不要频繁染发。

七、芳香用品

芳香用品主要指香水。20 世纪 90 年代末开始，香水已日渐成为演绎生活品位、点缀生活情趣的日用品，其香氛已从过去一味追求高贵格调而转向突出清新开朗的悠闲氛围。

（一）香水的种类与香型

1. 香水的种类

香水的基本成分是酒精和香精。由于香精含量的不同而有以下几种：

（1）香水精。一般含有 15%—30% 的纯香精，香气可维持 5—8 小时。

（2）浓香水。含有 8%—15% 的纯香精，香气可维持 4—6 小时。

（3）淡香水。含有 4%—8% 的纯香精，香气一般可维持 3 小时左右。

（4）古龙水。含有 2%—5% 的纯香精，通常为男用香水的代名词。

（5）清淡香水。香精含量在 2% 以下，香气在一小时内便会慢慢隐退。

2. 香水的香型

香精种类繁多，加上香水品牌层出不穷和不同的制作工艺，市场上的香水香型各异，其中常见的有：

（1）果香型。具有清甜、明朗的气息。

（2）花香型。主要成分为玫瑰、茉莉、康乃馨等香油精，气味清凉而柔美。

（3）醛香型。由人工化学合成，香气柔和，扩散性好。

（4）东方香型。香味浓郁、刺激，象征着西方人心目中神秘的东方形象。

（5）馥香型。具有烟草、皮革的气味，多为男性使用。

（6）柑橘香型。淡雅的香味给人轻松、愉悦的感觉。

近年来，女士香水中较为流行的是带有淡淡的水果香和丰富的花香味的香水，使人在若有若无的香水气息中，不经意地传达出一种自然、简约、明朗的现代情绪，令人舒爽开怀。在男士香水市场，清新纯净水质的柠檬系列香水成为市场主流。在很多地方，男士们使用清新的东方气味和纯净的现代派的馥奇香味的香水，已成为社交礼仪中不可缺少的一部分。

（二）香水的使用

使用香水是一门艺术，除了要适合个人的喜好、品位，还要视场合环境、当日的装扮等因素而定。只有根据不同的人、时、地有针对性地使用，才可令香水真正为自己增添魅力。

1. 香水的选配

（1）清新花香味——适合工作的场合。

（2）柑橘香味——适合运动场合。

（3）草原的香味——适合与休闲便服搭配。

（4）东方香型的香味——适合夜宴盛装场合，若与紫色服饰搭配则更迷人。

（5）果香味——适合年轻女子化淡妆外出时选用。

（6）青苔的香味——适合较正式的礼仪场合。

刚擦于身体的香水，会产生一股浓浓的带有酒精味的香气，但很快就会消散。20—30分钟后，香水即能散发出最美好的香味。因此，有重要的约会，应在其20—30分钟前擦拭香水最适宜。

2. 香水的擦拭

要让香水在身上自然的散溢出香味，需选择如下正确的身体部位进行擦拭：

（1）耳朵的后面。此处体温高且不受紫外线的影响。

（2）头发。擦在发梢，一旦移动便会飘出很好的香味，但需注意擦前应确保头发清洁。

（3）手腕内侧。由于此处是体温较高的部位，一动手腕就会使香味散开。但若手上戴有腕表的话，则应考虑选择其他部位擦拭。

（4）膝盖内侧、足踝。擦在膝盖内侧的静脉上面或足踝内侧，脚步轻移间便会有香味柔和地升上来。

（5）裙子的下摆。擦在质地轻薄飘逸的裙摆上，走起路来便会飘出缕缕香味。

八、综合性化妆品——面膜

面膜是一种新型化妆品，具有清洁、保养、治疗皮肤疾病等多重用途，因而被称为综合性化妆品。

面膜有液状、糊状、粉状、油状等品种。目前，市场上销售的面膜有营养型的，如人参面膜、珍珠面膜、维生素面膜等；有药用型的，如增白面膜、防粉刺面膜、祛斑面膜等。

将面膜膏体涂敷于面部，10—20秒时间就能形成一层很薄的薄膜，它能防止水分蒸发，使皮肤保质层膨润，毛孔、汗腺扩张，皮肤表面温度升高，能促进血液循环，面膜中的营养成分渗入皮肤，能促进皮肤机理。面膜干燥时收缩，对皮肤施以张力，使其绷紧，能消除一些细小的皱纹。面膜能吸附皮肤分泌物和污垢，当剥离或洗除面膜时便和面膜一起去掉，皮肤有爽快和洁净感。面膜有剥离型面膜和膏状面膜等。

任务四　识别文化用品

案例导入

中国文化用品商品交易会（简称“文化会”）自1953年创办至今，已成功举办113届展会，是亚太地区领先的文化用品商品交易平台。文化会于每年6月在上海如期举办，被文化用品行业公认为一年一度的行业盛会。文化会拥有近千家国内外优秀文化用品牌企业，包括书写用品、办公和学习用品、文化创意、文房四宝、休闲娱乐用品等类别，吸引近3万名观众包括经销商、零售商、百货公司、批发商、教育机构、品牌商、媒体和创意机构，囊括中国近70%的文化用品厂商。

问题：

1. 什么是文化用品？文化用品有哪些种类和特点？
2. 文化用品有哪些质量要求？如何选购、使用、维护文化用品？

学习目标

明确文化用品的分类和特点；理解文化用品的性能和质量要求。

基础知识与技术

文具用品是指文化工具，日常工作学习管理的基本工具，一般是指学生、文职人员所用的各种用具和用品。文化用品包括学习用品、办公用品，既包括通常使用的笔墨纸砚，也包括一些收纳用品，档案盒、档案袋、信封，同时也包括一些高科技的机器产品，例如碎纸机等。按商业经营习惯可分为文具用品、办公用品和纸张三大类。

一、文具用品

文具用品包括的范围很广，泛指学习与办公中使用的各种工具，其中以书写工具为主，还包括各种文件夹、橡皮、文具盒等。

（一）自来水笔

1. 自来水笔的特点

自来水笔是使用较广泛的一种书写工具，民间习惯称为“钢笔”。它主要由储水出水系统、吸水系统和外壳组成，按零件可分为笔尖、笔舌、储水器、导水芯和笔套几部分。自来水笔可储存一定量的墨水，具有书写流利、字迹清楚，保留时间长、不易涂改等特点，许多重要文件的签署都要求使用自来水笔。但自来水笔需要储备墨水，一经中断使用，常因笔尖和储水器的残留墨水结垢而影响再次作用，遇特殊高、低温天气还会出现出水不畅或过多等现象，对书写纸的要求也较高，纸张用胶过多，字迹长时间不干，影响书写速度；用胶过少，纸的吸湿性强，又会因墨水洇渗而造成字迹模糊。所以，现在已部分地被新问世的签字笔取代。

2. 自来水笔的种类

（1）自来水笔主要根据笔尖的不同，可分为金笔、铱金笔和钢笔。其中金笔为高档笔。笔尖用金合金制成，按含金量分为12K（含金量50%）和14K（含金量58.3%）两种。除黄金外，加入一定量的铜和白银。这三种金属组合成的笔尖耐酸、耐氧，笔尖有一定的硬度和弹性，所以在使用中不易被墨水腐蚀，笔尖刚柔兼备，不易变形，书写感觉好，使用寿命长；为增加笔尖的耐磨性，金笔笔尖上焊有铂族合金的铱粒。铱金笔笔尖上也焊有铂族合金的铱粒，与金笔的区别是笔尖由不锈钢制成。这类笔也有较好的耐腐蚀性的弹性，但较金笔要差一些。这类笔的成本比金笔要低一些，价格相对便宜，所以在自来水笔中产量最多。铱金笔按结构和原料不同，分为普通铱金笔和高级铱金笔。钢笔的笔尖用不锈钢制成，笔尖上无铱粒，所以耐磨性差，书写感觉不好，尽管价格便宜，目前市场上已不多见。

（2）自来水笔还可按笔尖的构造不同，可分为明尖型、暗尖型、圆锥型、平片明尖型等；按吸水方式分为挤压式和抽吸式。这些品种主要依据个人习惯不同进行选择。

（二）圆珠笔

1. 圆珠笔的特点

圆珠笔是继自来水笔之后出现的一种书写工具。民间曾习惯称“油笔”。它由笔身、笔套、笔芯等组成，其中笔芯是实现书写功能和质量的主要零件。圆珠笔的笔芯内蓄有特殊的油墨，笔头顶端有不锈钢加工成的钢珠，书写时由于钢珠滚动，带出适量油墨粘附于纸上，形成字迹。圆珠笔具有使用方便，书写时间长，不用自备墨水，可用力书写不会损伤笔尖等特点，故适宜复写，而且对书写用纸无特殊要求，使用完毕后只需更换笔芯便可继续使用，价格便宜，所以，圆珠笔的使用相当普遍。但圆珠笔的字迹和自来水笔比，防涂改性较差，在使用场合上受到一定的限制。

2. 圆珠笔的种类

（1）按圆珠笔的质量可分为高级、中级和普通三个档次。高级圆珠笔油墨质量好，笔尖硬度高，不易变形，书写流畅，出墨均匀。

（2）按结构的不同，圆珠笔分为固定式和伸缩式。固定式的圆珠笔芯只能固定地伸出笔套，不用时也不能回缩，所以容易在非书写部位留下字迹。伸缩式的圆珠笔不用时，可将笔芯缩回笔套内，较固定式的圆珠笔使用起来更方便和安全。根据回缩方式，圆珠笔又分为揿动式和旋转式两类。

（3）按圆珠笔笔芯滚珠的规格分为0.6毫米、0.7毫米、和0.8毫米三种，数字越小，所写字迹越细。现在为了适应特殊需要，市场上还出现了0.3毫米、0.4毫米的圆珠笔。

（4）圆珠笔还可以按笔芯颜色分为单色、双色、多色；按原料分为全塑、金属等；按功能分为书写笔、台笔、教鞭笔等。

（三）签字笔

签字笔是近几年出现的一种新型的书写工具，主要由笔杆、笔尖和专用黑水组成。签字笔使用方便，书写流畅，不用自备墨水，不会漏水或堵塞，同时字迹比自来水笔清晰，且不易修改，可用于签署各种文件和支票，所以，这种笔一问世，就受到广大消费者的喜爱。

签字笔有蓝、黑、红、绿等颜色，笔尖规格一般为0.5毫米。

（四）铅笔

1. 铅笔的特点

铅笔是一种主要以石墨为芯、木材或其他材料为杆的书写工具。铅笔具有书写流利，不受书写纸张的限制，字迹可涂擦改写等特点，且使用轻便，价格便宜，所以，广泛用于书写、绘图等方面。

2. 铅笔的种类

（1）按用途分为石墨铅笔、颜色铅笔和特种铅笔三种。石墨铅笔多用木材做笔杆，石墨做笔芯，根据笔芯的软硬分为6B、5B、4B、3B、2B、B、HB、F、H、2H、3H、4H、5H、6H、7H、8H、9H、10H等18种规格，按此顺序笔芯的硬度越来越高。笔芯越软，书写字迹越粗，容易擦涂，且擦后不留痕迹。其中HB型号的铅笔软硬适中，广泛用于学生用笔和一般办公。颜色铅笔有主要用于做标记的红、蓝铅笔和绘图用的彩色铅笔，硬度规格多为2B. 4B。特种铅笔是用特殊材料做笔芯，用于在特殊材料（如玻璃、金属、皮革、塑料等）上的书写。还有专门用于画木炭画的碳素铅笔、专门用于复写的拷贝铅笔、木工用的划线铅笔、描图用的晒图铅笔等。

（2）按结构分为普通铅笔和活动铅笔。普通铅笔是用木材做笔杆，使用时需要用刀具削掉一定长度的笔杆，露出适量的笔芯。这种笔价格便宜，但使用不够方便。活动铅笔用塑料或金属做笔杆，内部配有储芯、送芯、制动等系统，使用时经揿动或旋转，就可自动伸出一定长度的笔芯，免去了削笔的麻烦。目前这类铅笔销量较大。按笔芯的直径分为0.3毫米、0.5毫米、0.7毫米、0.9毫米几个规格。

（五）毛笔

1. 毛笔的特点

毛笔是我国传统的书写绘画用具，由笔杆、笔头和笔帽组成。毛笔的笔杆多用竹子或木材制成，笔头用兽毛制成，书写时用笔头蘸取少量专用墨汁，在特殊用纸上进行书写，字迹清楚，笔体因人而异，不能伪造，是最能显示书法艺术的书写工具。

2. 毛笔的种类

毛笔按用途分为书写用笔、绘画用笔和工业用笔。

（1）书写用笔。这类笔主要用于书写各种汉字。书写用笔根据笔头的用料分为羊毫笔——笔头用山羊毛制成，白色笔头，毛峰柔软；紫毫笔——笔头用免毛制成，黑色笔头，毛峰富有弹性；狼毫笔——笔头用黄鼠狼尾和香狸尾制成，笔头较长，适于书写大小楷、行书和草书；兼毫笔——笔头系两种或两种以上兽毛制成，主要有紫羊兼毫（免毛与羊毛相配）和狼羊兼毫（狼尾毛与羊毛相配）两种。

（2）绘画用笔。这类笔专门用于作画。具体又分为国画笔、油画笔和水彩画笔。国画笔一般用羊毫、紫毫笔；油画笔用木材做杆，笔项为金属包头，笔头用猪鬃制成，呈扁齐形；水彩画笔多用羊毫。

（3）工业用笔。这类笔又称排笔，用竹杆并排串制成具有一定宽度的笔杆，用羊毫做笔头，主要用于刷涂各种油漆、涂料。

（六）其他文具用品

1. 文具盒

文具盒主要用于放置各种小型文具用品，笔、橡皮擦、削笔刀等。目前市场上的文具盒按所用原料不同，有塑料、金属和纺织品三大类。塑料文具盒轻便、美观，但容易老化，怕摔碰；金属文具盒结实耐用，但较沉重，使用时间长了，容易掉漆变形，甚至生锈；以纺织品为原料的文具盒多选用涤纶针织面料，结实耐磨，式样美观。

2. 墨水

墨水是用于自来水笔和蘸水笔的配套用品。通常分为书写墨水和特种墨水。目前市场上用量较大的是书写墨水。书写墨水又可分为鞣酸铁墨水和染料墨水两类。鞣酸铁墨水主要用于一般书写，按颜色分为蓝黑、纯蓝等；染料墨水又称颜色墨水，以红墨水为主；特种墨水有绘图墨水、碳素墨水、彩色墨水等。

3. 墨与墨汁

墨与墨汁是与毛笔配套使用的用品，主要以碳黑、胶料、冰片等为原料，制成块状的墨锭或液体。墨锭由于使用不方便，已逐步被墨汁所取代。现墨锭多用于观赏、收藏和礼品馈赠。

二、办公用品

（一）文件夹

用于存放各种书面材料和文件的办公用具。随着办公现代化管理程度的提高，文件往来越来越多，办公速度也越来越快，准确有序地存放和取用各种文件成为每一名工作人员的迫切需要，这使得文件夹的市场销量直线上升。

文件夹的种类很多，各具特色。按其结构可分为：单页文件夹，多为透明塑料制成，只有封面和封底，适用于存放需反复阅览的单篇文件；内页式文件夹，根据页数多少有10页、20页以至多到100页的各种规格，适合分类存放多种文件；风琴式文件夹，结构与内页式相似，只是做成手提式结构，适用于随身携带多种文件；其他还有带有弹簧孔的快劳式文件夹、能悬挂的挂劳式文件夹等。

（二）订书机

用于装订各种书面材料和文件的工具。订书机按用途分为一用、二用、三用和四用。一用订书机只能订文件、报表和单据；二用订书机还可以在墙上打钉；三用在二用的基础上，可以将书钉当作大头钉使用；四用订书机还可装订杂志、资料的中缝。

（三）号码机、打洞机、起钉机

号码机是指用于种资料编号的手打机，有六位六连和七位十三连两种。

打洞机用于卡片、账页和文件等资料装订打洞，有二眼、三眼两种规格。打洞机一次能打透100—200页新闻纸，也可用于纸板、橡胶板、塑料薄膜的打孔。

起钉器是用于起下订书钉的专用工具。它结构简单，使用方便，起钉时不损坏纸张。

三、纸张

纸主要是以木材纤维为原料，也使用少量其他纤维（禾草类、茎秆类纺织纤维等），经粉碎、打浆和抄纸制成的、用于文字记载的片状物。我国是纸的发源地，造纸术是我国四大发明之一，有2000千多年的历史。目前纸是传播文化、记载历史的重要工具，也是重要办公用品之一。

纸的种类繁多，分类方法各异：按纸的薄厚分为纸（定量在250克/米^{2}以下）和纸板（定量在250克/米^{2}以上）；按生产方式分手抄纸、机制纸和加工纸；按所用原料分木浆纸、草浆纸、竹浆纸等；按用途分办公用纸、印刷用纸、宣传用纸、包装用纸、生活用纸和专业用纸六大类。这里主要根据纸的用途分类介绍主要品种。

（一）办公用纸

1. 书写纸

书写纸性能特点接近胶版纸，正反两平滑，质地紧密，白度高，书写流利，不洇不渗，不发脆起毛，抗水性强，是一种用途广、用量大的纸张。主要用于加工制作日记本、练习本、表格、账簿等。书写纸按定量有50克/米^2、60克/米^2、70克/米^2、80克/米^{2}等品种。

2. 有光纸

有光纸也称办公用纸，正面光滑，抗水性能好，书写流利，只能单面书写，主要用于机关、企业、学校等办公学习，如生产信封、稿纸、油印文件纸、作业纸等。有光纸有白色、彩色两类，定量为30克/米^2—40克/米^2。

3. 打字纸

打字纸是一种质量较高的薄纸，主要用于打字、复写，所以该纸具有薄、软、韧、洁、坚等特点，纤维组织紧密，耐拉耐折，双面平滑而无光，并有一定的抗水性。打字纸也有白色、彩色两类，定量有26克/米^2、28克/米^2、30克/米^{2}等品种。

4. 拷贝纸

拷贝纸是一种比打字纸更薄的高级薄型纸张，用于多层复写，也可用于食品、药品的包装。该纸纤维组织更细腻紧密，有半透明感，两面平整，富有很高的弹性和柔韧性，拉力较强，纸面洁白。定量为15克/米^2、17克/米^{2}两种。

（二）印刷纸

1. 新闻纸

新闻纸也称白报纸，主要用于报纸印刷。其吸收性强，吸墨快，双面平滑，洁净，不起毛，适合高速印刷。定量为51克/米^2。

2. 胶版印刷纸

胶版印刷纸线度准确，伸缩变形度小，纸质紧密，纸面平滑，施胶较重，不透明，不拉毛，不脱粉，是用于胶版印刷机多次套色用的高级印刷纸。主要用于印刷技术图刊、图片、书籍封皮、定量从70—180克/米^{2}不等，其中以70克/米^2、80克/米^2、100克/米^{2}的为多。

3. 凸版纸

凸版纸两面平滑一致，透明度低，薄厚均匀，不起毛，不掉粉，质地柔软，富有弹性，吸收性好，是用于凸版印刷机的双面印刷纸，主要印制选集、经典著作及一般书籍、教科书、杂志等。定量为50克/米^2、60克/米^2。

4. 铜版纸

铜版纸纸面涂布牢固、均匀、洁白、平滑、有光泽，涂层不起泡、不脱粉、吸收性好，纸面无折子、皱纹等纸病，是用于铜版印刷的一种高级美术印刷纸。主要印刷高级书刊的插图、封面、彩色画报、人物像、商标等。定量为70克/米^2、80克/米^2、100克/米^2、120克/米^2、150克/米^{2}等。

（三）宣传用纸

1. 招贴纸

招贴纸伸缩度小，吸收性强，正面平滑、有光泽，反面粗糙以利于粘贴，是单面普通印刷纸，主要印制宣传画、广告、年画、商标、信封等。招贴纸有白色和彩色两类，定量为40克/米^2、80克/米^2。

2. 书皮纸

书皮纸色泽鲜艳，耐光度强，不易褪色，纸质坚韧，耐拉耐折，可多次折叠、摩擦不易损坏，并有一定的抗水性，主要用于印刷书刊封皮。书皮纸有白、蓝、灰、粉等多种颜色，定量从80克/米^2—200克/米^2。

（四）包装纸

1. 牛皮纸

牛皮纸是一种用100%化学木浆生产的高级包装用纸。纸的纤维组织紧密，纸质坚韧，有弹性，耐折、耐破、耐撕，并有较好的防潮性。定量从40克/米^2—120克/米^{2}不等。

2. 鸡皮纸

鸡皮纸的纤维组织均匀，机械强度高，耐折，抗水性好，正面光滑，富有光泽，如同鸡皮，是一种单面的高档包装纸，主要用于包装高档工业品、电子仪表等。定量为30克/米^2、40克/米^2、50克/米^2。

3. 柏油纸

柏油纸也叫防潮纸，是在两层厚纸中间涂布柏油，具有很好的防潮性。主要用于易吸湿变质产品的外包装衬垫和包装箱内封。定量从 70 克/米^2—120 克/米^{2}不等。

4. 玻璃纸

玻璃纸又叫透明纸，特点是透明度高，富有光泽，纸质坚韧，不脆、不粘，有较好的伸张力和强度，是一种透明度最好的高级装饰包装用纸。主要用于高级香烟、糖果、食品、药品、纺织品等商品的包装。定量为 30 克/米^2。

5. 邮封纸

该纸的纤维均匀，纸面平整，坚韧柔软，单面有光泽，并有较好的抗张力和耐水性，是一种比较薄的单面包装用纸。主要作包装衬里用，也可印刷复写的单据、传票、凭证等。定量为 18 克/米^2、20 克/米^2、22 克/米^2。

（五）专业用纸

1. 图画纸

图画纸的纸面洁白，为微细适度的麻面，不能过于粗糙，也不能过于平滑，纸质坚韧，耐折、耐摩擦，能多次擦涂而不起毛，既有一定的吸收性，又有一定的耐水性，是用于学生和美术工作者作画的专用纸。定量从 80 克/米^2—200 克/米^2。

2. 蜡光纸

蜡光纸也称电光纸，纸的单面涂色并经磨光，纸面光亮，且光泽不消失，耐折、耐水、耐摩擦，反复折叠涂料也不易脱落，主要用于印刷商标、装潢商品和制作美术手工艺品等。定量一般为 50 克/米^2。

3. 皱纹纸

皱纹纸是用原纸经染色制皱制成。纸的色彩鲜艳，色泽一致，纸质薄而柔软，富有弹性和伸缩性，表面有粗细均匀的皱纹，但没有抗水性。主要用于制作彩色纸带、花束、花环等，是一种宣传装饰用纸。定量为 1850 克/米^2。

4. 大红纸

大红纸也叫梅花纸。原纸经涂刷红色颜料制成。纸的色彩鲜艳，涂料均匀一致，纸面有绒性感，吸墨性强，但经日晒和水浸后容易褪色。主要于书写春联、条幅、喜报、标语、婚礼装饰等。定量为 40 克/米^2、50 克/米^2。

5. 卡片纸

卡片纸的纤维组织紧密，厚薄一致，纸面洁净平整，纸质坚硬挺实，双面平滑，是一种印刷各种卡片的高级用纸，主要用于印刷各种资料卡片、图书管理卡片、请帖、名片等。卡片纸有白色、彩色两类，定量为 200 克/米^2、220 克/米^2、250 克/米^2。

6. 宣纸

宣纸是文房四宝之一，有 1000 千多年的历史，经压光、填粉、染色、锤花等工艺加工制成，主要用于毛笔书写或绘画，经装裱可千年不失真、不变形，纸页不污不脆。宣纸有生宣、熟宣之分，生宣未经加工，纸质细松，着墨易渗，适用于山水人物绘画和写生。熟宣经矾水加工，着墨不渗不溢，适用于工笔画。宣纸规格有丈六、丈二、八尺、六尺、四尺等。

习题与训练

一、名词解释

塑料　肥皂　合成洗涤剂　化妆品　文化用品

二、选择题

1. 单项选择题

(1) 塑料制品的主要成分是（　　）。

A. 合成树脂　　B. 增塑剂

C. 染色剂　　D. 发泡剂

(2) 合成洗涤剂的组成中起主要去污作用的是（　　）。

A. 界面活性物质　　B. 助洗剂

C. 辅助剂　　D. 水

(3) 在牙膏的原料中能够协助摩擦剂更好地发挥洁齿作用是（　　）。

A. 洗涤剂　　B. 胶着剂

C. 甜味剂　　D. 芳香剂

2. 多项选择题

(1) 按照合成树脂受热后所起的变化，塑料分为（　　）。

A. 热塑性塑料　　B. 热固性塑料

C. 通用塑料　　D. 工程塑料

(2) 合成洗涤剂的去污机理是（　　）。

A. 润湿作用　　B. 吸附作用

C. 增溶作用　　D. 机械作用

(3) 化妆品按其实际用途不同，可分为（　　）等。

A. 洁肤类化妆品　　B. 护肤类化妆品

C. 美发类化妆品　　D. 美容类化妆品

三、判断题

1. PE、PVC、PP等属于热塑性塑料。（　　）

2. 肥皂的碱性较大，不适宜洗涤由蛋白质纤维纺织的丝毛织品。（　　）

3. 消费者要根据肤质选购适合自己肤质的化妆品。（　　）

4. 文化用品即文具用品。（　　）

四、简答题

1. 塑料的组成有哪些？各有什么作用？

2. 洗涤用品的种类及特点各有哪些？

3. 日常生活中常用的化妆品有哪些？各有什么特点？

4. 文化用品分几类？各有哪些主要品种？

5. 比较自来水笔、圆珠笔、签字笔、铅笔和毛笔的特点，它们各适合于哪些用途？纸有哪些主要品种？

五、论述题

1. 塑料有哪些特点？分析塑料废弃物对环境造成的污染。

2. 分析洗涤用品的去污机理。

3. 分析化妆品的分类方法。

六、实训题

1. 识别与鉴别塑料的热塑性和热固性。

给学生提供下列塑料制品：电木、电玉、聚乙烯、聚氯乙烯、聚丙烯、尼龙、有机玻璃等制品，根据上述塑料的热学性能，进行识别和鉴别。

要求：学生以小组为单位进行实验，并写出实验报告。

2. 识别与鉴别洗涤剂的 pH 值、发泡性、去污能力。

给学生提供下列物品：

(1) 洗涤用品各两种：肥皂、洗衣粉、洗衣液、洗洁精；

(2) 漂白或原白色棉布，裁成 10×10 平方厘米的试样若干；

(3) “污物”材料：酱油、醋、花生油、墨水、葡萄酒等，用以“玷污”棉布试样；

(4) 烧杯（盛装洗涤剂的水溶液）、玻璃棒（搅拌）等。

要求：学生以小组为单位进行实验，并写出实验报告。

参考文献

1. 阮浩耕等．中国名茶品鉴［M］．济南：山东科学技术出版社，2005.

2. 孙秋菊．现代物流概论［M］．北京：高等教育出版社，2009.

3. 曹汝英．商品学［M］．北京：中国财政经济出版社，2010.

4. 曹汝英．商品学概论——理论、实务、案例、实训［M］．北京：中国高等教育出版社，2010.

5. 袁长明，易汉雄．现代货物学［M］．北京：北京理工大学出版社，2012.

6. 曹汝英．商品学基础［M］．北京：高等教育出版社，2012.

7. 周重林，太俊林．茶叶的战争［M］．武汉：华中科技大学出版社，2012.

8. 万融．商品学概论［M］．北京：中国财政经济出版社，2013.

9. 刘清华，张建斌，单浩杰．商品学基础［M］．北京：中国人民大学出版社，2016.

10. 刘敏．商品学基础［M］．北京：科学出版社，2018.